原野识法

法社会学田野调查方法札记

高其才 ——

著

中国政法大学出版社

2024·北京

**图书在版编目（ＣＩＰ）数据**

原野识法：法社会学田野调查方法札记/高其才著. —北京：中国政法大学出版社，2024.1
ISBN 978-7-5764-1346-5

Ⅰ.①原… Ⅱ.①高… Ⅲ.①法律社会学－调查研究 Ⅳ.①D902

中国国家版本馆 CIP 数据核字 (2024) 第 031753 号

------------------------------------------------------------------------

出 版 者　　中国政法大学出版社

地　　址　　北京市海淀区西土城路 25 号

邮寄地址　　北京 100088 信箱 8034 分箱　邮编 100088

网　　址　　http://www.cuplpress.com (网络实名：中国政法大学出版社)

电　　话　　010-58908586(编辑部) 58908334(邮购部)

编辑邮箱　　zhengfadch@126.com

承　　印　　固安华明印业有限公司

开　　本　　720mm×960mm　　1/16

印　　张　　23.25

字　　数　　400 千字

版　　次　　2024 年 1 月第 1 版

印　　次　　2024 年 1 月第 1 次印刷

定　　价　　90.00 元

# 自 序
## 在田野调查实践中运用和理解方法

### 一

关于法社会学田野调查方法，我个人的书本知识指导是有限的，主要在田野调查的实践中，通过实际运用予以体会并逐渐加深理解。

### 二

如果从自己在 1982 年大学二年级暑假在家乡进行农贸市场调查开始计算，我进行田野调查的时间已有 41 年了。

在大学学习期间，我进行了浙江慈溪农贸市场调查、重庆赌博现象调查、重庆卖淫现象调查、重庆少年犯问题调查，我还参加了重庆团市委组织的赴湖北宜昌、荆州、沙市、武汉的社会考察。

在武汉工作期间，我主要进行了武汉市民访谈、湖北宗族规范调查、鄂西来凤等县土家族习惯法调查，我还共同进行了农民法律意识与农村法律发展调查。

在北京工作期间，我主要进行了广西金秀瑶族习惯法调查、浙江慈溪乡村习惯法调查、贵州锦屏村规民约调查，我还就乡土法杰专题去湖南临湘、甘肃东乡、浙江东阳、湖北大冶等地进行调查，我去过江苏姜堰进行习惯法的司法适用和司法运用调查，我去过河北固安进行基层司法的实际运行调查，我还去过吉林和龙、湖北京山、河南光山、青海湟中、广东广州增城等地进行乡村治理调查。近几年，我主要在江西寻乌进行基层司法调查、在广东惠州进行乡村法治建设和自治规范调查。

可以说，我的田野调查构成了我的学术活动的基础，是我法学研究工作的中心内容，我的思考是围绕田野调查而展开的。我的一些著作如《当代中国习惯法的承继和变迁——以浙东蒋村为对象》（中国政法大学出版社 2022 年版）、《生活中的法——当代中国习惯法素描》（清华大学出版社 2021 年版）、《村规民约传承固有习惯法研究——以广西金秀瑶族为对象》（湘潭大学出版社 2018 年版）、《通过村规民约的乡村社会治理——当代锦屏苗侗地区村规民约功能研究》（湘潭大学出版社 2018 年版）、《习惯法的当代传承与弘扬——来自广西金秀的田野考察报告》（中国人民大学出版社 2015 年版）、《桂瑶头人盘振武》（中国政法大学出版社 2013 年版）等均是以田野调查为基础撰成。

我喜欢法社会学田野调查，享受在田野调查期间的甜酸苦辣。我愿意投入时间、精力去田野了解法的实际样态，理解民众的具体法生活，思考社会的法变迁。我常常感觉到在田野的时间太快、太短、太少。我多次幻想能够有连续一年或者更长的时间待在田野，与调查对象朝夕相处，以期更全面地理解中国社会中的法，更深入地进入中国人的内心世界。

千姿百态的真实生活充满着烟火味和生命力，呈现出的勃勃生机让我激动和难忘。勤劳、淳朴的民众所拥有的韧性、乐观以及对未来生活的期待，给我留下了深刻的印象。

相对于滚滚向前的历史洪流，我在一些地方的法社会学田野调查仅为匆匆一瞥，仅仅为简短的记录和描述。不过，每每重新阅读，都令我感慨万千、叹息不已。而 41 年的田野调查经历也一晃而过，回忆起当时的场景，甚至有恍若隔世之感。

北宋文学家苏轼的《前赤壁赋》中有"盖将自其变者而观之，则天地曾不能以一瞬；自其不变者而观之，则物与我皆无尽也，而又何羡乎"句。以自己法社会学田野调查四十多年的经历视之，这种境界与情怀岂是吾辈所能羡慕的！

## 三

我没有社会学学习经历，缺乏严格的、系统的社会学理论和方法方面的训练，也没有前辈、老师、学长的直接带领和具体指导，因而我的法社会学田野调查从一开始到现在基本为自己摸索进行，田野调查的方法也是在实践中边实践边看书，边实践边体会，在摸爬滚打中逐渐琢磨和总结，在实干蛮干中有所心得、慢慢掌握和不断提高。这一过程可谓先天不足、后天迟钝。我是在跟跟跄跄、跌跌撞撞中一步一步走过来的，其间甘苦自知、自感成败难论。

在 20 世纪 80、90 年代，还没有"田野调查"的说法，当时的说法主要为"社会调查"。在重庆上学期间，我是凭着一种热情，以初生牛犊不怕虎的劲头利用寒暑假进行社会调查。当时的国家机关、公家单位比较亲民，我拿着学校介绍信甚至仅用学生证就可直接进公安局、少管所、劳改农场等处，接待人员也都非常热心，尽力支持我的社会调查。我逐渐有了如何走向社会、与公家如何打交道、如何获得资料的一些体会。特别值得一提的是，1982 年寒假我在重庆进行了赌博、卖淫方面的调查，1983 年 3 月整理撰写了两份重庆赌博调查报告、重庆卖淫方面调查报告初稿，其中赌博调查报告初稿经补充调查和修改后以《诱发犯罪的重要根源——关于重庆市赌博情况调查》发表在西南政法学院的学报《法学季刊》（现为《现代法学》，下同）1983 年第 4 期上，这给我今后从事法社会学田野调查以极大的信心。[1]同时，这期间我也阅读了一些社会学方面的作品，如日本福武直主编虞祖尧等翻译的《世界各国社会学概况》（北京大学出版社 1982 年版）、德国阿斯曼等著李景琪等译的《马克思列宁主义社会学原理》（黑龙江人民出版社 1983 年版）、日本学者富永健一主编孙日明、杨栋梁译的《经济社会学》（南开大学出版社 1984 年版）、《社会学概论》编写组编的《社会学概论》（天津人民出版社 1984 年版）、康少邦等编译的《城市社会学》（浙江人民出版社 1985 年版）、吴铎的《简明社会学》（华东师范大学出版社 1986 年版）、杨雅彬的《中国社会学史》（山东人民出版社 1987 年版）、韩明汉的《中国社会学史》（天津人民出版社 1987 年版）等。这些作品极大地开阔了我的视野。在大学学习期间，我的三年级学年论文和本科毕业论文的选题均为法社会学方向。在此基础上，我在西南政法学院学报《法学季刊》1985 年第 3 期上发表《马克思主义法社会学研究对象试探》一文（中国人民大学复印报刊资料《法学》1985 年第 11

---

〔1〕　学报主编黎国智老师指导修改，编辑部朱晓武帮助进行了一定的修改，署名为高其才、武晓珠。详可参见《发表处女作》，载高其才：《野行集——与法有缘三十年》，法律出版社 2011 年版，第 26~28 页。

期、《社会学》1985 年第 5 期转载）；与文正邦老师合作的《法社会学的方法论意义》发表在《四川学院学报》1985 年第 2 期（中国人民大学复印报刊资料《法学》1985 年第 11 期转载）。这对我之后的法社会学调查和研究影响极大。

在武汉工作期间，我涉猎了不少社会学调查方面的作品。如《毛泽东农村调查文集》（人民出版社 1982 年版），我对其中的《中国佃农生活举例》印象尤其深刻。我还阅读了费孝通的《江村经济——中国农民的生活》（戴可景译，江苏人民出版社 1986 年版）。此书还收入费孝通的《重访江村》《三访江村》和澳大利亚葛迪斯的《共产党领导下的中国农民生活》，我第一次知道了长时段追踪调查和连续调查。李景汉编的《定县社会概况调查》（中国人民大学出版社 1986 年版）从地理环境、历史、政府机构、人口、教育、健康、农民生活、乡村娱乐、风俗习惯、信仰等 17 个方面对定县（今定州市）的基本社会概况进行了全面调查和描述，我拜读后受益良多。张辛欣的《北京人——100 个普通人的自述》（上海文艺出版社 1986 年版）为一部口述历史作品，描述了 20 世纪 80 年代普通中国人的生活状态和精神世界，给我很大的启发。

我还看了一些社会学方法方面的作品。如费孝通的《社会调查自白》（知识出版社 1985 年版）为 1984 年 7 月 23 日至 8 月 4 日中国民主同盟中央组织的"多学科学术讲座"上所作的有关社会调查 10 讲内容记录稿基础上整理而成。除了"前言""一、引子""八、社会学的重建和发展"外，其他六部分分别为"社会调查概述""民族调查""农村调查""家庭调查""小城镇调查""知识分子和智力资源调查"。我 1988 年 10 月 8 日购得，如获至宝，对他从事社会调查的经过和体会认真了解、细细揣摩。苏联科学院社会学研究所著唐学文等译的《社会学手册》（浙江人民出版社 1983 年版），其中第六章"搜集社会初级情报的方法与技术"中包括"2. 观察及其在社会学中的作用""3. 询问是搜集社会初级情报的方法与技术"。余炳辉等编译的《社会研究的方法》（浙江人民出版社 1986 年版），特别是第八章"访问调查"、第十章"观察"，对我影响尤大。中国社会科学院社会学研究所和南开大学社会学系编的《社会学参考书目》（南开大学出版社 1984 年版）第五部分为"社会调查"，包括"1. 社会调查方法""2. 社会调查报告"。这使我了解了以往社会调查方面的相关文献。

同时，1990 年至 1991 年间，我阅读了中南民族学院民族学系资料室所藏的全部中国少数民族社会历史调查资料丛刊，对 20 世纪 50、60 年代我国大规模的少数民族社会历史调查有了较全面的了解。在此基础上，我通过直接到出版社门市部（如广西民族出版社门市部）购买和邮购的方式，共购买了 71 册中国少数民族社会历史调查资料丛刊。如广西壮族自治区编辑组编的《广西瑶族社会历史调查（第一册）》（广西民族出版社 1984 年版）为我 1991 年 12 月 12 日邮购所得，书中的"出版说明"和"目录"第一页甚至留有编辑的校改符号，用以准备重印。后来得知是将这最后一本卖给我这位多次购买、热切希望得到该书的读者。

在法社会学方面，我阅读了法国学者亨利·莱维·布律尔著许钧译的《法律社会学》（上海人民出版社 1987 年版）、美国学者杰克·D. 道格拉斯、弗兰西斯·C. 瓦克斯勒著张宁、朱欣民译的《越轨社会学概论》（河北人民出版社 1987 年版）、英国学者罗杰·科特威尔著潘大松等译的《法律社会学导论》（华夏出版社 1989 年版）、夏之乾的《神判》（三联书店上海分店 1990 年版）、邓敏文的《神判论》（贵州人民出版社 1991 年版）、王之琳主编的《法律社会学》（吉林大学出版社 1991 年版）、马新福著的《法社会学导论》（吉林大学出版社 1992 年版）、朱景文的《现代西方法社会学》（法律出版社 1994 年版）等。

同时，我进行了一些社会调查和法社会学调查，如 1988 年 4 月到湖北大冶进行农村宗族调查，1988 年 5 月 5 日—5 月 28 日到湖北宜都、鹤峰、来凤、宣恩、咸丰，湖南龙山，四川黔江等地进行调查，1990 年我与郑永流、马协华、刘茂林等在湖北省进行了农民法律意识与农村法律发展调查。这些调查让我直面社会现实和法现象，接触了形形色色的各方面人士，感知了田野调查的甜酸苦辣。

在武汉工作期间，我与中南政法学院、武汉大学、湖北大学、湖北财经学院等高校的一些法学、社会学教师进行了交流；与中南民族大学民族学系的教师就民族学、人类学等方面论题进行了交流。特别是我于 1987 年 9 月、1988 年 11 月参加了法社会学的北京会议、重庆会议，结识了北京大学、中国人民大学、吉林大学、西南政法学院等单位的老师，听他们介绍对法社会学的认识和自己的研究心得，了解了国内学术界法社会学研究的现状。这增强了我从事法社会学调查和研究的信心。

　　这一期间,我撰写了《中国法律社会学研究概况》一文,收入苏梅凤编著的《法社会学》(武汉出版社 1990 年版);我参加 1987 年北京法社会学研讨会的文章《异常行为和异常行为社会学》收入北京大学法律系法学理论教研室、中国经济体制改革研究所法律室所编的《法律社会学》(山西人民出版社 1988 年版)。

　　1997 年 7 月到北京工作以后,我在逐渐适应新的工作环境后就进行法社会学田野调查,如 2004 年 5 月起到广西金秀进行瑶族习惯法调查、2004 年 7 月起到河北固安进行过基层司法调查、2007 年 10 月起到江苏姜堰进行习惯法的司法适用和司法运用调查、2008 年 11 月起到浙江慈溪进行乡村习惯法调查、2011 年 7 月起到湖南临湘等地进行乡土法杰调查、2015 年 10 月起到贵州锦屏进行村规民约调查。

　　在北京工作阶段的法社会学田野调查,主题更为集中和明确,方法运用也更得当,体会更加深刻,认识也越来越全面。如果说武汉工作的十二年为我法社会学田野调查的养成期的话,那北京工作至今的二十六年可谓我法社会学田野调查的成熟期,法社会学田野调查方法的运用也较为得心应手,基本能够应对调查中面临的各种问题。当然,这"成熟"是相对我之前的田野调查而言的,是从过程性、发展性角度而言的,且仅仅是于我个人而言的。从严格意义上讨论,这"成熟"实是极为粗糙、极不成熟。

　　宋代的陆游在《书巢记》中有"天下之事,闻者不如见者知之为详,见者不如居者知之为尽"句。我的法社会学田野调查是由"闻"到"见"再至"思"的过程,努力如"居者"般"知之为尽",到原野中力求法事实,明法秩序,识法规律。

　　虽然我关于法社会学田野调查方法的认识和体会离"真知"可能还有距离,但我对"实践出真知"深以为然。

四

　　虽然"纸上得来终觉浅,绝知此事要躬行",但必要的阅读是非常重要的,为法社会学田野调查的基础性工作。关于法社会学的田野调查方法,我自己主要是阅读社会学方法方面的作品,并在实践中予以具体运用和用心体会。

　　风笑天的《社会学研究方法》(第 3 版,中国人民大学出版社 2009 年版)

结合国内外社会学研究的发展趋势和社会学研究方法教学的实际，对社会学经验研究方法的基本概念、基本原理和基本方式进行了通俗简明的介绍。在内容安排上，该书既兼顾到实际研究的逻辑程序，又兼顾到定量及定性研究方式和各种不同的资料收集方法及技术。该书令我对社会学研究方法有较全面的了解。

我读得较多的是美国著名社会学家艾尔·巴比著邱泽奇译的《社会研究方法》（第10版，华夏出版社2005年版）。此书有关寻求真实的论述、社会研究中的伦理议题的分析、研究设计的讨论、不同调查方法的比较、定性的实地研究的阐述等内容，于我启发颇大。

英国皇家人类学会编何国强等译的《田野调查技术手册》（复旦大学出版社2016年版）一书，我印象较深的是第二部分用九章讲述田野调查的准备工作和循序渐进过程，对社会结构、个人生命史、政治组织、经济活动、信仰仪式、地方性知识、语言手势等方面问题作了阐释。

澳大利亚学者林恩·休谟等编著龙菲等译的《人类学家在田野：参与观察中的案例分析》（上海译文出版社2010年版）集结了十六位人类学家的田野体验，他们参与观察的对象从墨西哥都市中的色情场所，到修道院中的揭秘与互动；从底特律街头的黑帮毒贩，到州立监狱中的看守与囚犯。该书表达了定位参与、伦理参与、多点参与以及好的参与观察者善于在亲熟和距离、局内人和局外人之间保持某种有意识的平衡。

美国人类学家罗伯特·埃默森等著符裕、何珉译的《如何做田野笔记》（上海译文出版社2012年版）一书通过大量的正在撰写的、"未完成的"田野笔记实例，考察了田野研究者如何将亲身经历和观察写成田野笔记的过程，讨论如何运用田野笔记来讲述民族志故事的方法，以及帮助研究者基于田野笔记撰写民族志的关键步骤。

虽然阅读了上述作品，[1]我对社会学田野调查方法有了一些了解和认识，但由于没有受过严格的、系统的社会学方法的科学训练，我所掌握的法社会学田野调查方法总体是原初的、直观的，缺乏全面性。如许为我的偏见，我

---

〔1〕　对一些运用田野调查方法颇佳的法社会学、人类学作品，如项飙的《跨越边界的社区：北京"浙江村"的生活史》（生活·读书·新知三联书店2000年版）、阎云翔著李放春、刘瑜译的《礼物的流动——一个中国村庄中的互惠原则与社会网络》（上海人民出版社2000年版）、傅谨的《草根的力量——台州戏班的田野调查与研究》（广西人民出版社2001年版）等，我也认真阅读。

的法社会学田野调查基本不运用问卷法；我对定量分析方法也没有什么涉猎。

<h1 style="text-align:center">五</h1>

法社会学田野调查方法以社会学方法为基础，针对法社会学田野调查的主题、目标、对象、功能等而具体形成，成为体系。

根据我的法社会学田野调查实践，我认为法社会学田野调查方法包括走向田野的方法、融入田野的方法、发现田野的方法、回馈田野的方法等。

法社会学田野调查者首先应当根据主题选择合适的田野调查点，通过他人介绍或者直接进入等适当的方式进入调查点。调查者需要进行调查前的准备，有详细的调查计划和充分的物质、精神准备，要有吃苦、克服困难的心理准备。到田野调查点后，调查者要尽可能找到合适的向导即当地的协助者，尊重当地风俗习惯，热情且有礼与本地人相处，看自己身体和能力对待喝酒等事项，注意自己的日常行为举止，顺利走向田野。

为了解法事实，认识法规范，理解法生活，法社会学田野调查者需要千方百计、千言万语、千辛万苦融入田野，综合运用观察法、访谈法、问卷法等，多走走并尽可能多地接触各类人士，多聊聊以多途径地获取信息来源，关注网络在田野调查中的作用，广泛搜集、完整搜集各类文献，并注意对"二手"资料的判断。调查者应注重个案调查的意义。除了文字，调查者还可利用图片、视频等方式表达生活中的法。

调查者在进行法社会学田野调查时，需要全力以赴、全神贯注、竭尽全力，了解现实生活中相沿成习的习惯法，发现田野中民众创制的法规范，探知社会关系中的法意义。通过田野调查，调查者感知现实的法人物，认识生动的法运行，理解具体的法秩序，思考民众的法智慧。

调查者在进行法社会学田野调查时，会面临被调查者的经济困难、调查事项的费用筹集等问题，宜本着客观、真诚、费用自负的态度应对，适当表达心意，不让对方增加负担，以认真做好本身的田野调查、全面的表述法事实为核心目标，在自己能力范围内为被调查对象做些事情、尽量维护被调查者的利益，以回馈田野。

此外，法社会学田野调查方法需要考虑中国社会文化特点，探寻适合中国国情的方法。如法社会学田野调查中的主题问题、官方因素、范围问题、保密问题、喝酒事宜、信任问题等，需要用心思索，谨慎对待，恰当应对。[1]

# 六

本书是以我的法社会学田野调查实践为基础总结而成。

书名为《原野识法——法社会学田野调查方法札记》。"原野"，原初的田野，旷野；"识法"中的"识"，一为认识，二为识别，三为"设法"，"识法"的谐音，想方设法，尽一切努力。"原野识法"，表达的是在田野、原野、大地上探寻法、认识法、理解法，这是一个过程，又是一种状态，也是一种态度，更是一种心境。这展现了法社会学田野调查的面向生活、深入社会、关注事实、理解规范的特质。法社会学田野调查者脚踏实地，以理性的态度、科学的方法观察、记录并思考广阔的法世界，以此关注人的生存秩序和生活意义。

除了第五部分，全书的其他部分主要针对田野调查中所需要面对的事项，进行专题式的方法讨论。本书所探讨的法社会学田野调查方法来自实践，并可在实践中具体参考运用。我从自己田野调查实践中将有普遍性、感受深的诸方面确定为论题，有的放矢地进行分析，从而为法社会学田野调查者尤其是年轻学子提供调查方法方面的指引。

同时，全书运用个案方式，以通俗易懂的形式进行叙述。本书通过一则则事例、实例以札记、散论形式探讨法社会学田野调查的某一方面方法，文字直白，简洁明了，基本上没有长篇大论、引经据典。

在我的理解中，"法社会学"与"法人类学"在当代中国各有侧重，但有相当多的重合。本书的大部分内容也可视为法人类学田野调查方法。

我的法社会学田野调查一直在路上，关于法社会学田野调查方法的总结和思考也始终在路上！

---

　　[1]　潘绥铭等的《论方法：社会学调查的本土实践与升华》（第2版，世界图书出版公司2023年版）以中国社会学调查方法中本土经验为依托，着重强调高质量的社会学调查需要本土的调查情境，以及本土的文化、社会、个体因素对于调查质量可能带来的影响。该作品对我们理解法社会学田野调查的本土方法有启发意义。郑少雄、李荣荣主编的《北冥有鱼：人类学家的田野故事》（商务印书馆2016年版）、宋颖、陈进国主编的《鹤鸣九皋：民俗学人的村落故事》（商务印书馆2017年版）、林红、刘怡然主编的《鹿行九野：人类学家的田野故事》（商务印书馆2018年版）、郭建斌编的《我的田野故事——云南大学民族学与社会学学院系列学术讲座》（学苑出版社2021年版）等也有助于了解中国田野调查的特点。

# 目　录

# 一、走向田野

　　法社会学田野调查需要调查者对田野调查有浓厚的兴趣，热爱田野调查。

　　面对田野调查的千头万绪，调查者首先应当根据主题选择合适的田野调查点，通过他人介绍或者直接进入等适当的方式进入调查点。

　　调查者需要进行调查前的准备，有详细的调查计划和充分的物质、精神准备，要有吃苦、克服困难的心理准备。

　　到田野调查点后，调查者要尽可能找到合适的向导即当地的协助者，尊重当地风俗习惯，热情、有礼与本地人相处，看自己身体和能力对待喝酒等事项，注意自己的日常行为举止，顺利走向田野。

# 1

# 一个任务引导我走向瑶山田野

走向法社会学田野，可能有我个性的因素，也可能有偶然的契机。

我的金秀瑶族习惯法田野调查就与一个写作任务有关，由此引导我走向瑶山田野，开展连续的田野调查，并开启了一个法社会学研究方向、进入了一个新的研究领域。

在西南政法学院（现西南政法大学）学习期间，我对法社会学有了一些了解，尤其对田野调查产生了浓厚的兴趣，并进行了几次调查。在武汉中南政法学院（现中南财经政法大学）法律系工作期间，我对少数民族习惯法进而对中国习惯法产生了浓厚的兴趣，进行了初步的资料总结、整理和思考。而广西瑶族的石牌制和石牌习惯法给我的印象尤为深刻。

当年我阅看到中南民族学院（今中南民族大学，下同）民族学专业硕士研究生廖明的毕业论文《民族法文化研究——金秀瑶族法的文化现象剖析》，[1]其中附录的1990年的《金秀瑶族自治县瓦窑屯村规民约》的某些内容令我颇为好奇，印象十分深刻，如"六、已分到户的山界线以旧的符号为准，如有乱号者，喊人看，无理那方包出人工钱每人5元，抗拒不给者加倍罚""七、

---

〔1〕 廖明（后用名"了明"）为湖北省恩施土家族苗族自治州人，他的腿有残疾。他从中南民族学院研究生毕业以后留校任教，曾发表《试论法律的民族特性》（载《中南民族学院学报（哲学社会科学版）》1992年第5期）等论文，参与多本教材编写。为了残疾人的康复和教育，他辞去公职从事慈善事业，开办"廖明康复培训中心"，免费培训450多人。他自学中医，创建了"黄河科技大学国际残疾人学院"，受益者上万人。他颇有爱心，乐于奉献，不图回报。非常遗憾的是，在四川下水抢救一名因失足落水的精神病患者时不幸身亡，年仅35岁，殊为可惜（另一说为阻止精神病人自杀，廖明被其杀害）。（部分材料来自网络，网址为 http://www.1010jiajiao.com/timu3_id_3620431#，2022年5月4日最后访问。）

乱搞男女关系的罚双方四个'30'：30斤米，30斤酒，30斤肉，30块钱，办给全村人吃"这样的规范使我对瑶族的石牌制和石牌习惯法的当今表现、现代效力有了具体、生动的了解，对金秀瑶山的习惯法产生了浓厚的兴趣。

因此，我1999年12月参加在昆明举行、由我的博士学位论文指导老师张晋藩先生主持召开的《中国少数民族法制通史》编纂研讨会时，便提出承担《中国少数民族法制通史》瑶族卷的写作任务并得到张晋藩先生的同意。

瑶族没有建立过地方政权，写作瑶族法制史无疑是非常具有挑战性的任务。从某种程度上而言，我是硬着头皮承担的。

既然承担了，就要努力完成。于是，在查阅、搜集相关材料的基础上，到我国的瑶族地区进行田野调查、广泛获取材料并增加对瑶族法的全面认识就成为我必需的工作。

我要走向田野！

田野在哪里呢？

我查了一下，瑶族主要分布在我国南方广西、湖南、广东、云南、贵州和江西六省（区）的130多个县，[1]其中以广西为最多。我国共有10个瑶族自治县，包括广西的金秀瑶族自治县、恭城瑶族自治县、富川瑶族自治县、巴马瑶族自治县、大化瑶族自治县、都安瑶族自治县，广东的连南瑶族自治县、乳源瑶族自治县，湖南的江华瑶族自治县，云南的河口瑶族自治县。另有2个瑶族和其他少数民族的联合自治县，分别为广东连山壮族瑶族自治县、云南金平苗族瑶族傣族自治县。另外，湖南省永州市江永县瑶族人口也较多。因此，广西、广东、湖南瑶区就成为我的瑶族法调查的主要田野。

于是，我在教学之余到瑶族地区进行了多次田野调查：2004年4月20日至5月2日，我到广西的金秀瑶族自治县、广东连山壮族瑶族自治县、广东连南瑶族自治县、湖南江华瑶族自治县、湖南江永县、广西恭城瑶族自治县进行了调查；2005年8月6日至8月10日我到广西南宁、大化瑶族自治县七百弄乡、广西都安瑶族自治县进行了调查；2005年8月20日至8月24日我到广西南宁、柳州、桂林进行了调查；2006年7月5日至7月6日我到广西上思县南屏瑶族乡进行了调查。我田野调查的足迹到了三省区七个瑶族自治

---

〔1〕 根据国家统计局编：《2021中国统计年鉴》，中国统计出版社2021年版，我国瑶族总人口为3 309 341人。

县和联合自治县。较为遗憾的是，我至今还没有到云南瑶区进行田野调查。

特别是从 2004 年 4 月至 2023 年 4 月，我先后到广西壮族自治区金秀瑶族自治县进行了 31 次田野调查，除了 2005 年、2016 年、2021 年、2022 年以外每年都去进行田野调查，最多的 2009 年去了 5 次。金秀瑶区成为我最主要的法社会学田野调查点。

在瑶族地区进行田野调查时，我观察、参与了各种习惯法活动，访问了众多熟习习惯法的人士，见识了不少习惯法方面的实物，搜集了许多习惯法方面的文书。金秀等瑶族地区的调查生活虽然较为辛苦，但我的心情是愉快的、经历是难忘的、收获是丰富的。

在瑶族地区特别是金秀瑶区的田野调查中，我积累了田野调查的经验，也有不少田野调查的教训，从中逐渐体悟出诸多法社会学田野调查方法，为我的法社会学调查和研究奠定了坚实的基础。

在田野调查和查阅材料的基础上，我先后撰写并出版了《瑶族习惯法》（清华大学出版社 2008 年版）、《国家政权对瑶族的法律治理研究》（中国政法大学出版社 2011 年版）、《桂瑶头人盘振武》（中国政法大学出版社 2013 年版）、《习惯法的当代传承与弘扬——来自广西金秀的田野考察报告》（中国人民大学出版社 2015 年版）、《村规民约传承固有习惯法研究——以广西金秀瑶族为对象》（湘潭大学出版社 2018 年版）等有关瑶族法的作品；合作撰写了《瑶族经济社会发展的法律问题研究》（第一作者，中央民族大学出版社 2008 年版）。其他与瑶族地区田野调查相关的作品还有"陈飞印象"（载高其才著《在乡村路上——四乡人印象四村行》，中国政法大学出版社 2012 年版）、"广西金秀长峒六架行"（载高其才著《在乡村路上——四乡人印象四村行》，中国政法大学出版社 2012 年版）、"瑶族石牌习俗传承人蓝扶布"（载高其才著《跬步集——五十自述》，中国政法大学出版社 2014 年版）等。

在 1999 年开始承担的《中国少数民族法制通史》后来成为《中国少数民族法史通览》。在这部张晋藩先生总主编的《中国少数民族法史通览》（陕西人民出版社 2014 年版）中，我与徐晓光教授主编丛书第八卷（苗族、瑶族）。我个人独立承担瑶族部分。《中国少数民族法史通览》为"十二五"国家重点图书出版规划项目、国家出版基金资助项目，2017 年 6 月获第四届中国出版政府奖图书奖提名奖、2019 年获教育部第八届高等学校科学研究优秀成果奖人文社会科学一等奖。张晋藩先生和我们全体作者的努力得到了学术界和社会的肯定。

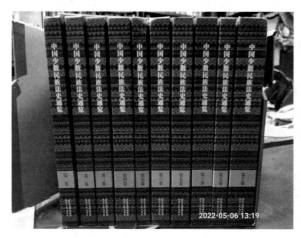

　　我的这些作品内容涉及瑶族习惯法、国家政权对瑶族的法律调整、瑶族经济社会发展中的法律问题、瑶族乡土法人物，时间横跨古代、近代和当代。我的瑶族法研究也算小成规模。我的努力推进了学界对瑶族法、瑶族习惯法乃至少数民族习惯法、中国习惯法的进一步重视，推动了法社会学的田野调查、研究的不断深入。而瑶族法特别是瑶族习惯法的调查、研究已经成为我的主要学术方向。

　　通过在金秀等瑶族地区近二十年的田野调查，我更加认识到习惯法的旺盛生命力，体会到传统规范的现实效力和强大生命力，增进了我对中国社会秩序维持机制的理解。走向瑶族地区这一法社会学的田野，令我的学术研究近生活、接地气、有活力、显特色。这正如朱熹所谓"问渠那得清如许？为有源头活水来"。

　　一个任务引领我走向法社会学的习惯法田野调查，开启了我的一个主要的学术方向。这是我1999年时没有料到的，也是殊为庆幸的！

2017年11月初记、2023年5月补充

# 2

## 自己直接闯入还是借助外力

田野调查是一个社会学、人类学的概念，英文为"Fieldwork"，中文又叫实地调查、社会底层或现场研究。在法社会学领域，田野调查是十分重要的研究方法。通常而言，选择田野调查点对顺利进入并圆满完成法社会学田野调查任务、达到田野调查目标至关重要。

田野调查点的选择，一则根据调查的具体目标、内容，二则需要考虑合适的条件，包括进入的资源、基本的状况、事项的典型性等。

确定一个田野调查点是颇费周折的，需要通过各种途径予以考虑。这既来自调查者自己的前期经历，如参加学术会议时与相关人士的聊天、考察所感；也基于学术伙伴、合作者等他人推荐所提供的信息；还可能是在阅读有关文献时所了解的大致状况。

这之中，进入的资源往往成为确定田野调查点的关键因素。我国的法社会学田野调查多倾向于有熟人资源，或者是官方资源。依靠熟人、官方支持成为绝大多数法社会学田野调查的选择，自己直接闯入田野进行调查的并不多见。

我的法社会学调查，早期主要是自己直接闯入式的田野调查，没有任何依靠和引见。调查时，自己直接到有关单位、组织或者个人处了解情况、获取信息。后期则有不少是通过朋友的支持而进行的调查。

我的这种自己直接闯入式的田野调查，有 1982 年寒假在重庆进行的赌博、卖淫调查、1988 年的鄂南宗族调查等，而最典型的为金秀瑶族习惯法调查。

虽然我 2004 年 4 月第一次去金秀进行瑶族习惯法调查时，是由在广西民族学院做讲座时认识的民族与社会学院的 2002 级研究生陆进强引入、陪同的。他硕士学位论文的田野调查点在金秀甲江郎庞屯。[1]进强告诉我，他准备从南宁过去调查农历三月三（4 月 21 日）郎庞的"做社"（祭社）。我听后很感兴趣，于是改变行程 4 月 20 日跟他同行而进入金秀瑶山的田野。当时，南宁到金秀还没有直达大巴，我们通过柳江朋友杨东安排其朋友韦工开车接我们从南宁去金秀。得益于进强的熟悉和安排，当晚我们住在郎庞屯村民庞贵府家，并拜访了郎庞屯的社老赵成先等村民。第二天的"做社"调查也十分顺利。初次进入金秀这一田野调查点算是利用了熟人资源。

但之后在金秀的田野调查，我都是没有依靠熟人、没有依靠官方的情况下而全凭自己的直接闯入而进行的调查。无论是去县人民法院、县司法局、金秀镇司法所、六巷乡政府等党政机构了解有关情况，还是去六巷村委会、六拉村委会、六段村委会、六架屯等村组，或者去盘振武、蓝扶布、陈飞等村民家，我都是自己直接去，向对方表明身份、说明来意、提出想法、希望支持。得益于金秀瑶区的淳朴民风和瑶胞的热情好客，我的直接闯入基本上没有被生硬拒绝，最多有的看看我的工作证、身份证、学校介绍信。他们十分信任我这外来的陌生人，并不觉得我会给他们带来什么不利影响和后果。被访者大多乐意接受调查，提供相关资料和线索，介绍有关经历和情况，给我的田野调查以莫大的支持。

经由初次接触，不少人成为我的朋友、成为我的关键报道人，[2]此后我就常常直接找他们，他们也主动告知我有关田野调查点发生的事件或已安排的活动，及时提供多方面信息。在之后的调查中他们给予我全面的配合和广泛的协助，扩展和拓深了我的田野调查。我在金秀瑶山田野调查的路越走越宽，进入了宋代杨万里《桂源铺》中所述"到得前头山脚尽，堂堂溪水出前村"的境地。

我个人体会，自己直接闯入式的田野调查虽有被拒绝的可能、进入田野可能费劲、耗费时间可能较多等局限，但有取得信任后关系极为亲密、较易

---

〔1〕 郎庞屯为胡起望、范宏贵的《盘村瑶族》（民族出版社 1983 年版）中的田野调查点。

〔2〕 报道人为人类学的概念。通常而言，报道人是指人类学者在田野调查中结识的、能够帮助他们了解当地社会文化的当地人。尽管理论上研究对象中的任何一个人都可以成为报道人，但实际上并非每一个人都能成为关键报道人。关键报道人是人类学者所研究文化的某方面专家，他能够帮助人类学者深入了解并学习当地的文化。

深入访谈、掌握情况全面、受官方影响较小、时间由自己控制、具体调查安排和范围更灵活等优点。特别是调查对象为村干部和村民时，直接闯去家里调查比由县、乡镇干部陪同的效果要好。在了解有些涉及隐私的事件时，直接去当事人处调查而没有他人伴随时的结果可能更理想。

不过，依靠熟人、依靠官方进入法社会学田野调查在现今中国仍非常必要。2017 年 6 月 3 日下午，有一个县农业局的陶局长对我说："高老师，你下来调查，最好还是通过政府部门，主要是方便一些，至少可以出个人、派个车。"这说到了要点，我至今对他的这一番话记忆犹新。

即使我在金秀瑶山的调查也有几次求助我在广西工作的学生周伟平。一次是为赶时间到上古陈屯参与观察调查覃盘的结婚（嫁郎）习惯法程序规范，他联系桂林校友会的戴志远夫妇，于 2007 年 11 月 28 日我在桂林下飞机后连夜开车送我进山；另一次 2010 年 8 月 20 日他联系了县里一个政府部门，由这个单位出车派人陪同去某偏远的屯调查一起 1995 年发生的案件。这两次主要都是交通问题而请伟平帮忙，从而依靠了熟人资源和官方资源。在金秀瑶山进行田野调查，交通确实是一个非常头疼的问题。瑶区山高人稀，公共交通不发达，下村屯调查需要自己想办法。这两次实在没有办法而利用外界力量。

其实就我个性而言不愿意麻烦他人，内心可能有不想打扰人、不愿欠人情的想法。如 2007 年 11 月 28 日这次调查，恰遇中平到六巷的公路正在修路，戴志远夫妇开的微型面包车深夜中多番努力终因路基石头太大使轮胎打滑实在上不去了，正在着急时来了一辆大卡车解决了大问题。我经大卡车司机同意搭车上去，他们连夜返回桂林。对戴志远夫妇他们的相助，我非常过意不去，无法用言语表达我的感激之情。可惜我至今仍未能为他们做点什么。

而 2010 年 8 月 20 日这次调查，从县城到乡政府大约 30 公里，从乡政府到某屯大约 20 公里，且路窄弯多，当时还没有硬化非常不好走。我打听了一下，当时租微型面包车去此屯一天要 200 元，费用多少且不说，还不太有人愿意去，路实在太不好走，非常毁车。在实在没有办法时，我只得求助朋友。这个单位出车又出人，又去乡政府找了一个人陪同；又买肉买水果去调查对象家，还给了调查对象父亲一个红包，最后回来请我吃晚餐，这些费用一起加起来应该有四五百元钱。给他们额外增加了负担，我于心不忍、于心不安。

▲深夜送郎（2007年11月30日摄）

▲喜事人员分工
（2007年11月30日摄）

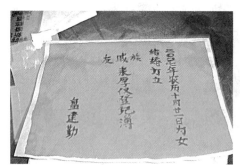

▲礼簿（2007年12月1日摄）

　　这两次依靠外力的调查，出行顺利些，找人也稍微方便些，能够解决我自己调查所无法解决的困难。由当地有关部门支持、帮助，对于法社会学调查是有积极作用的。

　　与金秀瑶山田野调查不同，我的不少法社会学调查是在熟人、官方的支持下进入和进行的。如我在贵州锦屏的苗族和侗族村规民约调查是受王奎局长的邀请而开始，在江西寻乌的司法调查是应赣州市中级人民法院邹宇平院长邀请、在寻乌县人民法院吕纲翔、徐俊、刘智军等院长的支持下进行的，在广东惠州的村居法治调查和大亚湾的地方习惯规范调查是朋友李箫提议、支持而着手的。这些调查有的提供了田野调查经费，有的安排联系好调查地点和人员并派车派人陪同，有的开放所有资料。特别是涉及一些政府机关的档案、资料，依靠官方就容易获得，这种便利是自己直接闯入式田野调查所无法企及的。

当然，依靠官方的进入也存在调查内容特定、调查方式受限等问题，需要顾及陪同者的时间和感受，也可能出现在有官方身份者在场时被访问调查者有较大顾虑而未能客观、真实、全面进行谈话的情况，调查可能不够深入，所获信息不一定准确。

我国民众对官方单位和官方人员的态度比较复杂，总体上有肯定、配合、协助的一面，但有的也有远离、躲避、否定的一面。法社会学田野调查者需要根据具体情况予以判定，利用积极因素，避免消极影响，尽可能减少因依靠官方的进入田野方式、陪同人等因素而给调查带来的不利影响。

总体而言，法社会学的田野调查是自己直接闯入还是依靠官方进入，各有利弊，既看个人兴趣和能力，也看相应资源和条件，不好一概而论。这两种形式也不是相互排斥的，有时候可能是两者的结合。如在第一次由官方人员陪同后，第二次调查者自己进行补充调查、深入调查，通过多种方式、多次调查得到满意的田野调查效果。

2022 年 5 月 6 日记

# 3

## "要公函一级一级地转下来"

进行法社会学田野调查前，需要准备好单位介绍信或者公函，这在我国颇有必要。如在搜集阿昌族村组的村规民约时，我就遇到了"要公函一级一级地转下来"的情况。

在编《南方少数民族村规民约汇编》时，我发现建华准备的阿昌族部分仅仅只有一份陇川县户撒阿昌族乡的，感觉少了一点。

我上网查了一下，知悉阿昌族是中国云南省特有的少数民族之一，主要分布在德宏傣族景颇族自治州的陇川县户撒和梁河县九保、囊宋三个阿昌族乡，潞西市江东乡高埂田和盈江、瑞丽也有少量分布。

于是，2020 年 4 月 22 日晚上我上网查梁河县囊宋阿昌族乡、九保阿昌族乡的有关新闻，看能否寻找到有关电话号码等联系方式。

九保阿昌族乡方面，比较有意思。我在网上查到九保阿昌族乡有九保村、横路村、丙盖村、勐宋村、勐科村、安乐村等；看到有关于九保阿昌族乡横路村扶贫干部的报道等消息。

与村规民约直接有关的有一则报道：6 月 6 日晚上 9：30 九保阿昌族乡党委副书记、乡长梁昌才率横路示范村挂钩包村领导王曾侃副乡长、司法所长赵仁满深入横路示范村召开村组干部会议，对横路村新《村规民约》进行了修订和讨论。横路村村三委及各村民小组长共 17 人参加了会议。会议由横路村村委会主任赵兴宝同志主持。会上，司法所所长赵仁满宣读了新《村规民约》，乡、村、组与会干部各抒己见对新《村规民约》进行了充分的讨论，把禁毒防艾、社会治安综合治理、防邪反邪、人居环境卫生治理、村民道德教育、精简红白喜事禁止三朝满岁寿宴待客、乡风文明、处罚金额等内容纳入了新村规民约。梁乡长要求：一是要加大学习宣传贯彻力度，村委会和各村民小组要及时召开群众大会强力学习宣传贯彻并进行表决；二是要有罚有奖，对监督给力的小组和个人要给予保护和奖励；三是要严格执行，乡村组干部和治保会成员要坚决杜绝打人情牌，不折不扣地严格执行好新《村规民约》。四是明确时限，一锤定音。九保阿昌族乡横路示范村新《村规民约》的成功修订，达到了预期的目的，有效地提高了经济，解决了素质跟不上的问题，为全面打造好阿昌族非物质文化特色旅游示范村奠定了坚实的基础。[1]但是没有村规民约的全文，虽有照片但仅为开会的照片，没有村规民约的照片。

不过，在另外一则报道中有收获。在"【九保动态】九保阿昌族乡横路村沙坡村民小组多举措巩固环境卫生整治成果"这一报道中，提到"在充分征求村民意见的基础上，制定完善了《九保阿昌族乡横路村村民公约》，并将村民公约及卫生包干制度悬挂上墙，形成长效的监督机制"。[2]在这一报道中，附了一些图片，其中有一张为墙上的村民公约及卫生包干制度。我将照片放大，村民公约的文字模模糊糊的，但大致能够看清楚，只有11个字实在辨别不出来。这样就有了一份2019年的九保阿昌族乡的村规民约。

▲形成约束　制度上墙

〔1〕 何鸿光：《定村规　修民约　全力打造好阿昌族非物质文化特色旅游示范村》，载 http://www.hlszxw.com/index.php/cms/item-view-id-13969.shtml，2020 年 4 月 22 日最后访问。

〔2〕 王灵萍：《【九保动态】九保阿昌族乡横路村沙坡村民小组多举措巩固环境卫生整治成果》，载 https://www.sohu.com/a/315089572_797048，2020 年 4 月 22 日最后访问。

　　同时，我在网上找到了一个招标信息留有九保乡人民政府一位赵姓的手机号、一个乡政府的固定电话号、勐科村村民委员会的固定电话号。23 日上午，我先打赵姓的手机号，显示的是广东佛山的号码，结果他说打错了。打勐科村村民委员会的号码，告知暂时无法接通。

　　最有意思的是，我打九保乡人民政府的固定电话，通了，接电话的人听声音是个年轻姑娘。她说这是乡党政办。我进行了自我介绍，说想麻烦她们提供一些阿昌族的村规民约。她说村规民约是有的，但是需要你们清华大学出公函给我们县里，县里再转给我们乡里，"要公函一级一级地转下来"，这样我们就可以提供。我再次向她介绍了我的身份和目的，她仍然坚持需要公函，丝毫没有提供村规民约或者提供村干部联系方式的通融之意。看这种情况，我觉得再做她工作也比较困难，就表示"打扰了"之意后就挂电话了。

　　主要考虑到这些阿昌族村规民约并非必须收录，也考虑到"要公函一级一级地转下来"的效率问题，我之后就没有采用发公函、通过官方渠道方式获取这些阿昌族村组的村规民约。我们主要收录了其他阿昌族村组的村规民约。

　　我觉得这位乡干部的做法无可厚非。她因为不了解我的身份、不了解具体意图，所以按照工作规程来办，没有公函就不接待。她是根据上级要求和领导指示进行工作，在这一套规训下形成了办事思维。她平时可能接触我们这类法社会学田野调查和学术研究的人不多，不太了解学术活动的具体情况，因而无法评估其风险及对其的影响，所以就一概拒绝以图保险、规避风险。当然，她也可能有"多一事不如少一事"的心理，没有法定的协助义务，就少点事、省点心。

　　这种情况在法社会学的田野调查中经常碰到，特别是没有单位接洽、没有朋友介绍直接去有关国家机构、事业单位了解有关情况时。这时候就需要准备好单位介绍信或者公函，耐心地表明身份、详细地说明来意，打消其顾虑，强调不会增加其太多的工作量，看能否以情动人。当然，实在不行，可能需要下次再去，让其看在我们执着的份上给予支持。有时候，需要找到这位具体工作人员与调查者的共同点如同乡、同一城市求学、共同的兴趣爱好等，通过聊天拉近相互之间的距离。有时候要强调其的帮助对这一法社会学调查和研究的意义，使其有成就感、自豪感而乐意配合、提供力所能及的帮助。

　　总之，法社会学田野调查需要以真诚的态度获得对方的帮助，需要准备，需要用心，需要灵光，以此面对"要公函一级一级地转下来"问题，提高田野调查的效率。

2020 年 4 月 23 日记

# 4

# 她说"我要小猪崽"

2017年8月26日在贵州锦屏的一个侗族村寨黄门村委会办公室调查时,不到半个小时时间就来了两位村民,一位女性,大概60多岁;另一位男性约50来岁。她和他都与在村委会办公室的村党支部书记等村干部有聊天、有对话,但因都是用侗话说的,我基本上听不懂,不知道他们具体在说啥。仅从这两位村民的表情来看,都比较激动,似在责问什么。他们离开以后,我询问村支书。据村支书介绍,都是来询问免费给小猪崽的事,都是质问"为什么不给我家",强烈要求"我要小猪崽"。

当时,我虽不懂侗语,听不懂侗话,但从村委会委员、村支书、村委会主任等村干部向他们进行解释、说明等的神态,从双方的表情,大致能够明白一点点他们交谈的主题。从村干部的表情看,显得较为无奈;而村民的语气则起初较为平和,到后来则有些咄咄逼人。

晚饭时,一起吃饭的一位居住在本村的县某局退休局长、一位退居二线的县某局局级干部与村支书、村文书用普通话聊天时,都说现在国家扶贫不能像现在这样的这户给点什么、那家给点什么,应该集中起来搞农村的基础设施建设,把农村的基础设施弄好。退休的老局长说否则懒人越懒,整天向村干部闹,弄得村干部难做人。

晚饭后,我与村支书走在路上时,还有一位40多岁的女村民大声向村支书喊话,村支书也支支吾吾地应答几句,稍作回应。她用侗话说,我也听不懂,只能看她的表情解析、猜测。女村民离开后,村支书告诉我,她也是说的给扶贫小猪崽事。今天的几位村民都是为此事而与村干部理论,包括晚饭前我随村支书去他家牵牛出来的路上村支书接到的村民电话所说的事。

▲黄门村 **2016** 年尝新节捐款榜　　　▲黄门村的专项村规民约

　　村支书说，最近国家扶贫给他们村一些小猪崽指标，根据贫困情况最多的一户给三头小猪崽，一般困难的家庭给一头。不少村民都想要，但有的不符合条件，总体指标也太少。于是，没有得到小猪崽的村民就纷纷向村干部反映、要求甚至质问、漫骂。村支书说："我们也没办法，但村民不理解，真是难办。"据我所知，这个村比较大，房族的因素也比较复杂，人心就有些散，村里做事就更不易。

　　由于不懂侗语，因此对话的确切含义和具体内容无法及时、明晰地了解，这是当时我遇到最大的问题。只能靠猜测和事后询问才大致了解基本情况。这是我这些年进行法社会学田野调查时经常遇到的难题。

　　我之前到广西金秀瑶山进行习惯法调查时也面临语言问题。金秀瑶山的瑶族有盘瑶、茶山瑶、花篮瑶、山子瑶和坳瑶等 5 个支系，各支系有各自不同的语言，包括勉语、拉珈语等。同时，当地人也讲桂柳官话等汉语。我从2004 年开始到金秀瑶山进行田野调查至今，都没有认真学过瑶语，因此自是不会说，听也基本听不懂。显然，前期没有专门进行语言准备，进入田野是不合格的，所获的信息、材料也需要谨慎对待。对此，我是比较清醒的，也时时提醒自己存在的这一缺陷和不足。

　　我也曾经想过专门花时间和精力来学习瑶语，但一则自己确无语言天赋，二来时间、精力有所限制，三更由于学习决心不强，故一直没有进行较系统的学习瑶语。至多是就个别字、词的发音向瑶胞请教，稍微学说一下，略微涉及点皮毛。

　　不懂瑶语的结果即为要求访谈对象讲普通话，用普通话进行交流。这样一来，与瑶族地区的年轻人交流问题不大，都能够讲普通话。但是，不少年长的瑶胞就困难了，他们往往不会讲普通话或者不习惯讲普通话，这样田野调查就受到影响了。于是，就要请当地的报道人或朋友做翻译了。翻译能够解决部分问题，但是存在受制于翻译本身对话题的理解、翻译的时间和精力等问题，许多田野调查的信息并不完整，有一些遗漏甚至误转。特别是在观察一些即时性的事件时，不可能一直进行实时翻译，常常是断断续续的，更影响对情况、事件的整体了解和全面理解。

为此，我只有多做准备：一是尽量在事先尽可能全面地做背景、过程等了解，努力对所要面对的田野调查对象、内容有总体的把握；二是寻找合适的、可靠的翻译，能够有耐心也能够理解我的用意；三是现场多观察，也多问且广泛问；四是当天晚上详细做田野调查记录，如有疑问次日及时通过追问访谈等方式解决。通过这样多方面的努力，想方设法弥补不懂语言的局限。

在贵州锦屏苗族、侗族地区进行田野调查遇到的语言困难，基本上与在广西金秀瑶山相似，多依靠报道人和朋友的翻译以及询问在场人予以解决。

也由于语言问题，不少少数民族地区如藏族地区、蒙古族地区、彝族地区的朋友邀请我去调查时，我往往答复"看看可以，调查和研究则难"而委婉谢绝。其实，这些地区颇值进行法社会学调查和研究，我是非常向往去这些地区进行法社会学田野考察的。但是不掌握民族语言成为最大的障碍，使我心有余而力不足，望而却步。

在汉族地区进行法社会学田野调查时，也面临汉语方言的知晓问题。现代汉语有标准语和方言之分。普通话是现代汉语的标准语，以北京语音为标准音、以北方话为基础方言、以典范的现代白话文作为语法规范。我国《宪法》[1]第19条第5款规定："国家推广全国通用的普通话。"2000年10月31日颁布的《国家通用语言文字法》确定普通话为国家通用语言。而汉语方言通常分为十大方言：官话方言、晋方言、吴方言、闽方言、客家方言、粤方言、湘方言、赣方言、徽方言、平话土话。各方言区内又分布着若干次方言和许多种"土语"。其中使用人数最多的官话方言可分为东北官话、北京官话、冀鲁官话、胶辽官话、中原官话、兰银官话、江淮官话、西南官话八种

---

[1]《宪法》，即《中华人民共和国宪法》。为表述方便，本书中涉及我国法律文件直接使用简称，省去"中华人民共和国"字样，全书统一，后不赘述。

次方言。由于古代中国没有统一的发音标准，故汉语口语在中国各地发音有所变化，有些变化很大。这就导致在各地进行法社会学调查时需要掌握该地的方言。我选择浙东蒋村进行习惯法调查在很大程度上是考虑我懂蒋村的方言。而我在广东惠州进行乡村法治建设调查就面临不懂粤语的问题，在江西赣南寻乌进行法院调查时也面临不懂客家话的问题，不少时候如旁听法庭审判因听不懂而比较尴尬。

所以，在进行法社会学田野调查时，语言包括少数民族语言、汉语方言等的掌握十分重要，语言问题会直接影响到田野调查的质量和效果。有语言天赋的人更适合做法社会学田野调查。

基于此，进行法社会学调查首先需要考虑语言问题及其翻译人选事宜。如能利用语言能力的优势确定田野调查的地点和主题，则法社会学调查和研究就有了基本的基础。

不过，语言问题非一日之功。

《百年孤独》的作者马尔克斯曾说一个作家过了三十岁就像老鹦鹉一样是学不会语言的。这可能是指文学语言，但也可以理解为外语等所有语言。看来法社会学田野调查者学语言还要趁年轻。

2017 年 8 月 26 日晚 10：40 记

2022 年 5 月 9 日修改

# 5

# 被虫子咬惨了

在进行法社会学田野调查时，需要做许多细致的准备工作，以保障调查的顺利进行。不过，往往计划没有变化快，临时出现的一些情况使得田野调查充满变数，出现一些意想不到的结果，甚至可能给身体、心灵带来伤害。2017年6月，我就遇到了一次被虫子咬惨了的经历。

2017年6月4日下午4点左右，我没有明确目的地在一个县城闲逛、随意看看时，看见县城边的路旁有一家根艺工场，两间屋外的空地摆放了许多树根，数量不少，形态各异。于是，我走过去观赏。我在屋外房内都看了一遍，有许多有意思的根艺造型；放在屋内的更有不少佳品。

老板在家，姓赵，是本县人，40多岁。赵老板告诉我，这两间房是他向同学买的地基盖起来的，他现开有两个店在县城街上，一个店的租约即将到期。他说他做这个十来年了，喜欢这个。他从村民手里收过来再加工一下卖给游客和山外面的客商。

聊了一会后，赵老板突然问我："你有没有时间跟我去山里玩一下？一个来钟头差不多。我要去看一个朽木。"他还拿出手机中的微信给我看村民发过来的图片。他这一说，我有点吃惊。因为我与他是第一次认识，以前没有接触过，相互不了解、不熟悉。不过，我想安全应该没有什么问题，好奇心驱使我想见识见识，于是我爽快地答应了。

下午4点半左右，赵老板开上他的微型面包车，我们就出发了。我坐在副驾位，看面包车后面的座位全部被撤除了，以方便装运东西。车在屯级公路上跑了20多分钟山路到一个十多户的小村停下。一路上，我看到路边有三处放了一二条树根，大小不一。看来有不少村民利用农闲时间在上山找寻。

之后我们步行翻过一个小岭从新村到了旧村。在仅有一户人家仍然居住的旧村，赵老板看中了一户人家的几根旧木头。最后与年龄比较大的主人谈成 100 元买 5 根的买卖。

再后，我们沿着小冲（即小溪）往山上走，中间还涉水过冲，走了十来分钟后赵老板发现了放在冲旁边的朽木，看样子是从山上慢慢滚下来的，表面有擦伤、划伤痕迹，但是没有看见主人家。赵老板说他是根据发现的村民告诉给他的大致方位寻摸上来的。他打电话联系主人家说到地方了，等了 5 分钟主人家来了。他是本村人，姓庞，38 岁。这两天上山在老山中找寻到了这一条两米多的楠木柱、一个杉木树根等物件。

赵老板看了一下楠木柱和杉木树根，觉得东西不错，有意想收。于是，两个人先扛起楠木柱一步一步地费力扛到旧村边的砂石机耕路上，再返回来用劲将杉木树根抬到同一地方。休息一会后，赵老板将车开过来，两人将稍长的楠木柱锯掉一些以便放入面包车内。赵老板将副驾位椅子往前放倒后，勉强将楠木柱放入车内。他们再将杉木树根等其他大小十来件物件放进面包车。赵老板开车到新村的庞弟家门口，并将不需要的树根等搬下车。我则坐庞弟的摩托车回村。

关于楠木柱，庞弟想要 150 元，赵老板只愿意给 100 元，最后加上其他五六件小树根总共 200 元成交。回来路上，赵老板告诉我这些东西他也就赚 50 块左右。

返回时，因为副驾位椅子已经放倒，我只好一路蹲坐在面包车后部狭小的空间。回到县城时，已经过晚 8 点了。

我感谢赵老板让我有了这次经历，看到了村民的"靠山吃山"和村民与小贩的交易过程。

与他告别后，我回到住处吃饭、休息。本来想晚上好好休息，结果事情来了。洗完澡不久，我发现两条小腿和脚上出现了许多小红包，双腿、双脚大概有 40 多个之多，从膝盖以下到脚踝部位，密密麻麻的全是小红包；左脚踝处紧挨着就有六个。这些小红包开始发痒，我使劲地抓挠，往往是挠破了才解恨而罢手。

这下子我明白了，原来是今天下午跟随赵老板进山时，被山里的蚊虫或者其他什么小虫子咬了所致。

今天下午因为打算就在县城走走，由于天气较热所以我没有穿长裤，仅仅穿了稍过膝盖的西装短裤，比较凉快些。下午 4 点多随赵老板进山时，我没有想到蚊虫或者其他小虫子咬的问题，所以根本没有想起来应该换穿长裤去。事实上，赵老板、庞弟都是穿的长衣长裤。他们有经验，知道山里情况，因此衣服穿得比较到位。

而我呢，临时起意，准备不足，所以被虫子咬惨了。我的腿和脚露出的部位被虫子所叮咬，虽然当时没有感觉，但是回来后严重的后果就出来了。

从此晚开始，我便控制不住地使劲地抓挠这些小红包，不久便流血水，再结痂；痂快好时发痒又挠破，一直到回京后的 7 月中旬才完全好。当时也有些不以为然，就没有去医院看一下、用点药。山里的这些虫子毒性比较大，因此持续时间比较长。这一个多月，身体上的难受真是无法言说。而皮肤上的黑斑点在我写作此文时的 8 月中旬仍然十分明显。

这次的教训于我而言非常深刻。进行法社会学田野调查，准备一定要充分！比如，需要带足够、合适的衣裤以防止晒伤、冻伤，引起感冒；需要防止虫咬蚊叮，一定注意避免被狗咬、蛇咬。

为此，除了提高防范意识之外，建议法社会学的田野调查者出发去田野调查之前，准备一些常用药品随带，如：（1）外用止痛药：如伤湿止痛膏、关节镇痛膏、麝香追风膏、红花油、活络油等。（2）外用消炎消毒药：如酒精、紫药水、红药水、碘酒、高锰酸钾、创可贴等。（3）感冒类药：如感冒清、病毒灵、速效伤风胶囊、康泰克、银翘解毒片、板蓝根冲剂等。（4）解热止痛药：如去痛片、扑热息痛、阿司匹林等。（5）抗菌素：如麦迪霉素、复方新诺明、诺氟沙星、乙酰螺旋霉素、黄连素、克霉唑等。（6）消化不良药：如多酶片、复合维生素 B、吗丁啉等。（7）胃肠解痉药：如 654-2 片、复方颠茄片等。（8）镇咳祛痰平喘药：如咳必清、心嗽平、咳快好、舒喘灵等。（9）抗过敏药：如扑尔敏、赛庚啶、息斯敏等。（10）通便药：如果导、大黄苏打片、麻仁丸等。（11）镇静催眠药：如安定、苯巴比妥等。（12）解暑药：如人丹、十滴水、藿香正气水等。（13）其他类：风油精、清凉油、季德胜蛇药、84 消毒液、消毒药棉、纱布胶布等。这些药品中各准备若干以备用，还是非常必要的，使一些小毛病能得到及时处理和治疗、尽早控制；或至少能在去医院前作些临时处理，以减少痛苦。

2017 年 8 月 22 日记

# 6

## "没有什么好招待，喝点米酒"

谈法社会学田野调查的进入，不可能少了喝酒。

"何以解忧，唯有杜康。"我国酒的生产历史悠久，《诗经》中即有"十月获稻，为此春酒，以介眉寿"的诗句。老友重逢、新朋初识，无不喝酒欢聚、互敬畅饮、一醉方休，宾主皆欢。在我国，喝酒体现了一定关系、一种态度、一个境界、一种情怀。李白《将进酒》里的"人生得意须尽欢，莫使金樽空对月"和王维《送元二使安西》里的"劝君更尽一杯酒，西出阳关无故人"即为代表。魏晋名士刘伶在《酒德颂》中也有言："有大人先生，以天地为一朝，以万期为须臾，日月有扃牖，八荒为庭衢。……幕天席地，纵意所如。""兀然而醉，豁然而醒，静听不闻雷霆之声，孰视不睹泰山之形。不觉寒暑之切肌，利欲之感情。俯观万物，扰扰焉，如江汉之载浮萍。"酒作为一种特殊的饮品，在我国的人际交往中有着独特的功能。日常生活中，人们以酒为媒，一场酒后，往往一见如故，相互称兄道弟，办起事来就顺畅多了。

进行法社会学田野调查，我非常头疼的一件事为喝酒。无论到县乡机关，还是进村寨农家，人家往往盛情招呼："没有什么好招待，喝点米酒。"而我本不善饮，在武汉工作时还能喝一二小杯的白酒；但即使喝一点酒，也是皱着眉头喝的，没有什么愉快的感觉。到北京工作后因身体原因就什么酒都不喝了。

故田野调查时，如何委婉而又不伤感情地谢绝劝酒，是我常常面临的一个难题。

我印象最深的劝酒是在金秀的下古陈。我第一次到下古陈是 2006 年 12 月 14 日，人称"武哥"的盘振武晚上在家里热情招待我，杀鸡煮菜，还叫了村邻阿勇等来陪我。我是真正体会到了瑶胞的热情好客！

▲村民修庙前路时中午在喝酒 （2006 年 12 月 15 日摄）

一上桌，武哥就说："高老师，你从北京来我们这里，我们非常高兴，你想了解什么情况都好说。我们没有什么好招待，喝点米酒哦。"[1] 我急忙解释自己由于身体原因不能喝酒，实在抱歉，"你们则请自便"。

武哥以为我是客气，就又劝："哪有大学老师不会喝酒的?! 喝一点!"其他几位也都帮腔要我喝酒。我再次表示"真的喝不来"，"喝了身体要不舒服的"。

武哥看一般的劝是不行了，就说："高老师，我知道你们平常是喝茅台、五粮液的。我们瑶人条件差一点，你就将就喝一点米酒啰。"这一下就厉害了，我不喝就是嫌穷爱富，不喝就是看不起山里的瑶胞了。喝不喝事关客人是否给主人面子、是否尊重主人问题了，这性质一下子就严重了，上纲上线了。我只有脸红红地再解释："绝对不是那个意思，怎么会嫌酒呢。我们老家就有自家的米酒，货真价实的，比很多酒都好喝。"我一再表示就是因为身体原因有多少年没有喝酒了。边说边将武哥端起的酒碗推辞着让他放下。

一看这样劝没有效果，武哥又想出一招："高老师，我知道你们城里人很讲卫生的，我们这酒碗脏兮兮的，这个酒也是混浊浊的，可能还有毒呢。"他一边说，一边笑呵呵地看着我，意为"看你喝不喝"。旁边的阿强还假装喝一

---

〔1〕 根据我事后的了解，当地村民主要喝米酒，或自酿或外购，每家常用可装几十斤酒的塑料桶。当年贵一点的米酒价钱为 2.2 元一斤的，也有 2 块一斤的，差的米酒一斤为 1.2 元、1.3 元。武哥说他最多能喝 3 斤米酒，他家一年要喝掉 2 千来斤米酒。他自己在家没有队、没有伴就不喝，三儿子在家的话一起喝就要喝多一点。

口酒后忽然倒下去，同时还作抽搐状，做出中毒样子。阿勇他们就哈哈大笑。说实话，我这时候十分尴尬，更加坐立不安了。不喝就是看不起农村人、山里人，不喝就是嫌村民不干净、不卫生，这个是很激人的，涉及人格了。我真想一下子端起酒碗一喝而尽。但是，一冲动可能就带来身体的难受，这样也就忍住了。我只得脸红红地说："我是真不能喝酒，喝了可能今天晚上就要你们送卫生院了，那这些路也不近，不吓坏你们也会累死你们。"武哥说："不要紧的，喝醉了躺下睡觉就行了。"他还在一个劲地劝我喝酒。我表示以后时间长了你们就知道我真不能喝。

这样来回劝说了一阵子后，武哥他们看我实在不喝，也只有作罢，他们自己开始喝酒，我盛饭吃。这样，在下古陈的第一餐酒就避掉了。之后，跟他们一起吃饭多了、时间长了，他们也了解我真不喝酒，也就不劝了。我就可以轻松吃饭了。有时其他村民劝酒时，武哥还替我说明"高老师不会喝酒的"。

当然，有时他们中有人喝多的时候，还会要我喝酒的，甚至醉醺醺地强迫性地想灌酒，态度非常粗暴，有时甚至几乎让我下不来台。碰到这种情况，考虑对方自我控制力不强了，我往往尽量避开，不接话，不解释。

有时候有村民说："高老师，我们喝酒你不喝。你就把我们喝醉酒的丑样子记下来，以后好写到书里去，出我们的丑。"听到这话，我就笑一笑，只得半开玩笑的表示："你们喝酒我聊天，是为了多了解一些情况。喝酒后你们讲话多一些啦。"当然，我不会记录他们的喝醉酒状态，更不会出村民的丑。他们这样说也有开玩笑的成分，不能完全当真。

说心里话，在田野碰到喝酒情景时我

▲村民中午在家中喝酒（2019年8月30日摄）

是非常羡慕能够喝酒的人。虽然喝酒可能会误事、影响田野调查计划，但总的来看会喝酒、能喝酒特别是善喝酒对于法社会学的田野调查应该是如虎添翼的。在许多田野调查者看来喝酒是田野调查的基本功，以至于经常有人责疑我"你不会喝酒还搞田野调查"。

在我国社会，酒为"敲门砖""润滑剂"。小酒一喝，初次相见的陌生人马上就称兄道弟，一下子拉近了距离，成为熟悉的朋友。而不会喝酒者则往往被视为"有心防""不豪爽""装"的人，成为饭桌上的孤独者。法社会学田野调查需要广交朋友，获得各方面人士的支持和帮助，显然在酒桌上会是一个适当的途径。同时，酒桌也是一个极佳的了解信息、获得材料的场合。喝酒喝得耳热脸红之际，人们就坦诚相见、无话不谈，显出真性情，许多平常不说的话可能就说出来了，专门访谈时没有说的信息、不愿说的内容可能就在这种酒醉人欢的场合自觉不自觉地告知了。许多信息都依靠喝酒这样非正式的场合而获知。我印象深的就有 2008 年 10 月 1 日那天晚上下古陈村民接待大樟坳瑶兄弟，大家陪喝了不少酒，之后大家又边喝酒边聊天，话题广泛，我得知了不少素材；晚上 10 点多时，阿勇在武哥唱瑶歌时也唱了一首情歌，大家非常放松，气氛非常欢快，此情此景十分难忘。

就我而言，不少法社会学田野调查主题本身就与喝酒密不可分，如订婚习惯法、结婚习惯法、祭社习惯法、选举（村老等）习惯法等都包含众人聚集喝酒环节，村民以欢聚喝酒为最后甚至最重要的部分。此时，我仅仅做一个外部的观察者而不参与其中与调查对象一起同饮共醉，显得非常另类，确实比较尴尬。特别是反复劝酒的时候，我常常是坐立不安，继续坐呢如坐针毡，离开呢又不合时宜，真正是进退两难。对方非常真诚地请你喝酒，气氛也十分欢乐，[1]我不喝实在比较扫兴。有时候真想不管他三七二十一，喝就喝，"将进酒，杯莫停"，"会须一饮三百杯"，"斗酒十千恣欢谑"；[2]但想想自己的身体就只有忍耐了。这是非常无奈的感觉。

另外，由于喝酒因素，法社会学田野调查者有时不能着急，需要耐心。我在农村进行法社会学田野调查时，不止一次碰到约好第二天上午 9 点一起

---

〔1〕 唐代王驾的《社日》描述了村民喝社酒的场面："鹅湖山下稻粱肥，豚栅鸡栖半掩扉。桑柘影斜春社散，家家扶得醉人归。"我在田野现场常能够感受这样的情景。

〔2〕 这三句为唐代李白《将进酒》中句。

去干嘛，而因其头天晚上喝醉酒而尚没有醒来只得取消的情况；也不止一次遇到一天只喝"一顿酒"情况，从早上眼睛睁开没有洗脸就开始喝酒一直到深夜没有停，喝酒的人有加入有退出，喝多了就在旁边休息一会，酒桌旁始终有人。这样自然会影响原定的调查

▲村民在祭社后喝酒（2018年7月18日摄）

计划，调查者着急也没有用，只有尊重、适应并临时进行调整。

总之，我的体会是进行法社会学田野调查，调查者不能喝酒较为被动，需要一开始就不喝、就不端酒杯，并诚恳地说明，也不宜参与劝酒。而能够喝酒者还是要喝，自己控制酒量和喝酒节奏，有时候甚至需要放开来喝，不醉不归，"椒浆醉尽迎神还"，"野老婆娑起醉颜"，〔1〕深入田野，打成一片，活跃气氛，交朋结友。此亦为人生难得之事！

2022 年 11 月 14 日记

---

〔1〕 唐代李嘉佑的《夜闻江南人家赛神因题即事》有"椒浆醉尽迎神还"句："南方淫祀古风俗，楚妪解唱迎神曲。锵锵铜鼓芦叶深，寂寂琼筵江水绿。雨过风清洲渚闲，椒浆醉尽迎神还。……听此迎神送神曲，携觞欲吊屈原祠。"唐代刘禹锡的《阳山庙观赛神》有"野老婆娑起醉颜"句："汉家都尉旧征蛮，血食如今配此山。曲盖幽深苍桧下，洞箫愁绝翠屏间。荆巫脉脉传神语，野老婆娑起醉颜。日落风生庙门外，几人连蹋竹歌还。"

# 7

# 向导

进行法社会学田野调查，向导非常关键。

向导，人类学中称为报道人、关键报道人。我在这几十年的调查中，或长或短地请数十位不同身份的人担任我的向导，他们中有金秀的武哥、锦屏的王局等。

这些向导中，有的是朋友介绍而认识的，如六巷的蒋叔是由广西南宁的朋友李老师介绍而相识的；有的是我通过阅读材料而知道并直接上门相见的，武哥即为此类；有的如王局是通过网络知道我并通过邮件直接联系和邀请我，由此他成了我的向导；还有的向导是在调查过程中认识后成为此后调查的向导。

▲王局（中间者） 陪同在锦屏村寨调查（2018 年 5 月 27 日摄）

在我看来，向导在法社会学田野调查中有着广泛的作用：一是介绍情况。向导熟悉本地社情民风和乡土习惯，知悉相关家庭和人员的基本状况，能够为调查者提供调查主题的背景材料、大致事实和部分社会反应。二是引见、沟通。向导凭借与被调查对象的良好关系而成为调查者与被调查人之间的纽带。通过向导的引见和说明来意，被调查人能够消除陌生感，较好地理解调查者的意图，并接纳调查者，配合相应的调查。在被调查人犹豫、面露为难时，向导通过做工作可解决其顾虑。三是翻译、转达。由于瑶族、侗族等少数民族的语言和地方方言问题，有时还有本地的俗语、俚语，调查者需要向导帮助转译解释，说明真实的含义。四是日常协助。利用自身熟悉地理等因素，向导可为调查者在调查的日程安排、出行交通工具、住宿吃饭等方面提供协助和建议，保障田野调查的顺利展开。

总体而言，一位好的田野调查向导既是向导，也是参谋，还是助手。一位好的向导实为半个调查者，他能够理解调查者的田野调查目的并为此提出建议、提供协助，帮助解决调查中出现的问题和面临的困境，协助法社会学田野调查的顺利开展。

就我的经历而言，法社会学田野调查的向导以男性为主，女性极少；主要为中老年人，年轻人不太多；多为村组干部，也有党政机关的公职人员；有一定的文化水平，识文断字，能说会道，性格较为外向；为人热心，社会交际圈比较广，在当地有一定的知名度；熟知当地历史文化和习惯，经常参与地方上的公共事件、公益活动和纠纷调解；为人正直，有一定的社会威望。[1]

▲蒋叔在给我示范如何打茅标
（2006 年 12 月 19 日摄）

---

〔1〕 广西金秀的"武哥"盘振武即为其中的典型，可惜他因病已于 2021 年 5 月 11 日去世。武哥自称是农历 1953 年 6 月 29 日生人，身份证上出生日期为 1954 年 6 月 29 日。关于盘振武，详可阅高其才的《桂瑶头人盘振武》（中国政法大学出版社 2013 年版）。

　　不过，法社会学调查者也要注意到向导的局限，避免田野调查为向导所左右和影响。受自身人际交往圈子的限制，有的向导在联系被调查对象方面有不足，与其关系一般乃至不佳者不会向调查者推荐，这样可能影响田野调查所获材料的全面性。有的向导有自己的主观判断和强烈的情感倾向，可能引导甚至误导调查者的法社会学田野调查方向。有的向导并不理解田野调查的意义和目标，对调查者的调查不太感兴趣，碍于情面简单应付；有的则担心误工太多，影响自己的收入；还有的向导顾虑自己今后在村寨的相处，不愿卷入某一案件或事件的走访、了解过程之中。总之，法社会学田野调查者要信任向导，但不可完全依赖向导。

　　因此，法社会学的调查者需要找寻到合适的向导，并深入交流、沟通，得到其大力的支持和配合。

　　从误工的情况考虑，调查者可以给向导适当的误工费，或者通过赠送礼物的方式予以表示。

2022 年 12 月 26 日记

# 8

## 保密问题

2021年7月我到某基层法院进行调查时，同行的有一位某大学法学院的一年级学生，为2002年出生的"00后"年轻人。

为让其了解我国司法审判的发展变化，更直观地知悉案件审理过程，我按照法院的规定从法院档案室借阅了一本1950年的刑事卷宗、二本1967年的刑事卷宗给他看。

这些卷宗有反革命罪的案件、反动标语的案件。由于第一次阅看，他看见后感到非常新奇，也很震惊。

由于我的疏忽，事先没有十分明确地告诉他有关档案查阅与利用的规范，特别是保密纪律和要求，仅提醒他注意爱护纸张，小心翻阅，不要损坏案卷材料。

他可能出于好奇，阅看之时还拍了几张卷宗外观和某些内容的照片。

结果，结束调研时，他总结自己的几天调研行程和收获时，除了文字还在微信朋友圈发了一些照片。这事先没有告诉我，更没有让我看一下。他发上后我先光看了文字和九张照片，但他发的九宫格照片有两格为多张照片。等我在飞机上看时发现有一格多张照片中，他发了一张卷宗外观的照片、一张案卷中作为证据的被告人书写的标语。

虽然他在照片上进行了说明："来自'文革'期间的'反革命'标语：1. 该消息内容不代表本人立场，仅供分析参考使用。2. 该案件当事人因'反革命'于1967年被判处十年有期徒刑。3. 案件已于1980年平反，后改判当事人无罪。4. 以上关于司法事务过程中的拍摄照片均已得到相关负责人的准许。"

但我看到后还是出了一身冷汗，认为这样发肯定是不合适的，违反有关规定的。我心里直怪自己没有给他交代保密和上网要求，只希望没有多少人看到。

被我一说，特别是看到我的表情后，这位大学生也感到自己的行为草率了。他表示当时也没有多想，只是有些好奇，想让大家了解一下。

经过我的分析，他也觉得这样做不合适，愿意马上删除。

不过，更要命的是这时是在飞机上，无法立即进行删除处理。

只有等飞机落地后马上处理，希望不要造成什么后果。

这是个很大的教训，以后对学生、新人参加法社会学田野调查，一定事先要强调保密问题，严格遵守保密纪律，决不能出现失密情况，也避免给调查对象和接待单位造成不好影响和困扰，出现不必要的舆情。

2021 年 7 月 30 日记于飞机上

**附记：**

飞机在北京降落、可以开手机后，我督促他马上删除微信朋友圈的相关内容。从后来的情况来看，可能是由于时间不长，也由于是照片发得比较隐蔽（发在九宫格照片中多张照片中，不能直接看到，需要上下滑动才能看到），应该没有多少人注意他这些涉及卷宗的内容，更没有引起不利的社会后果。我一颗悬着的心也放了下来。

这个事情把这位学生也吓坏了。于他应该是个极大的教训，以后不能随便拍摄有关内容，更不应该擅自发到网络、在朋友圈散布，一定需要征得有关单位同意。法社会学田野调查中一定要有保密意识，需要牢记"慎重"两字。

于我而言，带学生或其他人一起进行田野调查，需要在进入田野现场前明确宣布一些纪律，如保密、请假等，十分清楚地规定若干要求，如尊重被调查单位和被访问个人、如每天晚上开例会交流和总结、如注意人身安全和财产安全、如不要将直接涉及调查内容的图片和文字上网发朋友圈等。进入田野前事先明确宣布，在田野调查中随时提醒。

我们国家的《保守国家秘密法》第 10 条规定："国家秘密的密级分为绝密、机密、秘密三级。绝密级国家秘密是最重要的国家秘密，泄露会使国家安全和利益遭受特别严重的损害；机密级国家秘密是重要的国家秘密，泄露会使国家安全和利益遭受严重的损害；秘密级国家秘密是一般的国家秘密，泄露会使国家安全和利益遭受损害。"这位学生发的内容不属于国家秘密，事情性质没有到违反国家法律那么严重的地步。但是，党政机构、司法机关通常会有自己的一些规定，对文件、材料的阅读、传播、使用等明确的规定。据我所知，这种规定是比较严格的，通常不允许出现这位学生这样的行为。因此，在进行法社会学田野调查时，一定从严注意有关材料的传看、保管和利用，不违反被调查单位的规定，不出现影响被调查单位声誉和相关人士名誉权、隐私权的行为，保障法社会学田野调查的顺利进行。

**2021 年 8 月 5 日上午记**

# 9

# 要买毛巾了

在进行法社会学田野调查时，有许多情况事先无法预计，准备不足，因而往往就会出现各种突发情况，产生狼狈或者被动的状况。2017 年 6 月，我就遇到了一次要买毛巾的事情。

2017 年 6 月 3 日上午 9 点多，我在广西金秀县城给共和村村党支部赵书记打电话，想联系一下他，问问他什么时候在家，我想过去他们村里了解一些村规民约的事情。

很快，赵书记就接电话了。他说他正在县城，马上要开车回家去。于是，我问他是否能坐得下。他说可以，叫我 5 分钟后在农业银行桥头等。

时间不多，我来不及回住处拿洗漱用品，便即刻往农业银行桥头走。我刚刚到桥头不久，赵书记就开柳州产五菱牌微型面包车（当地人俗称"高顶篷"）过来了。

我以前去过一次共和村，与赵书记见过面。这次，我们都很快认出了彼此。我上车后，看见他爱人在副驾座位，也跟她问好。

赵书记告诉我他们先要去十八家那边一下。我说没有关系，我跟着去看看。近一个小时后，他开车到了板显屯，给朋友带了一个电视机的卫星接收设备。之后我们去附近的长滩河玩了一下，并在那里吃午饭。

之后，赵书记带我们回到村委会旁边他的茶厂。过一会他联系好后，我坐一位小伙子的摩托车去坤林屯调查。

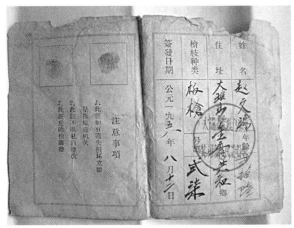

坤林屯所见的代表当选证书 　　　　　　　　坤林屯所见的持枪证
（2017 年 6 月 3 日摄）　　　　　　　　　　（2017 年 6 月 3 日摄）

　　在坤林屯，我向村民小组赵组长了解了村规民约的情况，拍摄了 1992 年 5 月 4 日议订的村规民约全文，并看了他提供的合同、乡人民代表大会代表当选证书、持枪证等一些文书。

　　晚上 8 点来钟，我从坤林屯了解村规民约回到赵书记的茶厂，晚上就借住在赵书记茶厂处。

　　这天没有计划下村调查，更没有想到在村里住宿，事出意外，出来匆忙，准备不足，所以这次就要新买毛巾等洗漱物品了。

　　我从茶厂出来转了一下，看见三岔路口有一家小商店，就在小商店买了毛巾等洗漱物品。好在有这家小商店，否则还比较麻烦了。

　　平常进行田野调查时，如果计划是当天返回、不在村里过夜，我随身的背包内通常装有身份证和工作证、一千元左右的现金、一个笔记本、几支笔、一个 U 盘、照相机、相机充电器、手机充电器、一些纸巾、一把伞、一件薄外套、一瓶水、几包香烟等物品，大致满足一天调查的需要。这些物品比较轻巧，分量不重，随带较为适宜。

　　但是，在田野调查时往往计划没有变化快，像这次要买毛巾了即为超出原来安排的情况。本来仅仅为联系一下以安排之后的行程，没有打算今天直接去，但是恰好凑巧而马上成行即刻下村，于是出现了准备不足的情况。好在现在即使是自然村也有小商店，能够应付调查中的工作和生活需要，不至于严重影响调查的进行甚至中断调查活动。

不过，如果可能，每天尽量随身携带尽可能全的田野调查所需的工作、生活用品还是必需的。

2017 年 8 月 21 日记

# 10

# 交饭钱

在进行法社会学田野调查时，有时候会调查民间节庆规范及其秩序意义。这种调查可能时间较久需要用餐，这时就面临交饭钱问题。

民间节庆活动由民间组织或者民间热心人士牵头举行，所需费用主要依靠村民捐献。在这种情形下，我觉得调查者应本着不给主办者添负担的原则，承担自己那部分伙食费用，交够饭钱。这既解决了调查者的吃饭问题；也可呈现调查者的职业素养，给主办者即被调查者一个良好的印象，使调查能够更顺利地进行；调查者在一定情况下还能够引发较多人的购买饭票和捐助。这体现了调查者的一种礼貌和某种支持。

由于疫情影响，近几年民间节庆活动极少举办，我参与调查也不多。最近的一次是在2021年3月28日上午，我在法院朋友也是本地人潘先生的陪同下，到江西省寻乌县吉潭镇圳下村参加了一个民间活动。这个活动为在村内原小学的院子里举行马莲生大师迁座暨祈福庆典。

我们10点不到一点到达时得知早上6点30分左右就已经迁座了，即从原来较小的房迁到新整修的大房间。听组织方的刘理事长介绍，他们这个也叫莲生庙。他告诉我们，莲生有200多年了，广东平远人，有求必应，神通广大。1982年左右重新恢复祭祀，一年有开山、祈福、莲生生日、还福、还山等五次活动，平时初一、十五村民来烧香。这实际为民间信仰的庙宇，据说经过了县有关部门的批准。

11点10分，举行仪式，30多人主要为女性站在迁座后的马莲生大师像前参加，程序包括燃烛、酌酒、上香、主持人讲话（刘理事长）、宣表（负责登记捐款者跪着报捐款人名字）、众信众上香、三鞠躬、献财宝（烧纸）、鸣炮等，大概持续了半小时。

主持人刘理事长专门准备了发言稿，其中讲房屋装修花了 9000 元，其中 5000 元来自以前的剩余款；今年饭费提高了 10 元，为 30 元；以后捐款用于基本建设，饭钱能够平过。

由于是疫情管控期间，中午午饭向政府有关部门报备为 5 桌，实际上第一轮同时开了 10 桌，而菜是按照 20 桌准备的。每桌 10 个菜，有鸡等，也准备了白酒、饮料，但没有什么人喝。我看了一下捐款登记本，今天总共收到 10 544 元捐款（包括饭钱），还有一些人捐佛具、碗等物品。

我们到现场不久，我没有与潘先生商量，就去捐款、饭钱收取处，代表我们一行捐了 200 元。我不想留下姓名和单位，但登记和收取款项的老人说他们账目要清楚。我们正在聊天时，潘先生过来了，介绍说"这是清华大学教授高其才"。这下我也不需要隐瞒了。他们在张榜公布时还特意将我突出来。我理解，在主事者看来，有清华大学教授来参加他们既没有想到也比较开心，因此乐意将此宣扬一下，以扩大影响力。客观上来看，我交点饭钱也令陪同我去的潘先生有点面子。

▲公布捐款名单（2021 年 3 月 28 日摄）

在捐款的数额方面，我通常考虑按照略多于饭钱的金额捐，即交够饭钱之外还稍有多余。这天我们共 4 位同行，饭钱每人为 30 元共为 120 元，余下的 80 元即为我们的捐献。数额不宜太高，毕竟我们是作为专业人士的法社会学田野调查者，不宜表现出太过主观的倾向性。

2019 年 8 月我也在寻乌县参与观察了一次民间节庆活动。每年农历七月初七是寻乌县澄江镇凌富村一年一度的"凌氏宗亲纪念张赖二公寿辰"的日子。从凌富村南水口祁山庙出发，村民抬张赖二恩公神像在全村巡游，每到一户全家老小都来祭拜——感谢这两位恩公。[1] 2019 年的农历七月初七为公历 8 月 9 日，我在法院朋友的陪同下参与观察了张公赖公巡游的情况。

上午 8 点来钟我们到祁山庙后，先参观了一下庙。庙不是很大，主体建筑是 1981 年至 1988 年间重修的，庙堂内上厅设有神龛放张赖二公神位，庙内墙壁上有石刻《祁山庙记》。不时有村民带鸡等供品来祭拜，庙外面也不断响起鞭炮声。

在庙内看时，我见庙内侧房有人在登记、收取捐款，就在旁边看了一下，有捐 6 元、12 元、20 元不等。按照以往的惯例，在巡游活动结束后一起聚餐，我估计我们也一起参加。于是我觉得应该交饭钱。没有与陪同朋友商量，我就捐了 100 元，留下"高老师"名字，以做我们一行五位的午饭钱。

▲登记、收取捐款及登记单（2019 年 8 月 9 日摄）

之后我就全程跟随巡游活动，快结束时朋友看我上衣都湿透了，叫我在村委会办公室休息一下，说准备吃饭。客随主便，我就停下来没有再继续看巡游了。坐了一会后，朋友领我去吃午饭处，原来不是在巡游那边一起参加聚餐，而是专门安排在村委会主任家。

我们到村委会主任家后，我一看有镇上领导，有村书记，人不少。村委会主任家也来了不少亲戚。喝了一会茶后，我找了个借口说在附近转转就出

---

〔1〕 凌富村的村民主要姓凌。传说："吾祖吉公，自绍兴解甲归田，途中闻警，赶至扬子江，苦无舟，寇且至，惊惶不知所措，忽一舟到岸，二舟子欣然急救之，甫而寇至，幸赖以免。中流询其姓氏，一为张，一为赖。既登岸回首，舟与人俱失，骇极。行数里，见岸旁林中有屋数椽，额书：祁山庙。入息焉，举头见神像，则为舟中人也，益骇。少顷道士出。问庙神何神，答曰：张公，赖公。始恍然，救己者为庙神也。"

来村委会主任家。在主任家吃饭，我们作为客人应该带点礼物，不能空手上门，我想去村上的小店买点东西。走了很远才看见有一家小商店，我买了一箱红牛和一箱可乐赶快回来村委会主任家，算是表达我们的一点心意。村主任见我满头大汗、气喘吁吁地拿着两箱饮料回来，十分感动。

在调查时，有时候交饭钱就与参加者同样金额，不好多交也不宜多交。如 2018 年 3 月 17 日我到广西金秀六巷的帮家屯参与观察调查"村老""村主"选举时，就与村民一样交了 13 元聚餐费。

不过，我在田野调查时也有没有交饭钱的情况。如 2010 年 8 月 20 日去广西金秀一个村调查时，由当地朋友开车陪同，他们带了一些肉来村民家，还买了一些水果，并给了村民父亲一个红包。我就没有什么表示。现在想来，我给个红包表示一下可能更好、更合适。

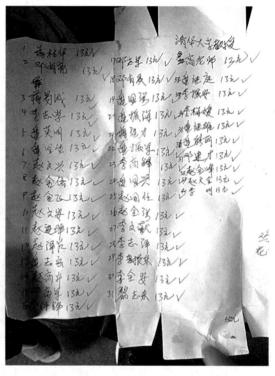

▲写在香烟外包装纸上的交款名单
（2018 年 3 月 17 日摄）

总的来讲，进行法社会学田野调查时，以不增加被调查方的负担为原则，调查者适当给付一定金额的饭钱或者购买一些肉菜或者致送一些礼物。这样，既表达了对被调查方的感谢之情，给被调查方以尊重，也符合人情往来的基本规范。

当然，交饭钱也不能太固执己见，需要灵活应变。如被调查方坚持不接受，调查者就不要勉强，以免太过尴尬或生分，影响调查的顺利进行。

2022 年 8 月 31 日下午记

# 11

## "你应该坐哪?"

在进行法社会学的田野调查时，为更好、更快地融入田野，调查者需要有良好的个人素养和对地方经济社会、历史文化、风土人情等的基本了解，在尊重田野、尊重被调查者的基础上获得信任，为顺利进入田野、完成田野调查目标打好基础。

这其中就包括调查者日常的一言一行。我们于 2016 年 10 月调查期间出现的吃饭时"你应该坐哪"即属此列。

2016 年 10 月 5 日，我们一行 5 人到贵州省黔东南苗族侗族自治州锦屏县某个侗族村寨调查时，村里在一村民家做菜招待我们吃午餐。

这户村民家的房屋为较典型的侗族木质吊脚楼。传统的吊脚楼通常为两层或三层，一楼为厕所、猪圈、牛圈、鸡鸭圈等并放农具，二楼为火塘、厨房、堂屋、卧室等，三楼或二楼半为客人卧室、杂物间、谷仓等。[1]

▲侗族民居（2016 年 10 月 5 日摄）

---

〔1〕 感谢吴化松对我 2022 年 11 月 25 日就有关侗族房屋功能、酒席座位等询问所做的解答。

我们的午餐安排在二楼的堂屋，两张矮方桌拼在一起。在侗家，堂屋即为客厅，比较敞亮，为待客之所，正面设有神龛，供奉祖先牌位。靠近神龛一侧的座位正对进门，为主位，最左位请尊贵的人如族老、舅家等就座。

在丰盛的菜基本上好以后，主人家就开始请大家就座吃饭了。这时候，原先三三两两站在堂屋聊天的县乡干部和我们几位外地客人就开始自己找位置就座。我看我的两位博士生先就坐在正对神龛的下位，有的干部则坐在桌子两边。

我准备在靠近主位的桌子边坐下时，主人家过来请我到主位的最左位就座。我不肯，叫陪同我们来的一位县里干部坐，他当然也不肯就座，我们就你请我让，你请我上坐，我则请你上坐，相互谦让着来回了一阵子。

最后，主人家说："高老师，您不坐这个位置，没有人能够坐了。"我实在盛情难却，就只有恭敬不如从命，稍微往外侧移动了一下凳子，在主位的最左位坐下。那位县里干部挨着我在边上就座。主位的最右位留给主人家房族的族老。

就在大家或自找或谦让基本坐好时，我的一位博士生原先在楼下东看看西望望，想多了解点侗寨的情况。后来在一楼的村干部请他上楼来吃饭，他就到二楼堂屋来了。他因没有看到我们刚刚谦让就座的一幕，进入堂屋后看其他位置已经坐满了，唯有我旁边的主位还空着，就猛地一下坐了下来。

▲村民正在上菜 （2016年10月5日摄）

一瞬间,其他人都看着他。我看他还没有反应过来,就白了他一眼,说:"你应该坐哪?这是你该坐的位置吗?"他一听,脸马上就红了,赶快起来,到下位那两个博士生边上找个凳子坐下。

过一会,族老来后我们就开始吃饭了。

当晚,我们几个总结今天的调查情况时,我问这位博士生"你应该坐哪",也与其他几位讨论"他应该坐哪"。这位博士生坦言之前没有这种主位、上位意识,平常家长也没有跟他讲过这种饭桌上、酒桌上的规矩;自己春节在家有客人来也不愿意上桌陪客,而是随便盛一碗饭夹点菜吃一下。我个人认为这是家教不严的表现。

由此我觉得调查者进行法社会学田野调查时,需要知悉基本的人情世故,了解通常的迎来送往。如果不太懂时,调查者应该做一个有心人,脑子灵活,多观察,或者悄悄地询问相关人士,不要盲目乱动,否则出现"你应该坐哪"这样的尴尬事情,就会影响被调查者对调查者的第一印象,不太利于进入田野、顺利开展调查。

2022 年 11 月 26 日初记时,新冠肺炎疫情防控收紧,
校外老师需审批进校
12 月 22 日修改完成时,我已"阳"过,基本恢复了

# 12

# 他应该怎么做？

    在进行法社会学田野调查时，宗教信仰及其相应的生活习惯是一个需要十分注意的问题。我国《宪法》第 36 条第 1 款规定："中华人民共和国公民有宗教信仰自由。"我国《宗教事务条例》第 62 条明确规定："强制公民信仰宗教或者不信仰宗教，或者干扰宗教团体、宗教院校、宗教活动场所正常的宗教活动的，由宗教事务部门责令改正；有违反治安管理行为的，依法给予治安管理处罚。侵犯宗教团体、宗教院校、宗教活动场所和信教公民合法权益的，依法承担民事责任；构成犯罪的，依法追究刑事责任。"因此，调查者要高度重视宗教信仰问题，尊重被调查者的宗教信仰及其生活习惯、生产习惯，不得歧视信仰宗教的被调查者或者不信仰宗教的被调查者。

    我在这几十年的田野调查中，在尊重被调查者的宗教信仰方面没有出现任何问题。即使在广西金秀等少数民族地区进行调查时，对被调查者的宗教信仰、原始信仰等都予以理解，并从地方特点、历史传统、文化特质等方面进行认识，也十分关注这一领域的习惯法。

    不过，有一次我和几位博士生一起进行调查时出现的一个情况，引起我思考"他应该怎么办"抑或"我应该怎么办"的问题。

    2016 年 10 月 3 日至 5 日，我们一行 5 人到贵州省黔东南苗族侗族自治州锦屏县某个侗族村寨进行调查。3 日中午村里买菜在一户村民家里做饭吃，我们一行由县镇干部陪同在一起吃，村干部另外围在一起吃。入乡随俗，中间地上放四五盆或碗的猪肉、鸡、青菜等菜，大家坐在小板凳上围坐一圈边吃边聊。

    在这吃饭过程中，我发现我的一位男博士生的行为举止极为反常，与现场气氛很不协调。他人虽然坐向里面,但基本上不看菜,也不夹菜,往往侧着身子往后转身吃饭。从旁人角度来看,他这样的举动就显得很没有礼貌,似乎在嫌弃菜不可口。发现后,我使劲地看了他几次,他也知道我在提醒他,但他依然我行我素,没有什么变化。

▲村干部在吃饭 ( 2016 年 10 月 3 日摄 )

我心里就有点冒火,觉得他这样太过分。不过碍于吃饭时,大家都在场,我也不方便发作,就这样吃完中午饭。

下午因与村干部座谈、在村办公室找资料等事,我没有时间与这位博士生沟通,询问有关情况。到晚上我们在村办公楼的三楼吃饭时,他还是午饭时状态,我就忍不住说他不要这样,应该面朝里吃。他尴尬地笑一笑,没有辩解。过了一会,我看他还是那样子,就又说他,他无奈之下勉强说他不吃猪肉。这一下,我才明白他吃饭时行为反常的缘由。

晚饭后,我马上与这位博士生单独聊天。我原来在学校时就知道他来自甘肃省,是个回民,信仰伊斯兰教。以前每学期与学生聚餐时,有时候选择"巴依老爷"这一家清真餐馆,我就没有特别注意到他的民族身份及其生活习惯,就没有太在意。这次带几位博士生一起出来,我考虑的主要还是让他们看什么的问题,确实忽略了这位博士生的特殊情况,既没有专门询问他,更没有事先特意准备。

我向他表示了歉意，他十分大度，说不怪老师，他自己有准备。他告诉我来锦屏调查之前他买了一些榨菜带着，吃饭时是白米饭就榨菜。我说我确实是疏忽了，没有考虑到他是回民、信伊斯兰教这个情况。我说后面还有几天你这样行吗？青菜能吃吗？他说他是比较严格的尊崇伊斯兰教的饮食规则，禁食自死物、血液、猪肉和诵非安拉之名而宰杀的动物肉，不食用"貌异、性恶、污秽"的动物肉，猪马驴狗骡、动物的血、家兔（野兔可食）都是禁食的。他这样说后我就明白了，表示那这几天在村里你也只有委屈一些了，可能照顾不到。

第二天，即 4 日早上，有位村干部昨晚知道这位博士生的情况后，非常细心，准备我们的早饭时专门为他单独炒了一个青菜，说这是用植物油炒的。这位博士生连忙向村干部表示感谢，并解释他守规比较严格，同一口锅炒的菜他也不吃，因为沾了猪肉味了。村干部听闻后也表示理解。

后来我与他还有同行的几个人一起聊天，说如他这样的情况如果到非信仰伊斯兰教地区进行法社会学田野调查，"他应该怎么办"？我这个带队的人"应该怎么办"？一起同行调查的人"应该怎么办"？

我个人觉得他应该在田野调查前主动与我进行沟通，说明他特殊的饮食习惯，并商量如何提前准备、他已经做了一些什么准备。

作为带队人的我，事先需要了解每一位同行者的基本情况和特殊要求，包括身体方面、心理方面、个人习惯方面等，做到心中有数，并提前安排。

一起同行调查者亦宜相互交流，互相关心，了解彼此的兴趣爱好、生活习惯，并通过适当方式及时告知田野调查的领队。

从我这位回族博士生的情况看，参加法社会学田野调查可以准备一个方便携带的户外炉和一个小锅，自己可以单独烧煮一些青菜。另外可以准备一些合适的榨菜、方便面、卤牛肉或者牛肉干等食品，基本满足自己的生活需要。

由这个事例，我感到法社会学田野调查确实需要细心准备，包括团队成员个人情况在内的各方面情况须全面了解、周全考量。同时，同行者之间一定要及时沟通、广泛交流，以避免出现影响田野调查的尴尬状况和不利局面。

2023 年 1 月 30 日记

# 13

# 获得信任

法社会学田野调查是否顺利、能否达到预期的目的，关键是获得调查对象及相关人员的信任。

就方法方面而言，信任涉及取得信任的途径、获得信任的方式、维持信任的条件、信任消失的补救等。如出示单位介绍信和个人身份证件、通过官方介绍或者陪同、由熟人引见、详细说明和解释、明确告知没有不利影响、带些礼物、帮助解决一定困难等。这些说起来似乎不复杂，但是做起来却非常不简单。

如调查者的衣着问题，如西装革履、穿得非常正式地到村寨调查，可能会被被调查者视为国家干部、官员而产生一定的心理距离；也可能给被调查者以尊重感而产生信任。但如到党政机关调查，可能需要穿得相对的正式一点。如穿得比较随意，进村寨可能较为合适，与普通村民没有多少差别，易

▲2006 年 10 月 2 日在广西上思南屏瑶民族乡调查

被视为同类、受到接纳而获得信任，调查起来比较方便。我总的认为调查者需要衣着得体，在什么山唱什么歌，依田野调查场景和人物而定，这样获得

被调查者信任的可能性较大。

重要的是，田野调查通常是在"异域"，调查者往往是以"外来人"身份从外在视角进行观察和了解。这不仅需要深切的同理心，更需要全面了解调查对象所在的社会、历史、文化特点，理解调查对象的行为方式和思维特点。舍此就无法得到调查对象的信任。

但这仅仅是田野调查取得信任的基础。

进行法社会学田野调查时，调查者取得调查对象的信任关键在"诚"，核心在时间。"路遥知马力，日久见人心"，相处时间长了，通过调查者的诚恳态度、真诚行动，调查者和调查对象之间由相识、相知到相交，由简单的调查关系而变为朋友关系、挚友关系，信任就自然而然产生了，就会结下深厚的友情甚至持续一生。

调查者认真与调查对象沟通，介绍自己的调查意图、调查计划和调查结果的运用，如实讲清需要调查对象配合之处，分析可能对调查对象带来的利弊影响。调查者应当十分尊重调查对象的想法，尽可能采纳调查对象的建议，并全力满足调查对象的合理要求。在调查过程中，调查者需要及时与调查对象进行交流，妥善处理突发情况。

有些时候，调查者需要发扬"三顾茅庐"的精神，一次次上门做工作，表明心迹，表达诚意，以达到"精诚所至，金石为开"的效果，为顺利展开法社会学田野调查创造条件。

法社会学田野调查时，调查者经常遇到的是调查对象特别是有官方性质单位的接待者不理解甚至误解调查，不太配合，往往敷衍一下了事。面对这种情况，调查者宜在换位思考的基础上，不急不躁，锲而不舍，以诚动人，反复解释，争取支持，并由少到多、由简到繁，逐渐实现调查目的。

当然，田野调查是一个遗憾的事业。不少情况下调查对象对调查者实在信任不足，不愿意配合调查，那调查者也只得放弃，留下一声叹息！

2023 年 5 月 31 日记

# 14

# 那一夜，我真的有点害怕！

进行法社会学田野调查时，需要注意人身安全、财产安全，避免发生意外事故。我这四十多年走南闯北的田野调查中，没有出现过财物被窃的情况；人身方面也没有出现任何问题。唯有一次我乘坐中巴车时发生交通事故，中巴车下坡时撞了一辆急转弯的载人机动三轮车使其侧翻。好在机动三轮车主和乘客只是受了皮外伤，没有大碍，我们中巴车上无人受伤。坐在前排的我看到了这次交通事故的发生过程，出了一身冷汗，算是有惊无险。

不过，1988 年 4 月 7 日晚，我真的有点害怕。

这天下午 1 时多，湖北省大冶县（今大冶市）前进乡徐村发生了由垒祖坟而引起的大型宗族械斗，刘、徐两姓村民共死伤 20 多人，其中死亡 4 人，重伤 8 人。[1]这一恶性事件当地称为"四七事件"

▲1988 年刘徐两姓发生械斗之处
（2016 年 5 月 6 日摄）

[1] 该案的地名、人名做了化名处理。具体处理方面，在徐村方面，1988 年 12 月，湖北省黄石市中级人民法院依法判处徐会树等 2 人死刑立即执行、1 人死刑缓期 2 年执行、徐志雨等 4 被判处无期徒刑、5 人被判处有期徒刑（2 人 10 年，1 人 8 年，1 人 5 年，1 人 3 年）。在刘村方面，刘克龙被人民法院判处有期徒刑四年，另有一人被判处有期徒刑三年。关于该案，详可参见"湖北大冶宗族械斗调查行（1988 年 4 月）"一文，载高其才的《野行集——与法有缘三十年》（法律出版社 2011 年版）；也看参见高其才、刘舟祺的《鄂东族老刘克龙》（中国政法大学出版社 2017 年版）有关部分。

或者"八八事件"。

刘徐两姓的矛盾由来已久，事情的经过还得从一个古老的传说说起。

有这样一个传说：明代时，刘姓太公和徐姓太公一起从江西迁移过来，在大冶刘仁八镇刘村落脚。刘姓太公与徐姓太公颇为投机，相处得相当好，于是将其妹许给徐姓太公为妻。以后，徐性太公看中了徐村那地位置，刘姓太婆也就随夫搬到徐村居住，去世以后自然就埋葬在徐村背后的百公坟处。

据说百公坟是个风水宝地，刘村和徐村两个村庄一直流传百公坟是块蜜蜂地，刘姓不能在那里动土祭坟，如果刘姓动土祭坟就会给徐村带来不吉利：刘姓若来动土祭了坟、刘姓若垒了太婆坟，徐村就要发人瘟，徐村就狗不叫、鸡不啼，所有的生命都要死亡。

一百多年前，刘徐两姓为争太婆坟发生了一次大的械斗，后果不详。据说惊动了当时的县官，县官遂断定：刘姓只能望山而祭太婆坟，太婆坟由徐姓垒。

百公坟现为一片菜地，原有的一些坟墓在"四清"时已经做了处理。[1] 20世纪80年代风行中国农村的"祭祖热"时，刘村村民从1986年开始，曾经几次准备到百公坟将早已变成平地的太婆坟垒成坟包，都遭到了徐村村民的拒绝而未成功。

1988年清明节前，刘姓15位村民小组组长集中开会，选举垒坟总指挥等，讨论了去垒太婆坟的行动并达成了一致意见。第二天晚上，15位村民组长又开会，会议作出了八条决定：

（1）由总指挥提议，与会人员举手通过，增加垒坟顾问一位，坐镇指挥，选举文书一位。

▲传说的在徐家湾的刘姓太婆坟址

（2016年5月6日摄）

---

〔1〕"四清"即社会主义教育运动，是1963年到1966年5月先后在大部分农村和少数城市工矿企业和学校等单位开展的一次清政治、清经济、清思想、清组织的运动。

（2）刘村 18 岁至 60 岁的男丁都要参加垒坟行动，若不参加就由女儿顶替；如故意不参加，要处罚款。在会上，各村民小组组长报了本组参加垒坟行动的人数。

（3）垒坟行动的伤亡人员按国家劳保条例的有关规定执行，向村民公布抚恤条例，个人放胆无后顾之忧。

（4）由垒坟顾问起草了垒坟纪要，在纪要中提出了"一个宗旨二个原则三条纪律四点注意五句口号"：

一个宗旨：垒坟顶。

二个原则：只垒不祭；人不犯我，我不犯人。

三条纪律：一切行动听指挥；越战越勇不脱逃；互相照应不分散。

四点注意：注意庄稼不践踏（特殊情况例外）；注意口齿不骂人；注意阵容不能动；注意坏人不能打。

五句口号：做儿孙垒坟顶；天理不可灭，死死保祖坟；尊重历史，只垒不祭；发扬勇敢传统，当仁不让；团结一心，互相照应，人心齐，泰山移。

（5）从 15 个村民小组中挑选出 50 个青壮年，组成先锋队（"敢死队"），其余村民编为五个大组（五个堡垒）。

（6）参加垒坟者只准带锄头、铁锹、圆箕，不准带任何武器。

（7）由各村民小组出 20 元钱作垒坟的活动经费。

（8）4 月 7 日上午 8 时到徐村百公坟处祭祖。

而徐村方面得到消息后也马不停蹄地准备对付。4 月 6 日上午，召开全村村民大会，会议作出了几项决定：

（1）徐姓 18 岁至 60 岁男丁都应上阵，不能上阵的老人、妇女、儿童都要撤出去。

（2）当场登记参加行动人员姓名，由徐会树拿出四个用红纸定做的本子，四个村民小组分别登记后指定一人收回；

（3）凡应参加而没参加者罚款 20 元，有意逃避者罚 80 元，有钱出钱，无钱兑物，并同时成立兑现小组。

6 日下午 4 时左右，34 位村民开会，具体商量落实应对方案。经过讨论，会议决定：

（1）将参加行动者分成排铳组、长铳组、长龙（土炮）组、救护包扎组等四个战斗小组，分别确定了负责人和成员；

（2）在百公坟附近，设立三道防线：

第一道防线：布置在双边港南，任务是不准刘姓的人过港，火力配备为长龙（土炮）一个、[1] 四支排铳、二支长铳；

第二道防线：布置在徐明桐家屋外，任务是接应第一道防线，火力配备有长龙（土炮）一个，长铳六支、剩余的为排铳；

第三道防线：布置在百公坟，任务是第一、二道防线被打退后，利用手中的刀、棍与刘村方面的人对抗，阻止刘姓的人垒或祭太婆坟。非第一、二道防线的人员全部集中在百公坟处。

（3）安排一人持长铳在双边港南山岭上放哨，见刘姓人员立即鸣炮示警。

（4）在村周围设立三处关卡，执勤巡逻人员拿锄头棍棒，防止刘村方面偷袭。

（5）所有上阵人员都应一往无前，不得后退。

徐村紧急派人去县城购买铳纸、铳药10斤；一位村民赶做炸药包18个，并当场试验了一个炸药包的杀伤力；四五位妇女在灯下缝做石灰包数十个。

刘徐两姓紧锣密鼓地准备，情景剑拔弩张，冲突一触即发。

4月7日上午，刘姓村民浩浩荡荡向徐村进发。刘姓队伍和徐姓队伍开始对峙，刘姓在岭上，与徐村守卫的位置相隔一百来米。闻讯赶来的乡干部和派出所干警两边来回劝说，然而无论是刘姓队伍还是徐姓队伍没有一边理睬他们、听从他们的劝阻。

不久，刘村一位垒坟副总指挥刘克容和一位村民从山上下来，试图向徐村解释一下刘姓的目的，以取得徐姓的配合和支持。不料两人刚一到徐村守卫位置，徐村七八人即上来将他们两个挟持到村中。两人久久不回，引起了刘姓队伍的骚动，刘村村民情绪激动纷纷向山下涌来。在一再警告无效后，徐村的排铳、长铳纷纷射击，随即一位村民点燃了土龙（土炮），"轰"的一声，血案发生了。

当时我正在大冶进行田野调查，4月7日下午在县政法委陈书记办公室我知道了此事，于是请书记联系后，我即刻去县公安局，与县公安局许局长、周政委一起乘吉普车去徐村。

---

[1] 当地人也叫长龙为土龙，为一种土炮，类似于迫击炮，由约为1米长、直径0.2米的铁管所做，内放置铳药。

我印象很深的是，去徐村的路有一段为砂石路，下雨后极为泥泞，凹凸不平，吉普车东倒西颠。当时许局长说"这村民不好好修修路，自己方便走，还有时间打这个架"。

傍晚到徐村后，我看到的情况是青壮年男性村民因怕抓大都跑到村后的高山上去了，村内仅留下老年男性村民、妇女和孩子，一个个都眉头紧锁、愁容满面，为亲人的命运而担忧。7日晚上大多没有生火做饭，基本不开电灯、黑灯瞎火。

而从刘村方面传来的消息也极不乐观。刘村村民被这后果所惊呆没有想到徐村这个小村会这么狠，感到人多势众的刘姓受了奇耻大辱，义愤填膺，群情激昂，要求政府答应"刘村人死亡一个就判徐村人死刑一个，刘村人重伤一个就判徐村人无期徒刑一个"的要求，否则他们就在4月7日晚上血洗徐村，血债血偿，为被打死的人报仇雪恨。刘村村民的情绪明显更为激烈。政府方面，主要由县委副书记等在刘村做那边的安抚工作。

徐村这边，许局长、周政委他们的现场指挥点设在徐村村长即村民小组组长家，我基本上跟随着他们，观察他们的开会、谈话等紧张的工作状况。

他们去看了现场，组织现场勘查，并布置对现场实行戒严，保护现场。不过，他们最主要的工作是平息事态，进一步控制事态的扩展，谨防反复。

据我所知，全县的警力基本上都调到刘村、徐村这两个村来了。为防止刘村在7日晚上报复徐村，县里在徐村上面的山岭一线上布置了警察、武警值守，警力不够连消防警察都上去了。

那一晚，徐村的气氛十分凝重，令我感到极度压抑，真的是有点害怕。这种感觉以前从来没有过。

许局长、周政委他们见多识广，应该是经历了许多特别场面的人。我看他们也神情严肃，也无法判断刘村的情况是否会失控、徐村是否会被成百上千的刘村村民在黑夜袭击。他们考虑最多的是，如果真的出现刘村村民情绪冲动集体前来报复的情况，山上的警察能拦得住吗；刘村村民如果真的冲进徐村见人就打、见物就砸，又如何应对。

村长将刚结婚不久的儿子的新房让出来给我们几个人休息。我看许局长、周政委他们神情严肃，气氛紧张。他们基本没有休息，即使偶尔合一会眼也不脱衣服，腰上的枪更是一直佩着、从不离身，时不时地摸一下，一直没有解下来过。

我也没有脱衣服睡觉，不敢睡觉，内心极为紧张，真的有点害怕，不知道究竟会发生什么事情，至多困了，稍微闭一下眼。

虽然觉得刘村村民冲过来的可能性极小，但看见公安局两位领导的紧张神态，我心里就没底，担心、忧虑、害怕甚至恐惧交织在一起。我一整夜都在想怎么会发生这样的事情、接下来会发生什么事情、政府能够处理好吗、刘村村民能够接受和服气吗、徐村以后怎么办等问题。

记得 8 日凌晨 2 点多时，我合上手中的笔记本，披衣走到屋外。徐村万籁肃静，偶尔传来的几声狗叫更加浓了寂静的气氛，时而为乌云所遮掩的月亮洒下片片光芒，薄薄的晨雾飘荡在徐村的家家院院、村头田旁。

这山村之夜是一个不眠之夜，多少人无法入睡！

于我而言，这是田野调查中有点害怕的一夜、印象深刻的一夜！

2023 年 6 月 8 日记

# 二、融入田野

　　为了解法事实，认识法规范，理解法生活，法社会学田野调查者需要千方百计、千言万语、千辛万苦融入田野，综合运用观察法、访谈法、问卷法等，多走走并尽可能多地接触各类人士，多聊聊以多途径获取信息来源，关注网络在田野调查中的作用，广泛搜集、完整搜集各类文献，并注意对"二手"资料的判断。调查者应注重个案调查的意义。除了文字，调查者还可利用图片、视频等方式表达生活中的法。

# 1

## 在田野现场的观察

### 一、法社会学田野现场观察的意义

"田野",《现代汉语词典》释为"田地和原野"。田野调查"扎根到中国社会现实的水土之中,摸清中国社会现实中各种力量跃动的脉搏"。[1]调查研究就是要了解实际的情况,获取第一手的材料,通过发现事实、重现现场、复现过程,了解事实的全貌与真相,为科学研究提供可分析的基本素材。[2]法社会学十分突出田野的地位,重视田野调查在法社会学中的重要意义。法社会学的中国化需要多做田野调查、实证研究。[3]在法社会学田野调查时,我尽可能在田野现场进行现场调查即参与式观察(Participant Observation)。我到所观察对象的社群和相关法活动中去,在参与具体法事件、法活动中进行观察、调查,了解其具体过程和规范,理解其内在的法意义。

现场观察是一种与实地研究相联系,调查者在自然场所进行直接的观察。它是人类学和民族学研究中最常用的研究方法,也应该是法人类学、法社会学调查、研究中最常用的研究方法。日常生活中涉及大量隐性法知识,这些实际有效的规范潜移默化而成,往往无法言说,调查者通过观察人们的社会行为了解隐含的法意和法义。现场观察是全面、深入地描述某一特定的法规范、法运行、法秩序、法文化现象,它预先没有具体的理论假设,也很难通

---

〔1〕 周飞舟:《将心比心:论中国社会学的田野调查》,载《中国社会科学》2021 年第 12 期。

〔2〕 房宁:《政治学为什么需要田野调查》,载《华中师范大学学报(人文社会科学版)》2021年第 1 期。

〔3〕 高其才:《法社会学中国化思考》,载《甘肃政法学院学报》2017 年第 1 期。

过其他方法获得资料，因此需要在调查、研究领域内部进行长期的观察，从大量的现象中概括出研究对象的主要特征，分析其法意义建构和行为互动方式，理解真实的法世界。

在我四十多年的法社会学田野调查中，我曾经在广西金秀参与现场观察"做社"（祭社）、村老村主选举和"众节"、修庙、集体建校、祭祖、度戒、互助建房、嫁男的结婚、纠纷调解等习惯法事件和案件。在贵州锦屏，我参与观察祭树、摆古节、尝新节（包括祭桥、斗牛、民歌比赛等）等习惯法事件。在浙江慈溪，我参与观察捐会（合会）、土地调换、订婚、结婚、分家、丧葬等习惯法事件。在江西寻乌，我参与观察案件审理、集中执行、纠纷调解、张公赖公巡游等法活动。在甘肃东乡等其他地区，我也参与观察过开斋节、袖内捏手指买卖交易惯例等与法相关的活动。通过这些现场观察，我对我国的法规范、法运行和法秩序有了实际的感受。

我喜欢在法社会学田野现场参与观察的感觉，现场为我呈现鲜活的规范情景，带来蓬勃的秩序活力，展示个案的独特魅力，感受浓郁的生活气息，体验强劲的社会脉动，留下深刻的第一手印象和温暖的人间情怀，为法社会学思考提供了基础。

▲在广西金秀六仁屯观察"做社"（2018年7月17日摄）

我个人理解，法社会学观察的田野现场为一个自然场景，真实而客观，非人为安排、无人力干预、远生硬造作，洋溢出天然性、自然性。田野现场为一个生活场景，它是民众日常生活的呈现，为民众围绕生存和发展而展开的种种关涉衣食住行的活动，充满着烟火味。田野现场为一个社会场景，是一定社会群体的成员基于某种利益、需要而形成的人与人之间关系的体现，反映着社会交往，彰显了社会功能。田野现场为一个生动场景，活泼不僵化，杂乱不呆板，多彩不单调，充满生命活力。从某种角度看，只有通过对田野现场的细致观察，法社会学调查和研究才有现实价值和学术意义。

## 二、法社会学田野现场观察的特点

法社会学田野调查中的现场观察几乎适用于法社会学各个领域的研究。运用现场观察方法可以描述发生了什么、所涉及的人或物、事发的时间和地点、发生的过程和原因等调查者、研究者所关注的问题，即回答何时、在什么地方、对哪些对象、采取哪一种或几种方式、根据什么规范、按照什么程序以及如何发生、为什么发生等问题。现场观察方法尤其适用于研究人类社会法规范、法秩序所体现的社会文化背景，从局内人而非局外人的视角研究事件、案件或者活动的发展过程、规范形态、人与事件的关系等。

现场观察要求调查者真正进入被观察的场域，被视为是这个观察场景中的一分子，从观察的场景内部进行感受、了解，表现出内部视角的特点。如我曾经参加浙江慈溪、广西金秀等地某一对新人的婚礼，在婚礼筹备和进行过程中帮忙、参与各种事务，从中观察婚姻成立的实质性规范和程序性规范，进行法社会学描述和总结。调查者在进行现场观察时，往往非为单纯的调查者而游移于事外，而是置身其中的一员，在参与一定的具体事务中进行观察、调查。

法社会学田野调查中的现场观察往往为非结构式观察、无结构观察，并不一定有明确目标、具体问题、确定范围，并按照事先准备观察计划以及合理设计来进行观察，没有标准化特征，不具有可控性。在对调查对象不甚了解的情况下，调查者需要针对田野现场的情况进行观察。有的法事件如突发性纠纷尤其需要随机应变、及时调整观察预案。

现场观察既有调查者与被观察者的直接接触的直接观察方式，调查者凭借自己的感官进行的观察；也有调查者与被观察者没有直接接触而仅有间接接触的间接观察，主要为利用一定的仪器或其他技术手段作为中介对观察对象进行考察。当然，我基本上运用直接观察方式，眼睛看，耳朵听，嘴巴聊，手上记，盖对技术设备和手段把握不了使然。

在一些不涉及特殊内容、特殊群体、特殊情境的调查、研究时，通常会公开调查者的身份，进行公开性的现场观察。这一方式的好处是告知被调查者并表明研究者身份，以期获得非正式渠道的理解或正式渠道的合作，不过，其局限在于被调查者一旦得知自己受到调查者的关注，可能会在被观察的过程中有意改变自己的言行，在一定程度上影响现场观察的准度。而在针对某些如涉嫌犯罪的群体、一些边缘化的特殊群体、"公检法"等国家机构或监狱等特定的调查、研究情境，则可能进行隐蔽性的现场观察，不一定公开调查者的观察身份。

法社会学田野调查中的现场观察常常是在"没有先入之见"的情况下进行这种调查的，它为获得社会实际的真实法事实提供了最好的方法；它更容易靠近被调查者、接近因果关系的本质、了解潜在关系的真相；它不破坏和影响观察对象的原有结构和内部关系，因而能够获得有关较深层的结构和关系的材料。

不过，我们需要注意到法社会学的现场观察花费时间较长、需要大量的人财物的投入、必须依靠被调查者的理解和支持，也可能受到被调查者中"小群体"或"小团体"的误导和心理抵制等而在调查初期难以有力开展，或者可能导致阶段性研究结果受到一定影响和误导。同时，利用感觉器官收集资料，易出现"观察者偏差"；由于研究者主观因素如处理不当易影响观察的客观性；并且所得到的资料往往缺乏信度即缺乏可靠性；作为一种研究方法，其程序是不明确的，它的观察是无系统的，它的资料是难以用数量表示的，它的研究成果是无法重复的。调查者对此需要有清醒的认识。

### 三、法社会学田野现场观察的进入

法社会学田野调查中的现场观察首先存在观察现场的问题。调查者事先需要确定观察的现场，选择合适与恰当的观察现场，及时进入现场进行观察调查。

由于条件所限，不能长时间待在田野调查点，我以往观察的现场大多是由当地的朋友、熟人即人类学所称的报道人告知的，有事件、有活动时到达现场进行观察。某些观察的事件如结婚、盖房等通常提前确定了时间、地点和形式，调查者已经去过当地并请当地朋友代为留意后，当地朋友知悉这些法事件、法活动后及时告诉调查者，调查者就可以在事件、活动开始前的一二日到达现场，进行现场观察。如我在广西金秀的 2007 年 10 月 30 日农历十月二十一覃盘的结婚和 2018 年 3 月 17 日农历二月初一帮家屯村老村主选举、浙江慈溪的 2010 年 11 月 13 日农历十月初八戚周订婚和 2010 年 11 月 10 日为农历十月初五陈沈结婚都是由当地的朋友告诉我后，而赶去现场观察、调查的。我体会，在田野调查点要结识当地村组干部、教师、退休官员等人士，他们比较了解当地情况，信息较为通畅。与他们建立联系后经常问问最近有没有什么事，及时了解有关信息以便赶赴现场观察。不过，在20世纪80、90年代，受到通讯的限制，当地朋友告诉我有关消息极不方便，以至错过了不少现场观察的机会，这是比较可惜的。

▲山子瑶度戒之翻云台 1 （2013 年 10 月 22 日）

在我的法社会学调查经历中，有的现场观察恰好是我在附近进行田野调查时无意中知悉而去现场观察的。如 2013 年 10 月我在广西金秀县调查时，在跟当地朋友聊天时他们告诉我 20 日有村子要进行度戒。我喜出望外，马上调整调查计划，于 10 月 20—22 日到长峒乡滴水村田盘新屯现场参与式观察山子瑶度戒。[1]这种现场观察的机会比较少遇到，并不多见。

---

〔1〕 田盘新屯为山子瑶村屯，仅有 13 户、60 人。这次为度戒和打冷斋（开亡灵）一起进行，规模较大，前后持续 4 天。共有来客近千人，后勤服务人员共有 127 人，总计花费在 5 万元以上。这次共有 9 位度戒，其中 6 位为同时度师、度道，单独度师的有 3 位；22 位道公、16 位师公参与。度道主要仪规包括喝帅、金真引教、制五龙法水、制沙净水、起鼓读资亡（开始做道场法事）、起道场、制邮包发文牒、打米包、洗手吃斋、上印（将参加做道场的全体道公的名字及其基本情况上报天庭请审查）、括章、道公度戒、行朝、安龙、罢坛、赎禾魂、拉龙等。度师主要仪规包括喝帅（度戒者喝经过师傅点化过的法水）、请帅（请赵、邓、马、关四帅）、点神位（安排各神的座位）、动鼓（开场仪式）、安帅（给阴间兵马安营扎寨）、上功曹（师公跳功曹舞）、斋主敬酒、斋主拜香火福神、招兵（请天兵天将来保护神坛，跳招兵舞）、收灾收难（插有小幡的 6 个秧箩上放酒杯，围着 6 个秧箩转圈跳，后跳公鸡舞）、起鼓度戒、训诫、翻云台、架天桥、招龙解秽、过表文、跳三教、跳川光、送香火福神、送瘟神、跳花王、还愿、青灯筵、合牒（师傅给徒弟发《阴阳二牒书》，一支毛笔，一节硬墨，意为成师；由师娘给徒弟端给他一个烧过徒弟头发有头发灰的香炉，徒弟叩拜以示敬意）。打冷斋（开亡灵）也有一定的仪规。在打冷斋（开亡灵）和度道、度师过程中，道公、师公依照固有规范和程序，运用鼓、锣等响器，通过训诫、念经、跳舞等方式，在时而严肃时而热烈的气氛中向度戒者传授戒律和法术，完成打冷斋（开亡灵）和度戒。

▲山子瑶度戒之翻云台2（2013年10月22日）

　　我有极个别观察的现场则是相关人士有意识安排的。如2021年3月25日开始我在江西省寻乌县人民法院进行调查，刚到时就给两位人民法庭的负责人讲如有案件调解等事时请告诉我，我想旁观一下。29日上午8时40分左右，我在法院看卷宗时看见其中一个法庭的负责人刘法官的微信，说他准备今天安排去调解一起山林争议纠纷，问我有时间一起去否。我连忙答应，后下楼与他和他的团队会合开车去现场。[1]这样的现场观察是就我时间方便而专门安排的，完全是为了配合我进行田野调查。这种观察的现场是相关方面和人士基于对我和我的田野调查的理解而所做的大力支持。深度的信任、良好的沟通、事先的表示，这些都是进入这类现场得以观察的关键因素。

───────────────

　　〔1〕2021年3月29日8点40分我到法院，看了一会卷宗后看见一个法庭负责人刘法官的微信，说今天下乡调解，问我去不去。我忙联系他，没有联系上。9点10分左右，我见他在办公室，就去他那里。他说今天省里督查组临时来检查，不能去了。我说没有关系，下次吧。我就继续回来看案卷。过了一会，他来我处，说给谢院长汇报了，下午只要等着就可以，所以还是决定去。我说好啊。他联系乡里后，我和他还有政工科小谢由小刘开车去。10点到澄江法庭，他和小刘上去换法官制服。10点40分到乡政府，已经联系好的刘副乡长也在。我们刚在三楼没聊一会，赖副乡长来了，他是刘庭长的熟人，分管果业。最后乡里开一辆皮卡车，加上林业站的站长和司法所的一位小伙子，共四人与我们一起上山去现场。下午刘法官在法庭等省里的督查组来。

#### 四、法社会学田野现场观察的准备

确定进行现场观察后，法社会学田野调查者需要提前进行一定的准备，如就这一主题查阅相关的文献，检索相关的资料，了解学术界的有关研究情况，进行一定的理论储备和思考。

更重要的准备为拟订现场观察的田野工作计划。这一计划应当包括现场观察的时间、地点、环境、事件、主题、人物、过程、程序、规范、结果等以及参与式观察的调查者及其分工、照相机摄像机等设备和物资、交通、住宿等。计划尽可能地细致、详细、全面。

在准备时，调查者需要认真拆解将要观察的现场元素，认真思考此次现场观察的具体任务和主要目的，建立一定的假设。如有可能，调查者可询问熟悉者，对将要参与观察的事件做初步的了解，以便确定关键人物、关键环节等重点方面，设定调查的预期目标。

如观察现场为调查者不熟悉的场合，一定要提前通过询问等各种方式提前熟悉了解。如2021年3月29日上午跟随刘法官去山林争议调解现场的路上，我就抓紧时间在车上向刘法官和他的助理询问案件是如何来的、当事人的情况、两人争议的核心、法官的基本打算等，对即将观察的纠纷调解现场有一个基本的判断。如果有条件，最好提前去相关的场合进行预观察，熟悉相关观察现场的环境，不至于在陌生的场合一无所知、手足无措，也可以发现在准备过程当中的疏忽、缺漏。

如为原先已经到过、较为熟悉的环境，调查者则宜回忆以往调查的情况，回顾现场的若干细节，找回熟悉感，深化所准备的计划。当然，这种熟悉的现场可能是以前进行过观察的地方，但是观察的主题和内容可能有所不同，被观察者也可能不是原先的人，仍然存在陌生的问题。如我在浙江蒋村进行了多年的田野调查，现场观察也有很多次，但是除了有一户家庭为多次观察对象外，其他的多为首次观察，每一次都面临得到被观察对象的理解、信任、配合和支持问题。蒋村是熟悉的，但是具体观察的捐会、订婚、结婚等现场依然是陌生的，同样需要面对一个详细准备的问题。

需要注意的是，再完备的计划也不可能与现场的实际进程完全一致，需要有灵活应变心理，留有一定的弹性空间，适时进行一定的调整。

准备虽不可能全部齐全但尽可能充分，这是法社会学田野调查现场观察

重要的前期工作，是现场观察的基础。

### 五、法社会学田野现场观察的内容

法社会学田野调查的现场观察常常是在"没有先入之见"的情况下进入田野现场的，但这并非漫无目的，调查者以纠纷解决、婚姻成立规范等某一法社会学主题开始观察，并随着调查的进行而逐渐清晰。

进入观察现场后，调查者首先需要注意现场的空间，如城市、乡镇还是村落；平原、山区还是水乡；居住区域的中心还是边缘；室内还是室外、一处室内还是多处室内、一处室外还是多次室外；了解清楚室内可能做什么，室外又有什么安排，从而对观察的法事件、法案件、法活动的发生处所即地理环境、建筑结构等有清楚的把握。

同时，调查者需要弄清楚观察现场的人物，分清主要人物与次要人物，了解各自的职责、权利与义务，确定他们分别在法事件、法活动中的地位以及相互关系，观察他们之间的决定、支配关系。

特别关键的是，法社会学田野调查者在现场观察时须根据主题紧盯法事件、法活动的基本过程和进展，了解法事件、法活动中人们行为的规范依据和具体表现，观察法事件和法活动的发展方向和前后关系，关注法规程、仪式与结果的关联，探索本源于民众社会生活的一般情形。

总体而言，调查者在现场观察需要确定观察的内容、重点和时间顺序，处理好参与其中与全面观察的关系，安排好单纯眼观与个别访谈的关系，协调好观察与记录的关系，以免手忙脚乱、顾此失彼。

在现场，调查者需要与被观察者一起行动，在密切的相互接触中倾听和观看他们的言行。调查者需要确定自己跟随观察的主要人物，以其的活动为重点进行全程观察。

如2021年3月29日我观察了刘法官调解山林争议的过程（以下8张照片为现场的部分记录）。争议的果林是十多年前开始种的，后又有调换。这个案件还没有立案，刘法官想进行诉前调解，因此当天约了双方当事人（两位为堂兄弟）到争议山林的现场，通过察看现场了解争议的情况再进行调解。为了更好地做工作，刘法官又约请了了解山林情况的乡林业站的站长。从乡里出发到现场去时，一位副乡长和一位乡司法所年轻人同行。在第一处现场时，一位当事人的儿子过来了。

▲两位当事人一见面就争吵

▲刘法官和助理等劝两位当事人冷静

▲刘法官看协议

▲刘法官与当事人在第一处现场

▲一位当事人的儿子与刘法官单独聊

▲刘法官和当事人察看第二处现场的山界

▲刘法官和林业站站长分别调解　　　　　　▲刘法官与一位当事人单独聊

　　我在田野现场观察这一纠纷调解过程，是以刘法官的行动为中心进行的，主题确定为法官通过现场察看调解纠纷，现场为位于山区的有争议的一处果林和另一处果林。

　　我观察到的过程主要为：（1）刘法官电话请原告带路。上午11点10分，在一个岔路口，原告等到我们，就由他骑摩托车在前带路先走水泥路再走砂石路到争议山林处。上山时，换成刘法官开车，助理小刘开山路的技术还不行。（2）到现场后不久，另一方当事人也过来了。现在双方相互意见比较大，说着说着双方情绪激动就吵起来了，被告还骂人。刘法官他们忙制止，并请他们分开。（3）刘法官看了原告带来的相关协议、所有权证。（4）刘法官分别与双方聊了一下，听了他们的想法和要求。（5）刘法官、上去第一处地块现场察看，边看边听双方讲述。（6）下来到路上后不久，原告的儿子骑摩托车过来，他与大家聊了一会。后他拉刘法官到一边单独聊了一下。（7）刘法官建议去另一处相关的山林看一看，12点20分大家步行去另外一块山看现场。（8）到第二处果林后，刘法官、林业站站长和两位当事人都上去，刘法官询问当时的情况。下来后，刘法官、林业站站长分别向双方了解意见和要求，做劝说工作。（9）刘法官还单独与原告聊了一会，听他的想法。（10）12点40分，刘法官等结束现场察看和向两位当事人了解情况，没有当场进行调解，离开现场回乡政府吃饭，两位当事人也各自离去。（11）在回来的车上，刘法官告诉我他与双方交换了基本的想法，觉得态度都还可以，基本的事实都承认，没有太大差异，做和解工作有希望。

我通过现场观察了刘法官的工作状况，拍摄了一些照片和视频，对法官调解纠纷有了第一手的了解。我看到双方当事人的埋怨、争执、吵闹甚至骂人，看到法官的制止和劝说，看到法官看协议、对实地，看到法官的了解来龙去脉和双方要求，看到林业站站长的分析和解释。

通过观察，我发现刘法官既重视书面的相关协议、所有权证，又听双方当事人介绍情况，更是实地察看，以弄清纠纷的关键点和解决的核心。刘法官对整个实地察看场景和做双方工作的把控较为到位，向解决争议的方向引导，并调动林业站站长、副乡长、原告儿子等各方面力量共同努力。

这一天比较热，又时近中午，刘法官等上山下坡，满头大汗；他们了解情况细致，工作作风踏实。这一点被两位当事人看在眼里，得到了两位当事人的肯定，有利于争议的化解。这种现场观察所见，对理解整个纠纷的处理是有意义的。

在现场，我注意刘法官和助理特意穿上法官制服，显示职业身份和工作性质，表达国家和法律权威。但在现场察看和向当事人了解情况的过程中，却平易近人，与两位农民当事人没有距离。既有国家色彩、官方色彩，更有法官与农民同心样态。这于纠纷解决是有助益的。

有意思的是，原告儿子叫刘法官单独到一边与其聊聊，在这过程中原告儿子很自然地将自己的手搂到刘法官肩上，刘法官没有表现出反感之意，而是继续如好兄弟般窃窃私语。这一幕令我印象深刻，想来可进行深入分析。

这次现场观察，我基本没有具体参与和互动，主要是观察，看各方行为和神态。缺失的是我没有直接与两位当事人进行交流，没有与中间来的当事人的那位原告儿子交流，也没有与林业站站长交流，信息来源不够多元。[1]

就我参与观察的这次法官现场察看和了解争议山林情况来看，虽然时间不长，大概前后两个小时，但是人物很齐全，事件较完整（缺当场调解），内容很丰富，场景很全面，情景很生动，状态很鲜活，确实与单纯看书面材料和听口头介绍不可同日而语。我从中再次感受到了现场观察的意义，体会了现场观察的特点。

---

[1] 这可能与我这次田野调查的目的有关。这次调查，我主要想对法官的调解工作有些直观的理解，拍些照片和视频用于教学，呈现在课堂上。这次没有科研方面进行文章写作的计划。

总体而言，进入田野现场进行观察，目标在于对法事件、法活动形成清楚的把握，对法事件、法活动发生的条件、逻辑和意义以及法在社会中的功能进行深入考察，对法运行的实际有真切的质性把握。[1]

### 六、法社会学田野现场观察的难度

由于我通常是一个人独自而非团队进行法社会学田野调查，在现场观察时就会面临现场两点或两点以上同时进行时而我只能观察一点的问题，存在现场观察的遗缺等困难。

法社会学范围的不少法事件、法案件或者法活动，内容复杂，关系多样，人物众多，许多场景是同时进行的，这要求调查者有足够的人力进行现场观察或者多点来回观察，否则就会顾此失彼，对调查的完整性、全面性产生影响。

如我曾经进行浙东蒋村结婚观察时，其中有些环节是男方、女方同时进行的，如凌晨的"享先（享仙）"祭祀，是男方家、女方家约好时间后同时但分别进行。有的是男方或者女方家同时进行，如新郎到女方家"亲迎"即迎娶新娘时，同时女方家在进行准备火熜内的物品等。

▲迎亲时一位伴娘手提火熜

▲新郎迎亲时伴娘"拦门"

---

[1] 参见王启梁：《法学研究的"田野"——兼对法律理论有效性与实践性的反思》，载《法制与社会发展》2017年第2期。

▲女方亲友准备火熜内的物品之一

▲女方亲友准备火熜内的物品之二

▲送亲时媒人手提两支火熜

▲到男方家时两位伴娘一人拿一只铜火熜

按照当地习惯法，新郎到女方家"亲迎"即迎娶新娘时，其中一位伴娘手提内放打火机等物的一支铜火熜。[1]到新娘家后，新娘家放爆竹迎接。之后新娘家招待新郎和迎亲队伍吃茶。同时，新娘家的一位姑姑接过新郎伴娘手上的火熜。新娘家的五六位女性长辈就在新娘家一楼一个房间内开始准备火熜内的物品。她们先将新郎家火熜内的物品取出，再将已经准备好的物品放入新郎家、新娘家的两个火熜。这些物品包括年糕（寓意年年高）、馒头（寓意发达）、打火机（寓意红红火火）、盘蚊香（寓意香火延续）等。与此同时，新郎手捧鲜花上新娘家二楼迎请新娘时，伴娘将房门紧闭进行"拦门"。六位伴娘后将门打开，手拉手阻拦新郎进入，要求新郎

---

〔1〕 在蒋村，旧时新娘坐花轿时，其座位下要放支火熜，火熜内燃炭火，随新娘到夫家。到了夫家后，送轿的男子（压轿者）会从火熜内点着一袋烟，称"接香火"。

5 秒内说出新娘手机的第 1、3、5、7、9、11 位的数字，没有完成就要求红包拿来；要求新郎 5 秒内说出对新娘沈洁冰的十个亲热的称呼，新郎方的两位伴娘耳语新郎帮忙，没有完成又要求拿红包来。[1] 准备火熜内的物品和新郎迎请新娘是同时进行的，我在现场观察时是在新娘家的一楼、二楼来回观察，还算没有漏掉，使婚姻成立习惯法的具体仪礼、程序规范能够完整地予以了解。

这就要求调查者在进入法社会学田野进行现场观察时，对法事件、法活动有基本的了解，明确观察的主要场景和时间安排，尽力克服困难。考虑到在许多农村地区本地习惯法依然是村民行为的社会规范，矛盾纠纷的解决需要当地社会有威望、熟悉本地风俗的人。[2] 调查者就需要依靠作为乡村领袖的乡土法杰提供调查意见和建议。[3]

### 七、法社会学田野现场观察的记录

在法社会学田野调查的现场观察过程中，调查者需要及时进行记录。

我以往的现场观察主要是在笔记本上随时记录观察到的有关情况，并辅以拍照。近些年除了拍照、摄像之外，也用录音笔进行记录，有时候为方便则记在手机的"文件传输助手"部分。笔记录的主要是时间、地点、人物身份、事件或活动内容、访谈等。记录的主要是事实，也有部分为自己的感想

---

〔1〕 离开女方家，女方送亲时媒人手拿两支火熜，再放入新郎、新娘坐的汽车内，接亲到男方家时随新郎去迎亲的两位伴娘一人一支铜火熜进男方家。

〔2〕 参见池建华：《传统农业乡村社会治理的探索与创新——以山东费县"3+4"农村治理保障体系为例》，载《贵州大学学报（社会科学版）》2019 年第 4 期。

〔3〕 参见王丽惠：《作为乡村领袖的"乡土法杰"》，载《学术交流》2015 年第 11 期。关于乡土法杰，可阅读发表在《学术交流》2015 年第 11 期上的其他文章，如高其才的《全面推进依法治国中的乡土法杰》、陈寒非的《乡土法杰与村规民约的"生长"》、魏小强的《通过乡土法杰的乡村纠纷解决》、柳海松的《乡土法杰在国家法律实施中的作用》等，也看参阅高其才的《乡土法杰与习惯法的当代传承——以广西金秀六巷下古陈盘振武为对象的考察》（《清华法学》2015 年第 3 期）、王丽惠的《乡村建设中的"乡土法杰"角色与功能分析》（《贵州大学学报（社会科学版）》2019 年第 4 期）等。系统性的探讨可参阅高其才等的《乡土法杰研究》（中国政法大学出版社 2015 年版）。更多的作品可参阅高其才主编的《乡土法杰》丛书，包括高其才的《桂瑶头人盘振武》（中国政法大学出版社 2013 年版）、高其才和何心的《洞庭乡人何培金》（中国政法大学出版社 2013 年版）、高其才和王凯的《浙中村夫王玉龙》（中国政法大学出版社 2013 年版）、卢燕的《滇东好人张荣德》（中国政法大学出版社 2014 年版）、高其才和马敬的《陇原乡老马伊德勒斯》（中国政法大学出版社 2014 年版）、高其才和刘舟祺的《鄂东族老刘克龙》（中国政法大学出版社 2017 年版）等。

和提醒自己的备忘录。我个人体会，观察时记录时一定要注重事实优先，着重记录当时现场到底发生了什么、详细记录所见所闻，而主要不是我当时想了哪些。

根据田野现场的情况，记录需要见缝插针，及时记录。时间不充裕时，记录尽量简明扼要，有时可用自己明白的关键词、缩略语、符号等。

在现场观察的每天晚上，调查者在结束一天的观察后，要利用体验和记忆还清晰的时候，进行全面记录、回顾和反思，对全天的观察进行梳理，将事实全面、完整、具体地记载下来。如果是多人一起进行调查，相互之间就具体事实和感受进行交流。晚上的总结需要将事实补充完整，并进行一定的思考，为之后的全面分析提供基本框架和初步结论。绝对不能因为白天观察的劳累而在晚上草草记录，更需要避免不做记录。

调查者对当天现场观察所获的文字材料、照片、视频等也要进行记载和进行一定的整理，以便于日后较为方便地分析、使用。

## 八、法社会学田野现场观察的遗憾

进行法社会学田野调查的现场观察，调查者的融入始终是个问题。也许调查者永远无法融入现场，盖因法社会学田野调查的观察者既被视为熟人，也被视为他者。融入问题，既有天然的局限，调查者这个外来者的他者身份是绝对的、无法变更的；也有调查者的认知、能力、经验等自身因素的限制。了解现场、理解现场所发生的一切，这始终是有难度的，也存有遗憾。需要法社会学调查者的不断努力、孜孜以求！

由于教学要求而极难调课等原因，我有的田野调查观察因时间问题无法全部观察完，这是非常遗憾的。如我于 2013 年 10 月 20—22 日参与式观察广西金秀田盘屯度戒活动时，因 24 日必须到学校上课，我只有在 22 日晚上结束观察，不得不提前离开现场，23 日一早离开金秀返回北京。又如我 2018 年 7 月参与式观察广西金秀六仁屯三年一大做的"做社（祭社）"时，前后时间为 17—19 日三天，也因为时间安排问题不能观察完而非常不舍地于 18 日晚上离开现场，没能观察 19 日的活动。观察的不完整对法社会学田野调查有影响甚至有严重影响。调查者要尽力保障观察的连续性、持续性和完整性。

关于法社会学田野调查观察，我最大的遗憾是时间有限，不可能长时间在田野进行现场观察。有时候想想如果有一年时间不上课，挂职一直待在某一县市，看是否能够更完整的进入法现场，更能够看到一些法事件、观察一些法现象、理解一些法规范、深入探讨法秩序、全面思考法文化。这应该是一个较理想的安排，可惜比较难以实现。

2022 年 8 月 19 日记，11 月 24 日修改

# 2

# 跟随看集中执行

2021 年 7 月我在江西省寻乌县人民法院调查时，跟随执行局的法官助理和司法警察参加了一次清晨集中执行行动，观察了法院干警某一方面的履职情况。我当天的日记简单记录了这次跟随看集中执行的情况。

7 月 28 日　晴

今天早上 5 点 30 分起来，6 点下楼，罗局长来接。到法院集合后，6 点 20 分出发。经过县城东门，东门早市很热闹。

今天去找的被执行人，第一个在县城附近的电商园，是个贫困户，钟姓。买沙发欠 3000 多元，5 月判决的，7 月 13 日申请强制执行。

6 点 35 分上去敲门，没有反应，应该无人在家。门口挂 2018 年光荣脱贫户。家有 2 口，因残致病，离婚。没有找到人。

第二个为南桥镇南桥村人，3 万元民间借款，6 月判 7 月申请强制执行。6 点 45 分到，在老房子住，看上去条件较差。妻子在，老公去干活了。法院执行人小赖给他妻子讲了一下后，我们就离开了。

第三个是昌蒲的抚养费执行案件。同居生下的孩子，后双方分开。现各自结婚，男的有两个孩子，小的才一岁多。做苗圃生意。刚开始不认是自己孩子，鉴定后是。法院判每年 7680 元抚养费。前十来年的共 5 万多元，他付了部分。小孩跟外公外婆生活，女的嫁到福建去了。当时女的未满 20 岁不能登记结婚。7 点 30 分到苗圃，没有人在。电话联系他，说出门了，找个体力活赚点钱。苗圃交给老婆管，每天来浇下水。

昌蒲这位是到赣州做工了，一月有七八千元。原来答应先给一年的抚养费，到期后没有给，被法院执行给逼出去做工。先前给的 2 万元也是父母帮忙出的。当时他父母差不多要跪下来求不要拘留他，怕刚结婚没有多久的媳妇又跑了，这样更麻烦了。男的父母就东凑西凑了 2 万元交了。

小赖联系孩子母亲，叫她去问问是否出门了。这样给申请人也是个交代。

第四个是县城人，民间借贷 2 万元。姓林，医院的保安，有时叫八十多岁的母亲去顶班，自己不上班。素质差，是原来安排的工作。他母亲替他还了不少钱，估计是赌博了。

8 点 10 分到医院，没在上班。8 点 20 分到他家，还在睡觉。带他回到法院。他母亲向法院执行人员抱怨高利贷害死人了，她们房子卖掉了，她的钱也还完了。

路上我问他，他说是"钓虾公"（一种当地的赌博形式），1000 元一天利息 50 元，借的高利贷。

后来在法院食堂一起吃早饭时，我问他，他告诉我共欠了八九十万元，房屋卖掉 65 万元用来还债，现在还有二三十万元债务。他每月 2000 多元，妻子做环卫工人有 1000 多元，大女儿已经结婚，小女儿在一个师范学院读大二。他是赌博借高利贷，当时有两三年在赌，借了以后不断还利息。

下午 2 点 30 分去执行局时，看他还在，没有什么进展。晚上 5 点 30 分，小赖告诉我有进展了，对方免利息免一点本金，共三家债权人，有一个 6 千元的接受他还 5 千元，有两家谈得也差不多了。

8 点 30 分去第五家，开门窗店的，店后来分掉了，欠合伙人钱，他经常不在店。曾当兵。共 40 720 元，合伙协议纠纷，已付掉 1 万元。今天两个女员工在，本人不在。

8 点 40 分回到法院，结束这次集中执行。之后去食堂吃早饭。

法院的这次集中执行，共分成四个小组（每组 3 或 4 个人）、出动四辆警车分别进行，另外在法院有两位工作人员留守。在清晨进行，主要是考虑被执行人此时还在家、没有出门做工、干农活或上班，比较容易找到人。当然这样安排，法院的工作人员就要早起，辛苦一些。从我这次观察的情况看，找人确实是最难的，五位被执行人仅找到了一位。

由于执行的难度较大，法院除了平时的执行之外，经常组织集中执行。以下为寻乌县人民法院官方网站上的一则新闻：

## 【我为群众办实事】县法院开展"清晨行动"

　　为维护司法权威，保障胜诉当事人的合法权益，连日来，我院开展了"清晨行动"，把"我为群众办实事"做深做实。

　　行动中，我院派出20名执行干警、9名法警，分为四个组，在清晨6时30分出发，对全县范围内的相关案件进行集中执行。干警们在保证执行措施强制性的同时，对被执行人耐心明理释法，让被执行人思想上受到触动，表示会想办法履行义务，主动配合法院的执行工作。截至目前，本次行动共执结案件18件，拘传被执行人20余人，执行到位金额100余万元。

　　此次集中执行行动打出了声势和气势，彰显了法院打击"老赖"的坚定决心，震慑了"老赖"的嚣张气焰，切实提高了执行工作的威慑力、影响力和公信力。下一步，我院将继续发挥执行职能，坚持集中执行行动常态化开展，不断加大执行力度，创新执行方式，有力打击规避、逃避与抗拒执行行为，让"失信"无所遁形。[1]

　　确如这一新闻稿所说，集中执行重在"声势和气势"，表明法院"打击

---

〔1〕 潘亮均：《县法院开展"清晨行动"》，载 http://xwwxfy.jxfy.gov.cn/article/detail/2022/04/id/6629872.shtml，2023年2月3日最后访问。

'老赖'的坚定决心",提高法院"执行工作的威慑力、影响力和公信力","保障胜诉当事人的合法权益","维护司法权威"。这点我在这次观察中是有感受的,比如说开警车、比如跟被执行人做工作、比如在被执行人承包场所给申请人打电话告诉执行情况等,既表明了法院在行动,也给申请人和社会一个交代。

我的这次观察主要是对法院的执行有个具体感受。由于原先不了解案情,故上车后我先在车上看了一下法院工作人员带的执行案卷,并向组长小赖询问有关情况,了解了五位被执行人所涉案件的大致情况。到被执行人住所附近下车后,我跟在法院的这些年轻人后面看并拍些照,主要是看法院的这些执行人员如何与被执行人打交道,做他们及其家属的工作。我发现法院的这些执行人员虽然都为年轻人,但态度都很好,不盛气凌人;找不到被执行人后的心态也都可以,没有出现急躁等状况。

这次我注意到寻乌县人民法院还是比较人性化的,如请被执行人穿好衣服、拿好手机;请到法院的被执行人到法院食堂与法院执行局的工作人员一起吃早饭,免得其挨饿。这样客观上也有利于做被执行人的工作,为顺利执行完毕奠定基础。

身临其境观察,眼看耳听,感受真实,感觉真切。我能够实地看到法院执行人员与被执行人及其亲属的行为举止、言谈交流、表情神态。这是一个判决实现的动态过程,是国家法律效力和司法权威的具体呈现,也是社会生活的活态展示。

2023 年 2 月 3 日记

# 3

# 怎样进行个别访谈?

一

在进行法社会学田野调查时,除了现场观察外,单独与被调查对象进行的个别访谈(Individual Interview)应该是我最主要的调查方法。

在进行基层司法调查时,我与基层法院、人民法庭的院长、庭长、法官、书记员、当事人等有过个别交谈;在进行习惯法调查时,我个别访问过司法所所长、派出所所长、乡镇干部、村干部、村民、道公、社老、村老、村主、相关事件当事人等;在从事乡村治理调查时,我与县乡镇干部、村组干部、村民、资本下乡的企业家等进行了个别交流;在进行乡土法杰撰写时,我与广西的盘振武、湖南的何培金、浙江的王玉龙、甘肃的马伊德勒斯(马永祥)、湖北的刘克龙等分别有过长时间的交流和畅谈。

二

可以说,我的所有的法社会学田野调查都有个别访谈的环节。离开个别访谈,我的法社会学调查就根本无法进行。

相比集体访谈或者座谈,法社会学田野调查的个别访谈具有私密

▲访问广西金秀六巷屯蓝扶布(2006 年 12 月 9 日摄)

性好、保密性强、访谈形式灵活、访谈内容广泛、调查结果深入等优点，可以因人而异、随机应变。在个别访谈中，法社会学田野调查者与被访谈对象之间比较容易沟通，得到的材料比较真实可靠，获取的信息更加深入、详细和全面；个别访谈可以进入被访谈者的内心，了解他们的心理活动和思想观念；个别访谈能够深入地了解行为发生的背景和影响行为的广泛决定因素；个别访谈能够及时调整调查内容，根据访谈对象情况有针对性地予以更换、变化；调查者有更多机会分享和了解被访谈者的观点，以及他们在更广泛问题上的信念、经历和语汇等。个别访谈易有情感交流，可深入挖掘访谈对象的主观态度、心理动因和价值因素

不过，个别访谈也存在记录和分析的方法耗时，因而样本规模通常较小；同时高度依赖被访谈对象的配合，有时候成功率不高，效率较低。个别访谈需要有合适的环境和氛围，需要访谈对象的配合心态和一定的契机，具有一定的偶然性。

个别访谈大多用在一些规模比较小及一些敏感性的、涉及个人隐私性的法社会学调查中，也常用于一些个案的研究中。我的法社会学田野调查主要围绕具体个案来进行，因此主要运用个别访谈获取信息、得到材料。

## 三

个别访谈是一种互动，在访谈过程中始终存在着交流、共享和交换。每一次访谈都包含着感知、口头和非口头信息、聆听、反馈、预期和假设等互动交流的要素。法社会学调查者与被调查者之间互动的品质直接影响到个别访谈结果的质与量，如果两者之间关系融洽，合作顺利，则调查者得到的信息就会比较真实，甚至会得到一些意想不到的材料；但如果气氛紧张，合作不顺利，则个别访谈就很难进行下去，甚至会中断。

我个人的体会，在进行个别访谈时，法社会学调查者需要注意信任、融入和控制三方面事宜。

（1）信任。让被访谈者感受到调查者是真诚、诚恳、可信赖的。如果产生不信任，访谈就会出现消极应付的状况，被访谈者就会简单地、机械地进行回答，影响个别访谈的质量。

（2）融入。被访谈者在访谈中会传递出感兴趣与否、是否愿意沟通的信

息，当被访谈者愿意回答和诉说、积极地参与到访谈中时，调查者与被访谈者融入访谈的过程和氛围中，这一个别访谈就会是高质量的。

（3）控制。调查者通过引导性提问，有意识控制访谈的速度、氛围和访谈的内容、范围，避免被访谈者无边际地漫谈，但可能影响访谈的深度。

四

根据我个人的体会，个别访谈的对象主要为事件或者案件的双方当事人，这是了解法事实、弄清法关系、分析法运行的关键，是对个案进行法社会学分析的基础。

不过，找到双方当事人并都愿意接受访谈却并非易事。

总体上讲，双方当事人均为利益相关者，或多或少经历了事件或者案件的折腾，有不愉快的感受，而不少法社会学田野调查的个别访谈时已时过境迁，他们不太愿意再回顾事件或者案件的前因后果；有的一方当事人却由于被判定为违约、违法方而感觉冤枉，非常愿意接受访谈，但主观性可能非常强，甚至可能存在隐瞒事实、颠倒黑白、移花接木、张冠李戴等情况，需要非常谨慎地注意访谈的客观性、真实性；有的一方当事人则基于名誉、隐私等考虑不接受访谈，甚至连见都不见调查者。

基于此，法社会学田野调查者需要想尽办法、克服困难，找到双方当事人进行访谈。

例一：

南方某县合阳乡平江村长水屯曾经于 1995 年 9 月 25 日发生一起奸淫幼女案。当晚 12 时许，22 岁的盘国强从本村的盘定康家喝酒后回到自己正在代课的长水小学。不过他没有回自己宿舍休息，却醉意朦胧地推开学校女生宿舍的门，进入宿舍将熟睡的 12 岁的小学四年级女学生方芙蓉抱到自己的卧室床上。之后，盘国强先脱自己的裤子，后脱方芙蓉的裤子，玩弄方芙蓉的阴部，奸淫了方芙蓉，致使方芙蓉的大阴唇受轻微伤。第二天即 9 月 26 日一早，方芙蓉就回坑田屯自己家去了。到家后，方芙蓉将昨夜的事情告诉了自己的父母亲。方芙蓉的父亲方天龙听说这个事情后很气愤，要求盘国强赔钱。而盘国强洗脸漱口后，不见了方芙蓉，问学生都说不知道她去哪里了。盘国强知道他做错事了，就去找方、盘两位长水屯的队长，把事情告诉他们。这一案件先由当事人按照地方习惯法进行了处理（罚行为人80斤米、80斤猪肉、80斤酒和3000元现金，同时承担方芙蓉到医院检查的费用），后受害者一方当事人报案后国家法律机关介入，金秀瑶族自治县人民法院最终根据国家《刑法》进行了判处（判决被告人盘国强犯奸淫幼女罪，判处有期徒刑5年）。

在法院知道有这案件后，我于近十五年后的2010年8月20日，在县某局一位干部、乡政府一位干部的陪同下，到平江村长水屯访问了当事人盘国强（已经结婚，生有两个孩子，一为六岁多，一为五个多月），又到坑田屯访问了方芙蓉的父亲方天龙，算是听到了双方的说法。在是否需要访谈方芙蓉时，我考虑事发时方芙蓉的年龄还小（12岁）、为未成年人，现方芙蓉已与同村的人结婚了，生有两个孩子（男孩10岁，女孩4岁），顾虑到影响她的平静生活，我就决定不去访谈她了。

奸淫幼女案极为敏感，盘国强能够接受访谈是由多方面的因素决定的。一方面，他是个勇于面对的人，对自己做的错事敢于承认，这是非常难得的；另一方面，我仔细向他进行了解释，他也理解我调查的意图；还有就是有干部陪同去，他要给本地干部一些面子。

方芙蓉的父亲方天龙则主要从自己家女儿受害这一角度接受我的访谈。

在进行这次调查时，盘国强为一方当事人，方芙蓉的父亲方天龙可算另一方当事人，基本上都听到了两方的意见，对案件的发生和处理过程有清楚的了解。如果一定要直接访谈另一方当事人方芙蓉，一方面当时她才12岁，15年后她不一定记得当时的情况；另一方面，她当时没有参与事后的处理过程，

▲ 在广西金秀朗傍屯访谈村民小组干部（2018年7月16日摄）

并不清楚具体情况，因此对其访谈应该没有什么意义。硬要访谈方芙蓉的话，反而既可能给她现在的生活带来困扰，也不符合法社会学田野调查的伦理。[1]

## 五

当然，有时候实在没有办法让一方当事人接受访谈，那也只有访谈另一方当事人，并尽可能多访谈了解这一事件或案件的其他人士，比较准确地描述出事件或案件的全貌，避免偏听偏信。

**例二：**

2009 年 12 月 28 日—12 月 29 日、2010 年 1 月 4 日、2010 年 1 月 7 日、2010 年 1 月 9 日，我到广西壮族自治区金秀瑶族自治县下寨乡某屯调查 2008 年春节期间发生的一起因修路而引发的烧香赌咒事件。

我调查时听人介绍过烧香赌咒这种神判事件，但是具体得悉新近发生的烧香赌咒还是第一次。故我特别重视，几次去屯里想好好地调查清楚，尤其是想个别访谈双方当事人。

这一烧香赌咒事件一方当事人为一户人家，另一方当事人为四户人家。

事件的前因后果大概是这样的：由于新开的屯级公路无法到达家门口，必须自己挖路才能把摩托车开回家。于是该屯的赵国强、赵梅林、黄光迪等共住一个山头的五户商议决定共同开一条路以便把摩托车开回家，但是路要经过赵梅林用石头围成的菜园，当时赵梅林二话不说同意路在他的菜园通过，并邀大家把菜园石头围墙拆除。经过五天左右他们已经把路基本开完，但是在往赵梅林的房屋这一段路石头很多，而且地势更加高，暂时还无法开到他的家门口，他只有把车子放在近他家原来的菜地的路上。但是为了防止牛或马搞坏他的摩托车，他在放摩托车的路的两头用木头拦住。这样导致赵国强的摩托车无法开回家，赵国强认为他是故意拦路不给他的摩托车走。加之赵国强怀疑赵梅林开路时没有经过他们同意砍了他家的一些八角树枝，而赵梅林不予承认。于是在 2008 年 2 月 13 日（农历正月初七）早上，赵国强妻子盘桂珍在赵梅林放摩托车路的另一头（靠近赵梅林家）烧香并用石头砌起，

---

[1] 按照学术惯例，该案中的地名、人名进行了化名处理，特此说明。

表示也不给赵梅林走这条路。赵梅林见赵国强已经在这条路烧香下咒了，便邀其余三户就把这条摩托车路彻底堵死，他们不走也不给赵国强家走这条路。赵梅林他们四户另外开一条路。这样赵国强只能走原来的摩托车走不了的那条老路。赵国强妻子盘桂珍又在原上下屋的历史通道架起一座木栏，这样大家只有绕路才能上下。于是这四户人又把赵国强家必定要走的那条老路用几根很大的石头堵住，即使赵国强自己把石头搬走后不久又会有同样大的石头堵住，由此双方相互堵路引起纠纷。2008 年 5 月 14 日，经过乡司法所和村委会的调解，双方当事人达成协议基本解决了这一纠纷。

我是由该屯的村民小组组长告诉我这一烧香赌咒事件的。他大致介绍了基本过程，并告诉我双方当事人的家，于是我就直接去双方当事人家里进行访谈。

我去赵梅林家里，找赵梅林访谈时比较顺利，说明身份和来意后他们夫妻就讲起来，言语中强烈流露出对赵国强两口子的不满，一再强调"你有事好好说，怎么能够这样狠呢（指烧香赌咒）"。我第二次在赵梅林家时，黄光迪和另一户人家的男主人也过来，也讲了些话，基本意思与赵梅林夫妻相同。

而去赵国强家想进行访谈时，赵国强和他妻子盘桂珍在我刚刚表明身份、说明来意后就脸色一变，连声说"没有什么好说的，没有什么好说的"，要我赶快离开他们家。我边退出来边想再解释一下，希望他们能够协助一下，听听他们这一方的声音，他们却马上关上门，再也不理我了。以后我去了赵国强家两次，每次都不让进门，更遑论坐下来给我讲讲他们的想法和做法、为自己申辩一下了。

我也给村民小组组长说想叫他帮我做做赵国强和他妻子盘桂珍的工作，接受我的访谈。组长表示为难，他不愿意做这个工作，觉得不会有效果的。

我想赵国强和他妻子盘桂珍不愿意接受访谈，主要原因估计是他们家是理亏方，赵国强妻子盘桂珍的行为太过厉害、明显违反当地的习惯法，不好意思再向我说，即使告诉我了恐怕也未必会得到我的同情和支持。

无奈之下，我只有多找几方面的人士来了解这一烧香赌咒事件。我找乡司法所和村委会参与调解的两人进行个别访谈，另外又分别找了两位该屯村民了解了一下。这样，我觉得没有能够访问赵国强和他妻子盘桂珍，依靠对另一方当事人和两位参与调解的人、村民小组组长、两位村民的访谈，这一烧香赌咒的神判习惯法事件基本可以掌握了。

不过，没有访问到赵国强妻子盘桂珍，对她烧香赌咒的具体动机、想法没有直接的了解，这始终是个遗憾。[1]

在进行法社会学田野调查时，这种情况经常遇到。2010 年 8 月 21 日，我到广西壮族自治区金秀瑶族自治县洛白乡万道村某屯访问泼粪案的双方当事人时，[2]也遇到了类似情况。有一方当事人赵新兰和她丈夫冯民翱比较配合，接受了访谈，而被泼粪的赵祥理家拒不接受访谈，态度非常坚决，没有一点余地。

2010 年 8 月 21 日，在访谈时赵新兰告诉我："我丈夫冯民翱是上门的，本来小孩应该是一边姓一个的，我现在两个儿子一个女儿，全部跟我姓，不姓冯的了，不跟她们姓。"赵玉莲强调是家婆（母亲）在处理上不太公平，她一辈子不服气的。大概，赵新兰认为自己是理直气壮的一方、受到不公平对

---

〔1〕 按照学术惯例，该案中的地名、人名进行了化名处理，特此说明。

〔2〕 此案的基本情况为：1964 年出生的冯民翱与 1959 年出生的赵祥理为亲兄弟，祖上留下来的宅地未曾分割清楚，两家对此处宅基地一直存在权属争议。2006 年 4 月 22 日（农历三月二十五）下午 7 时许，赵祥理、赵梅筝（1962 年出生）夫妇与冯民翱妻子赵新兰（1963 年出生）发生过争吵。近年来，冯、赵两个家庭因宅基地发生纠纷，曾经三古村民委员会调解但未果。赵祥理曾经申请大樟乡土管所办证；因存在纠纷，大樟乡土管所也未予办理。2006 年 10 月 16 日（农历八月二十五）11 时许，赵祥理择日后请赵桂府等帮忙，鸣放鞭炮后在其宅基地上放线准备下地基建新房时，为了达到阻止赵祥理施工建房的目的，赵新兰拿粪桶装大粪用粪瓢将粪便、粪水在赵祥理准备建新房的地基内到处泼洒，导致赵祥理、赵梅筝身上沾满了粪便、粪水。赵祥理、赵梅筝遭赵新兰泼洒粪便、粪水后，冲上前去抢夺赵新兰的粪桶，双方发生打骂推扯；在争抢过程中，赵祥理、赵梅筝也向赵新兰泼了粪便、粪水。后双方在亲属劝解下双方被拉开，停止了拉扯。赵新兰丈夫冯民翱闻讯后来到现场，与赵新兰姐姐等一起将赵新兰拖劝回家换衣服。根据当地传统习惯法，宅基地遭泼洒粪便、粪水后，须三年后才能另外择日动工建房。事情发生后，赵祥理、赵梅筝因赵新兰遭其宅基地泼洒粪便、粪水，便把建房所准备的钢筋、水泥、沙子、石头等建筑材料降价处理。近四年后我去调查时，这个被泼了粪的地基还空在那里，赵祥理家已另择地方盖房。这一纠纷发生后，赵祥理当天向三古村民委员会提请解决。三古村民委员会干部到现场进行实地调解，做双方当事人的思想工作，召集双方进行了调解，但双方当事人分歧较大，调解未能达成协议。2007 年 1 月 24 日，原告赵祥理、赵梅筝向县人民法院提交了"民事诉状"，起诉被告赵新兰，认为赵新兰在精神上的折磨和人格上的侮辱，情节恶劣。他们提出的诉讼请求为：（1）请求法院依法判令被告赔礼道歉并赔偿财产损失共计人民币 7000 元。（2）请求人民法院判令被告精神抚慰金人民币 1000 元。（3）本案诉讼费由被告支付。被告赵新兰于 2007 年 2 月 26 日提交了"反诉状"，对原告赵祥理、赵梅筝提出反诉，反诉请求为：（1）依法判令反诉被告人向反诉人赔礼道歉，赔偿衣物财产损失费 500 元，精神抚慰金 1500 元，共计人民币 2000 元。（2）本案诉讼及其他费用由反诉被告人承担。在调解无效后，法院于 2007 年 4 月 12 日作出判决：（1）被告赵新兰在本判决生效后 15 日内向原告赵祥理、赵梅筝书面赔礼道歉，书面赔礼道歉内容须经本院审查，并张贴于本屯公开场合两天。如被告赵新兰拒绝执行，由本院依法张贴与上述内容相同的公告，所需费用由被告承担。（2）被告赵新兰赔偿原告赵祥理、赵梅筝精神抚慰金 700 元（限于本判决生效后 15 日内付清）。（3）驳回原告赵祥理、赵梅筝其他诉讼请求。（4）驳回反诉原告赵新兰的反诉请求。需要说明的是，按照学术惯例，该案中的地名、人名进行了化名处理。

待的一方，所以愿意接受访谈。而赵祥理家估计事情已经过去这些年了，不愿意再重新提起，因此不愿意接受访谈。

基于这一状况，我只能在基本认可法院认定事实的基础上，再找了三位村民大致了解了一下。不过，缺乏一方当事人的访谈，案件事实和当事人的想法终归无法全面了解，这始终是有遗憾的。

# 六

在进行个别访谈时，法社会学田野调查者需要尽可能寻找一个不易被打扰的场所，在较安静的环境中进行交流，尽量保证被访谈人叙述的独立性、客观性，表达其自己的个人见解。

不过，就我自己主要在农村进行法社会学田野调查的实践看，个别访谈要完全避免没有人打扰比较难。我印象中，不止一次我刚刚跟丈夫没有聊几句，其妻子就过来"说什么，有什么好说的，你说这个干嘛"，将要开始的访谈就不得不停止了。

除了家庭成员的参与，邻居的进入更是家常便饭。我的许多田野调查是在村居基层进行。在我国农村，大多没有封门闭户的习惯，村民之间比较随意地往来；对于外面来的客人、陌生人，大家既从热情好客的方面来关心，谁家来了客人大家纷纷过来打招呼，也有一定的好奇心而来围观。同时，刻意找一个僻静的处所往往认为是在谈见不得人的事情，村民对这样的举动会认为是怪异之举，也十分好奇在说什么。有时明明表示不要来打扰，偏偏有村民故意过来听听，令人哭笑不得。

因此，大部分个别访谈情况往往为开始是在个别谈话，到后来不断有人过来，先是听，后是插话，最后甚至成为主讲，有的时候村民之间还就某些事实细节相互争论。这一方面可能削弱了原个别访谈人的个别色彩，另一方面也可能增加了信息来源，有助于全面了解事实。

可见对个别访谈也不能太机械地理解和认识。由于社会文化的影响和客观条件的限制，在众多人在场情况下，也可以进行个别访谈，只是调查者需要引导，需要将每个人的意见分别进行记载。

## 七

法社会学田野调查中的个别访谈能够获得预期的结果，这需要调查者考虑好如何开始访谈，准备好访谈的主题和需要问的重点问题、关键问题，清楚自己需要解决的疑惑，决定何时以及以什么方式结束访谈。调查者事先需要对被访谈者有所了解，并尽可能对访谈内容有一定知悉。

在个别访谈前，调查者通常要设计一份科学、周密、可行的访谈调查提纲。个别访谈内容一般包括法事实与法认识两方面。

法事实为被访谈者经历或者了解的客观情况。如就一个事件或者案件而言，时间、地点、人物、原因、过程、结果、影响等为基本事实要素。调查者需要通过被访谈者的讲述，将事件或者案件的基本事实予以还原，将规范、秩序等予以清晰展示，以提供分析素材或者补充、印证、纠正已知情况。

法认识为被访谈者的主观态度。在个别访谈过程中。法社会学调查者特别需要了解被访谈者对某一规范、事件、案件、纠纷等的想法、看法，探知其基本倾向和价值立场。个别访谈能够通过不断地询问、追问，了解被访谈者的内心认知，得悉其深层次的法观念。

## 八

法社会学田野调查的个别访谈还有一个很重要的因素就是注意个别访谈中的技巧。

个别访谈的过程就是调查者提问与被访谈者回答的过程。对这个过程能否做到有效控制是个别访谈成功与否的关键，而一定的提问方法与一定的行为方式是控制访谈的两个重要因素。

调查者在访谈提问时，主

▲在广西金秀六仁屯访问道公 （2018 年 7 月 17 日摄）

要应做到以下几点：（1）从简单问题入手。如先从事件或者案件的发生时间、地点等客观事实开始访谈。（2）提问有序。如果是结构式访谈，就应该严格按照访谈之前拟订的提问提纲，由简至繁地按顺序进行访谈。对于非结构式访谈，要注意根据所谈法社会学主题的内在逻辑结构提问。（3）适时追问。特别是涉及具体内容、个人看法等方面时，调查者需要十分敏感，及时进行追问，了解更多信息。（4）注意引导。引导性提问切忌使用生硬的、刺激性的语言。还可以采用动作方式，在不知不觉中改变话题。或者用复述的方法进行引导。如调查者对某一纠纷发生的时间记忆不清时，调查者可以用"上半年或者下半年""上半年还比较冷的时候还是已经春暖花开了"等方式帮助被访谈人进一步回忆，以将纠纷发生的时间尽量明确、精确。（5）保持客观中立。调查者提问时不能带有明显的倾向性，不能对被访谈者的答案进行诱导。（6）语言表达方式要恰当。调查者尽可能用被访谈者熟悉的话语进行交流，不宜用太过专业的法学名词、概念；语言尽量口语化，且通俗易懂。

同时，法社会学田野调查者在个别访谈中，可以通过自己的一定行为影响被访谈者，从而实现对访谈过程的控制。尊重、礼貌、谦虚、诚恳、耐心、感谢是调查者自始至终都必须具备的最重要的表现。调查者还要善于运用表情和动作控制访谈进程。调查者的表情一定要生动，能够根据被访谈者所谈情境而变化。要注意一些动作细节对被访谈者的影响。调查者在整个访谈过程中要正视被访谈者的眼睛，保持认真倾听状态。

## 九

在进行个别访谈时，调查者能否录音、录像事先需要征得被访谈者的同意，有时甚至是书面许可，确保事后不发生法律纠纷。对个别访谈所获材料的大致使用，一般情况下也应该向访谈对象进行说明。

如不能进行录音，那调查者需要征求被访谈者的意见可否用笔记下来。如同意，则调查者需要尽量记录全部访谈内容，包括语气词。记录不能仅记概要，需要完整记下被访谈者的讲述。如有两位以上的调查者参加个别访谈，则可以适当分工，有的主要询问与交流，有的主要负责记录。记录可以直接书写在笔记本上，也可以记在电脑等媒介上，电子版的效率更高一些。如被访谈者不同意记录，那只能访谈完后马上找机会追记，通过回忆尽量全面记录，至少将要点和重要内容记录下来。

如记不下时，调查者可以要求被访谈者适当停一下或者讲慢一点。遇到不明白的字、词，调查者应当马上请被访谈者进行解释、介绍弄清楚，不可留待以后再解决。如实在不愿打断被访谈人的讲述，那也须在结束访谈前询问被访谈者。

▲访谈金秀下古陈屯盘振武后合影（2019 年 8 月 28 日摄）

## 十

在个别访谈进行的当日晚上，法社会学田野调查者总结一天调查时，宜再回顾一下访谈的情况，对访谈记录再看一遍。如发现有遗漏或者不明白的情况，第二天再进行补充访谈，及时弥补存在的不足，全面完成访谈任务。

如果是调查者已经离开被访谈人所在地，而由于成本问题、时间问题或者问题不多等因素无法或者没有必要再回来进行再次访谈的话，那调查者就宜通过电子邮件、信件、电话、微信等方式与被访谈人交流，尽力弄清楚有关内容。

"酒逢知己千杯少，话不投机半句多。"法社会学田野调查者当以诚相待，与被访谈者通过促膝长谈，一见如故，目交心通，成为知己之交，结下终身的友谊。这当是田野调查者梦寐以求的境况、可遇而不可求的缘分。

2022 年 8 月 8 日记

## 4

# 敏感事

在进行法社会学田野调查时，可能会遇到一些敏感事，调查者需要对何为敏感事、怎么认识敏感事、如何抓住敏感事等有自己的判断和认识，也需要调查者谨慎对待。尤其在个别访谈时，在尊重的前提下，秉持科学研究立场，尽量取得当事人的支持和配合，并同时通过其他途径，全面调查、了解敏感事。

## 一、何为敏感事

在日常生活中，一般将诸如婚外性关系即通奸、强奸、奸淫幼女、盗窃、神判等涉及村落、群体、家庭和个人的违法、违约、隐私、名誉、声誉等方面的事情视为敏感事，有的地区，还将欠钱、被判刑、吸毒等视为敏感事。当事人及其周围人比较忌讳，不愿意让更多人知晓。

需要注意的是，对于什么是敏感事以及敏感事的范围，不同地区、不同身份、不同文化背景的人会有不同的理解，可能存在一些差异。有的人将敏感事的范围框得比较大，而有的人则较有承受力而将普通人认为的敏感事不以为然。如我访问广西的武哥时，他对婚外的性关系就基本不视为敏感事，愿意向我和一些同村村民讲说。我在田野中的体会，通常男性相比女性，对敏感事的界定范围要窄一点；法官、警察等国家工作人员的敏感事范围比农民、工人要宽一些。

特别要注意的是，在不同地区、不同群体中，由于文化差异和规范差异，可能对婚前性行为和婚外性关系的敏感度不太一样，有的人对此的敏感度不高，违法感和羞耻心不强。有的人甚至反而将其看成一种社会资本，显示出某种炫耀色彩。因此，何为敏感事需要从内在视角进行把握。

需要注意的是，在不同时期对敏感事的理解也会有差别。如在"文化大革命"时期，有的地方将做道公师公、从事迷信活动看作为敏感事，不愿意让太多人尤其是外面人知悉。

从不同角度对敏感事可有不同的认识。如就是否与法相关而言，敏感事为违反国家法律的违法犯罪行为，如乱砍滥伐林木、盗挖罗汉松等，或者是违反地方习惯法的行为；就是否与公德或者私德相关而言，敏感事为缺德的行为或者失德的行为，即背离普通人道德观念的行为；就是否与宗教信仰、原始信仰相关而言，敏感事为抵触当地人普遍信仰的行为，如无视自然崇拜、祖先崇拜的行为；就是否与愿意示人相关而言，敏感事为隐私行为和情感，如身体隐私、行为隐私、身份隐私、名誉隐私、荣誉隐私、肖像隐私、个人经历隐私、个人收入隐私等。

在田野调查时，知悉敏感事后想进一步访问当事人往往比较困难也极难实现。如 2017 年 6 月 4 日我在广西金秀调查时看见下面这份根据村规民约所规定的乱嫖问妇女具体处罚条款而达成的调解协议后，想去男女两位当事人家里访问他们，费了很多劲他们都不愿意见我，更不用说接受访谈了。队长（村民小组组长）对我说："这太敏感了，别人不好意思说的。"

发现敏感事线索后，法社会学田野调查者就要格外注意、认真对待、尽力调查了。

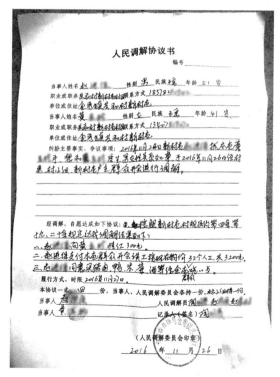

▲涉及乱嫖问妇女的调解协议 （2017 年 6 月 4 日摄）

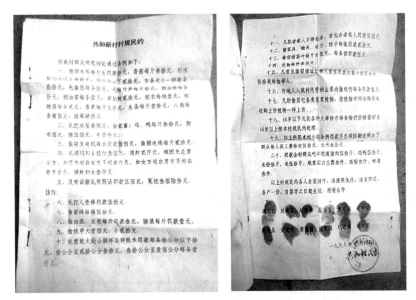

▲规定乱嫖问妇女要处罚的村规民约 （ 2017 年 6 月 4 日摄 ）

## 二、怎么认识敏感事

在田野调查中发现敏感事后，法社会学田野调查者一定要牢牢把握机会，充分认识和深刻理解其意义和学术研究价值，想方设法进行深度访谈，通过各种途径进一步搜集材料，为全面分析和解释奠定基础。

根据我个人在田野调查中的经历，敏感事不似物权、结婚、互助等民事生活行为会经常发生，而是在社会生活中较少出现的，具有少见性乃至罕见性。

法社会学田野调查具有一定的运气成分，我们法学者没有人类学者、社会学者那样有半年、一年甚至更长时间在田野调查点蹲点的传统，不可能长时间待在田野，有时候在田野调查时可能什么也没有发生，而你一离开田野，则可能接二连三地发生许多事情，甚至发生敏感事，令调查者遗憾不已，后悔不该那时离开。所以，调查者最幸运的是，在田野调查期间恰好发生一件敏感事，身临其境，可立刻进入观察状态，及时弄清事情的前因后果和具体进程及其后续处理，掌握新鲜的、生动的第一手材料。可惜的是，我几十年中从来没有碰到这样的幸运事。次幸运的是，在田野调查中通过乡村干部、调解人员、法官等处，得到新近发生的敏感事的信息，我如获至宝般马上跟进，抓住机会展开调查。敏感事本就少发生，即使发生了，当事人和相关人通常也有意识地进行封闭，极少在社会上传播，除非事情闹得非常大而尽人皆知了。由此观之，敏感事就更少闻了。

就我的体会，了解你的学术兴趣和研究重点特别是看过你的相关文著的当地朋友较有可能提供这种敏感事的信息。因此，结识并深化这种朋友关系于法社会学田野调查颇有裨益。当然，法院的判决书、司法所的调解协议、村组的会议记录等也会有敏感事的信息，值得调查者重视。

重视敏感事并非调查者有猎奇之心或是有窥私欲，而是敏感事于法社会学田野调查、于法社会学研究具有重要价值。基于敏感事的特殊性、非易知性，因而对其的事实描述和深入解读就较为少见，这方面的论著并不丰富。从扩大田野调查领域、弥补田野调查空缺、深化法社会学研究、提升法社会学研究水准、建设中国的法社会学等角度，调查者就宜对敏感事极为敏感，高度重视，全力投入。调查者不应猎奇但须有好奇心，调查的主题既相对集中又保持开放，对不在某次调查主题内的有调查和研究价值的敏感事及时予以妥善应对。田野调查可能会存在"有心栽花花不开，无心插柳柳成荫"的状况，调查者需要有一定的灵活性，为敏感事而适时应变。

当然，敏感事的调查面临诸多困难。如上述村民小组于 2016 年 11 月 26 日根据 1999 年 10 月 27 日通过并生效的村规民约的规定，而就乱嫖问妇女行为以调解协议形式作出的处理一事。这里就会存在村规民约的合法性问题，由此可能就会质疑法社会学田野调查的意义，甚至否定这一类的法社会学研究。对此，调查者如遇到对法社会学不了解者可以适当做些解释，而对个别持有偏见、无甚学养者干脆不要理睬，做自己的事情要紧。除了学界的不理解之外，社会也可能存在误解，如认为关注敏感事为不怀好意、调查敏感事有失身份、重新说以前发生的敏感事会影响团结等。对于当地民众的这些议论和看法，调查者可通过适当方式、借助有影响力人士做些说明，关键是要以科学态度进行田野调查。当然，最大的困难来自当事人，这是需要尽力沟通、争取理解和支持的。

### 三、如何抓住敏感事

在进行法社会学田野调查时，调查者遇到有关敏感事的信息，需要有敏感性并进一步予以求证和查明；如确实发生过这一起敏感事，调查者则宜调整调查计划，集中时间和精力全力了解敏感事。

第一，和颜悦色上门。调查者分别找到双方当事人，表明自己的身份和来意，说明自己的想法，期待得到当事人的理解、支持和配合，能够接受访谈。第一次见敏感事的当事人时，调查者态度要诚恳，语气要和蔼。

第二，伶牙俐齿说明。在当事人没有马上拒绝时，调查者要千方百计、绞尽脑汁进一步明确地、清晰地表达自己的想法和要求，在表示一定会保密、如公开发表和出版时会做化名处理后，让当事人明白接受访谈除了占用一点时间外，不会给当事人带来不利后果，给当事人一个十分确定的承诺和保证。在交流过程中，调查者要敏锐感知当事人的顾虑，及时予以回应和消除。

在交流时，调查者还可表示接受访谈也是一个给当事人自己回应和正名的过程。以前可能存在片面化、污名化的情况，当事人可能存在误解、委屈，有的事实也不一定符合实际情况，这样当事人可以通过访谈由调查者还原敏感事的本来状况，实事求是地呈现真实情况。

第三，软磨硬泡坚持。有的敏感事的当事人可能予以回绝，这就需要调查者再次、多次上门，锲而不舍地坚持，通过耐心的交流，以期能够水滴石穿而感化当事人，获得他的支持。特别是男性当事人更值得努力争取。如我2010年8月20日去广西某屯盘国强家了解其曾犯奸淫幼女罪被判处有期徒刑五年的情况时，盘国强一开始面露难色，不愿意接受访谈；在做了一番工作后，他表示可以说，但是叫我不要记录，在我答应他不记录后他才开始介绍当时的情况。我觉得在与当事人沟通过程中，尊重当事人的体现主要为尽可能满足其提出的诸如不记录等要求，答应比如边吃边聊等非正式方式进行访谈等条件，一切以了解当事人所知的事实和其看法为核心。

有时调查者买些菜到态度还友好的当事人家，多些时间相互理解，并拉家常从其他事聊起，逐渐聊到敏感事，看能否有所进展。

第四，察言观色甄别。有时候当事人非常坚决拒绝访谈，一点没有商量余地，那调查者只能另辟蹊径，通过非正式聊天等方式，察言观色看当事人的反映，以此作为印证间接地证实敏感事中的某些内容。如1998年下半年广西某屯的庞盛来多次对本屯的赵利琼进行性骚扰，反映到村委和本屯后，村委会及本屯村民小组及群众代表召集双方对此事进行处理，于1998年8月25日双方达成调解协议，由庞盛来按本屯习惯法挂红费360元及赔付因此造成的误工费 200 元，[1] 合计 560 元，当时庞盛来也承认了错误并给付了 560 元。而我 2009 年 11 月 23 日、2010 年 1 月 5 日调查时两次住在庞盛来家，几次直接询问庞盛来是否支付了挂红费，他都予以否认。有一次我拿出从村民小组得到的下面这一调解协议给庞盛来看，他就笑了；我再问他，他也不说是否。就我所看到他的神态判断，他应该是支付了，不过是不好意思在我面前承认罢了。

### 关于大林村庞盛来与赵秀珍造成的两方生纠纷经高岭组长、党员配合村干其双方协调
### 特作如下
### 调　解

经双方反映情况，属实有两姓（性）之间的事实存在，但未达到两姓（性）操作，双方以事实对正（证），经双方的配合调处方案如下。

一、按党内人事，即属党内人事作内部处理，按民族风属（俗），挂红金 360 元正（整）［叁佰陆拾元正（整）］。

二、因该事造成误工八天，每天工 25 元［贰拾伍元正（整）］，八天共计 200 元［贰佰元正（整）］。

三、以上所处罚金共计 560 元［伍佰陆拾元正（整）］，此款付给当事人的庞国范。

四、以上调处经双方同意方作上术（述），从调解之日起，不得重事自造事端，更不能哪方产生其它暴力和报复行违（为）。如有哪方触犯后立条例，如查明真相，即按见 1（一）罚十加重处罚。

五、此调解书自签字日起，双方负有法律效力，如有何方反违（违反），即按上术（述）条例处理。

六、此调解书一式四份，希双方共同遵守。

受理人：庞盛来（签名）　　　　　　　　在场人：庞志良（签名）

---

［1］　红色是我国民间的喜庆色。广西金秀瑶族也同样重视红色，视之为吉祥、喜庆的象征。对于违反习惯法的人，特别有男女私通等不正当行为者，以"挂红""请酒"等方式进行处罚。习惯法确认的挂红形式不一，多为赔礼道歉、请酒赔钱等，而以支付"挂红费"为常见。按照习惯法，通过挂红进行赔礼道歉，扫除邪气去掉晦气以免沾上霉气，消除可能影响未来生活的因素，实现心理平衡，恢复正常的社会秩序。

当事人：赵利琼（签名，手印）　庞国范（签名）　庞志强（签名）

大林村村民委员会（章）

一九九八年八月二十五日

特此调解〔1〕

　　最后，千方百计动员。在争取当事人支持的过程中，调查者需要弄清当事人的人际关系，了解当事人的平时来往频繁者，请对其有影响力的长辈、家人和亲戚朋友从侧面做说服工作。一把钥匙开一把锁，可能当事人听某一位亲戚朋友的劝而答应接受访谈。法社会学调查者或可就敏感事的几个关键方面，转请当事人相熟者去询问当事人，从间接角度将敏感事的某些内容弄清并对当事人的态度有所把握。

　　当然，在访谈当事人的基础上，离开田野现场回来对敏感事进行具体分析和写作成文时，法社会学田野调查者必须将敏感事中的人名、地名进行化名处理，保护当事人，以免影响当事人的名誉权、隐私权，给当事人带来不必要的困扰。在某些情况下，调查者也可将敏感事中的某些非关键事实做删除、简化、归纳等处理，避免让个别读者联想到具体的当事人，而暴露了当事人。有时，基于全面考虑，调查者将敏感事尘封箱底，永远不向学界和社会公开。

2022 年 8 月 11 日记

---

　　〔1〕　此事件已进行地名、人名的化名处理。这一协议有许多错别字。赵利琼与庞国范为夫妻。

# 5

# 座谈会有价值吗？

在进行法社会学田野调查时，有时要通过座谈会形式了解事实，获得信息。通过座谈会的法社会学调查、研究属于定性研究之列。不过，我在田野调查时较少召开座谈会，唯 2020 年受托进行广东省惠州市"村居法治样本"调查时开了许多次座谈会。

2020 年 11 月 26 日，我们与中共惠州市委政法委员会签订了《惠州市"村居法治样本"研究》的调研课题协议。[1] 按照协议约定，我们组建调研团队，围绕惠州村居的良法善治，深入农村基层单位现场开展调研、开展对话，重点调研惠东县范和村等几个村居，把脉村居法治现状，系统梳理惠州市村居法治治理亮点工作，提炼实践性操作性强的路径与方法，找出存在问题难点、分析原因，探寻提升村居法治的质量、效率、公信力的途径与方法，总结法治对乡村治理的引领、规范、保障作用，为乡村弘扬社会主义法治精神、增强全民法治观念、完善公共法律服务体系、夯实依法治市基层基础提供决策参考依据。

为此，我们课题组于 2021 年 4 月 14 日—19 日、10 月 14 日—19 日到惠

---

[1] 作为国家历史文化名城、国家森林城市的广东省惠州市，按照国家法律法规和中央规范性文件的要求，结合实际情况积极创新，在社会治理、法治乡村（居）建设方面走在全国的前列。惠州市探索实践了"村（居）法制副主任""一村一法律顾问""司法惠民工作室""'六治'（政治、自治、法治、德治、智治、美治）基层治理模式"等创新性村居法治建设的模式、制度和方式。惠州市2009 年获全国社会治安综合治理优秀市、2016 年获首批全国社会治理创新优秀城市称号、2017 年获全国社会治安综合治理优秀市称号、2017 年获全国平安建设领域最高荣誉"长安杯"、荣膺 2017 全国社会治理创新优秀城市、荣膺 2018 年全国社会治理创新示范市、荣膺 2019 社会治理创新典范案例城、2021 年获评平安中国建设示范市、再度捧回代表全国平安建设领域的最高荣誉"长安杯"。

州市进行田野调查。最终我们于 2021 年 12 月 7 日完成了课题报告并提交给中共惠州市委政法委员会，得到肯定。

在受托进行课题田野调查时，中共惠州市委政法委员会全程有领导和工作人员陪同，并且前后安排了 7 场座谈会以助我们了解情况。

（1）2021 年 4 月 15 日上午 9 点，我们在惠州市司法局参加了由中共惠州市委政法委员会组织的座谈会，听取了惠州市农业农村局、惠州市民政局、惠州市司法局、惠州市中级人民法院等单位与村居法治相关工作的介绍。中共惠州市委政法委员会十分重视这次座

▲座谈会会场 （2021 年 4 月 15 日　池建华摄）

谈会，专门发函要求相关单位事先进行准备。

参加座谈会的分管领导或主管部门负责人结合本单位的职责做了比较全面的介绍，如市农业农村局介绍了工作机制、乡村治理示范村镇、推广积分制清单制、数字乡村等工作情况，市民政局介绍了用法律来保障自治、村规民约、老旧小区改造等情况，市司法局介绍了乡村法治宣传教育、示范建设、村社居法律顾问工作等情况，市中级人民法院介绍了人民法庭优化、诉源治理、多元化纠纷解决、巡回审判等情况。有几个单位专门准备了书面材料。各单位介绍完之后，我们课题组成员进行了询问，就某些内容进行了讨论。座谈会结束后，我们索要了相关书面材料，与各单位与会者互留联系方式。

（2）2021 年 4 月 15 日下午 4 点，我们在参观祝屋巷街区、店铺后，在惠州市惠城区江南街道祝屋巷英秀文创参加了由中共惠州市惠城区委政法委组织的座谈会，听取了中共惠州市惠城区委政法委、惠城区司法局、惠城区江南街道、惠城区江南街道下角村民委员会、惠城区江南街道祝屋巷居民委员会、惠城区江南街道祝屋巷文旅协会等单位的工作介绍。政法委刘书记介绍

了热心人士等第三方力量参与基层治理的情况。江南街道张书记介绍祝屋巷政府做引导、产业为主导、企业为主体的新型基层自治的形成和完善。下角村吴书记介绍改造之后村民之间产生矛盾的解决情况。在区、街道和居委会的指导和支持下,祝屋巷文旅协会在做好片区服务的同时,还引导会员自我管理

▲祝屋巷巷规(2021年4月15日摄)

并积极参与社会治理,这给我们留下了深刻的印象。

(3)2021年4月16日上午11点,我们参观了观背村后,在博罗县罗阳街道观背村的罗阳街道综治中心参加了由中共博罗县委政法委员会组织的座谈会,听取了中共博罗县委政法委员会、博罗阳街道、博罗县罗阳街道观背村等单位的工作介绍。座谈时,罗阳街道张副书记谈到一户一宅存在的问题、10%留用地难以落实等问题。我们询问了征地拆迁、外嫁女、土地承包等情况。观背村通过第一书记的进入、文化元素的引入从一个软弱涣散村而成为全国文明村镇、全国民主法治示范村,这令我们印象深刻。

▲黄塘村座谈会场景 ( 2021年4月16日 张华摄 )

(4)2021年4月16日下午4点,我们参观了坪山村欢乐稻场、黄塘村后,在博罗县湖镇镇黄塘村,参加了由湖镇镇人民政府组织的座谈会,湖镇镇主管政法的副书记、黄塘村法律顾问张律师、黄塘村党支部和村委会成员

等参加。我们听取了湖镇镇坪山村、湖镇镇黄塘村、外来投资公司老总等单位和个人的工作介绍。

黄塘村何书记谈到产业为主要考虑的事情；他们村土地五年一小调整，没有 30 年不变，矛盾、问题不突出。坪山村陈书记强调坪山村田园变公园、民房变客房。与坪山村合作经营欢乐稻场的深圳安总强调一、二、三产业融合，尽可能控制风险；他认为农村需要有远见有公心的书记，还要有人才、资本。开文化策划公司的贾老师在帮黄塘村做治理方面工作，他讲到农民的教育问题、农村需要强人政治、能人政治、农村需要软智力、软约束。

（5）2021 年 4 月 17 日下午 3 点，在惠东县稔山镇范和村一楼会议室，我们与惠东县稔山镇范和公益理事会的各位成员进行座谈。范和村陈书记通知了范和公益理事会的 67 岁的陈副会长、61 岁的李副会长、66 岁的林副会长兼财务、72 岁的高秘书和另一位陈副会长来村委会座谈。李副会长、林副会长、高秘书先后介绍了公益理事会的成立、职责、活动和陈姓理事会、林姓理事会等情况。这一届范和公益理事会为第六届，班子成员包括会长一位、常务副会长一位、副会长十位、秘书一位、助理一位、会计一位、财务一位、顾问九位、干事十位、老大组长一位、香港助理二位。公益理事会主要有管理全村庙宇、组织祭祀、调解纠纷等职责，现有 200 多万元的基金。

▲公益理事会成员座谈会（2021 年 4 月 17 日　张华摄）

我们初步结识了他们，相互交换了联系方式，并约定了次日上午分别去李副会长、林副会长、高秘书的家访问的时间。座谈会后，我们随高秘书到位于范和文化广场的公益理事会办公室参观，收集到公益理事会的一些文字材料。

（6）2021 年 4 月

19日下午2点45分，在惠东县稔山镇人民政府综治中心，我们参加了由中共惠东县委政法委员会组织的座谈会，听取了稔山镇人民政府综治中心、稔山镇司法所、稔山镇信访办等单位的工作介绍。稔山镇综治中心赖主任、司法所马所长、信访办陈主任围绕范和村的治理介绍了有关情况。马所长介绍大概1992年时范和村的一件绑架案，还介绍了一件贩毒案。陈主任介绍了2020年的九坟地纠纷案。他们提供了一些值得进一步分析的范和之治的事实。

（7）2021年10月14日下午4点，在大亚湾经济技术开发区霞涌街道霞新村会议室，我们参加了中共大亚湾经济技术开发区委政法委员会组织的座谈会。霞涌街道、霞新村党支部和村委会成员等参加座谈会。霞新村党支部李书记介绍了村民的收入来源、大龄青年没有结婚的情况、希望上级能够批准村建设一个能上客人的码头等情况。

通过这些座谈会，我们对惠州村居法治建设的情况有了具体了解，对惠州的基层法治建设有了初步的认识。

我之前的法社会学调查大多为自主选题的调查，基本上是独立进行。这次调查则不同，我们是受托进行，委托单位提供了大力的支持和全方位的协助，委托单位利用单位优势就安排或者要求县区安排比较多的座谈会。

那么，在法社会学田野调查中座谈会有价值吗？又具体有些什么作用呢？

显然，法社会学田野调查中召开座谈会总体上肯定是有价值的。我个人体会，法社会学田野调查中的座谈会通常有这样一些作用：

（1）高效获得官方性信息。由于座谈会组织者的官方背景因素，参加座谈会的单位或个人从完成工作任务角度出发通常较为重视，事先一般做了一定的准备，有的甚至准备了书面材料，因此在座谈会上调查者能够在一两小时内高效获得各相关机构的官方性信息和材料，诸如背景、制度、措施、经验就比较全面得以知悉。同时，也能够在座谈会上得到一些典型事例和若干数据。这些材料中的某些事实，如果直接去该机构，其可能不一定会予以提供，但在座谈会上可能能够获得。

（2）广泛建立联系。通过座谈会组织者的正式介绍，调查者能够在会上或者会后与座谈会参加者相互交换联系方式，较广泛地建立联系，为之后的田野调查创造条件。

（3）指引进一步调查和研究的方向。座谈会的深入交流、讨论甚至争论，有时能够指引法社会学田野调查者进一步调查和研究的方向，为思考制度完善、对策建议和深入的理论分析提供基础。

不过，座谈会也可能受到组织者的因素、众人在场的环境、参加者重视和准备程度不够及参加心态等的影响，参加者可能出现有所顾虑甚至顾虑重重、泛泛而谈、浅尝辄止等状况，使田野调查流于形式，无法获得期待的效果。

不同于一问一答式的深度访谈，座谈会是一种圆桌式交流、讨论会议，通常是由 6 人至 10 个人聚到一起在一个主持人的引导下对某一法社会学主题进行报告和深入讨论。调查者需要充分注意到座谈会是多人参与，参加者存在互动作用。

因此，法社会学田野调查时采用座谈会形式进行调查，需要事先与有关组织者取得联系，沟通座谈会参加者的人数和人选，并将调查主题和具体问题告知对方，先请座谈会参加者进行准备。

在座谈会进行过程中，尽可能争取由调查者担任主持人，把控座谈会的进程，引导参加者消除思想顾虑，解除理性束缚，在感性状况下尽情地"忘我"发言，真实地交流和交流真实的情况，无拘无束地发言。关键是要让参加者真正理解调查的主旨，意识到在座谈会上提供意见对调查的意义，并令其感到不会对其产生不利后果。

如果非由调查者担任主持人，则也要与主持人密切配合，随时提醒主持人保证座谈会正常地按照既定主题进行，不偏离调查内容和范围。

调查者要通过主持人尽可能激发参加者通过互动产生比同样数量的人做单独陈述时所能提供的更多的信息。通过参加者的相互启发，将某一事实更为全面地呈现；通过参加者的互相争论，将某一事件的前因后果、焦点完整的展现出来。

就我的认识，不要过高期望座谈会对法社会学田野调查的意义。座谈会往往是法社会学田野调查的序曲，为之后深度访谈、观察进一步调查等做铺垫。

座谈会的价值可谓"功夫在诗外"！

2022 年 6 月 10 日下午记

# **6**

# 想方设法查档案

在法社会学田野调查中，查阅档案为其中的重要方面。

档案为分类保存以备查考的文件和材料，是指人们在各项社会活动中直接形成的各种形式的具有保存价值的原始记录，为再现历史真实面貌的原始文献。根据《档案法》第 2 条第 2 款，档案是指过去和现在的机关、团体、企业事业单位和其他组织以及个人从事经济、政治、文化、社会、生态文明、军事、外事、科技等方面活动直接形成的对国家和社会具有保存价值的各种文字、图表、声像等不同形式的历史记录。

在进行法社会学田野调查时，在个别访问时会提到某时发生了某起纠纷、某个案件等，就需要去相关村委会、派出所、调解委、司法所、人民法院或其他团体、组织去查阅档案，了解整个事情的来龙去脉，掌握这一事例的基本情况，以进一步找寻相关当事人，进行进一步的分析。这些材料有的在案件登记簿上，有的在会议记录本里，也有的已经整理完成作为档案保存了。

我国的《档案法》第四章规定了档案的利用，县级以上各级档案馆的档案，应当自形成之日起满 25 年向社会开放。经济、教育、科技、文化等类档案，可以少于 25 年向社会开放；涉及国家安全或者重大利益以及其他到期不宜开放的档案，可以多于 25 年向社会开放。档案馆应当通过其网站或者其他方式定期公布开放档案的目录，不断完善利用规则，创新服务形式，强化服务功能，提高服务水平，积极为档案的利用创造条件，简化手续，提供便利。单位和个人持有合法证明，可以利用已经开放的档案。档案馆不按规定开放利用的，单位和个人可以向档案主管部门投诉，接到投诉的档案主管部门应当及时调查处理并将处理结果告知投诉人。利用档案涉及知识产权、个人信息的，应当遵守有关法律、行政法规的规定。同时规定，机关、团体、企业事业单位和其他组织以及公民根据经济建设、国防建设、教学科研和其他工作的需要，可以按照国家有关规定，利用档案馆未开放的档案以及有关机关、团体、企业事业单位和其他组织保存的档案。按照这些规定，法社会学田野调查时查阅档案应该是比较方便的。

不过，实践中的情况恐非如此简单。

我在田野调查中，为基层司法、习惯法、乡村治理等调查主题而去过河北、广西、贵州、江西、广东、浙江等地的县档案馆、县人民法院档案室、村档案室等处查过档案。

▲某村档案室之室内（2022年7月15日摄）　　▲某村档案室之柜内（2022年7月15日摄）

我通常通过两种方式查档案：一种为自己直接去该单位，提出查档案的申请；另一种为由该单位领导陪同，到档案室查阅。后一种当然比较方便，管档案的工作人员一般比较配合，查阅档案的时间、数量、内容等都能够满足法社会学田野调查的需要。

想方设法查档案主要是指第一种情形。客观来看，我国档案保存组织在档案开放期限、公布形式、利用方式等方面并不完全依法律行事，一些档案保存组织以种种理由附加诸多条件，致使档案开放工作存在一定的不足，重藏轻用、藏而不用的现象较为普遍，对因学术研究需要而查阅档案并不十分支持。这就需要我们法社会学田野调查者开动脑筋、竭尽所能查阅档案以顺利达成调查目标。

第一，去田野调查之前需要准备好单位介绍信。我在中南政法学院（现中南财经政法大学）工作时，出去调查开的都是学校的介绍信；到清华大学工作时，由于学校太大，开学校介绍信比较复杂，就开法学院的介绍信。有可能的话，多准备几份介绍信或者准备几份空白介绍信，看需要再具体填写。现在有的单位还要求出具公函，那还需要准备好公函甚至按照对方单位要求先寄过去。

去查阅档案时，递上介绍信可表明自己的工作单位，强调调查者的合法身份，这可以满足有些单位的硬性要求，公事公办，解决查阅档案的前提条件。

第二，通过递给对方身份证、工作证等表明调查者个人身份的证件，证明调查者的身份和职业甚至职称，符合档案查阅的规定，并得到档案管理方面工作人员的信任，为档案查阅创造条件。有些单位仅要求凭身份证即可查阅档案，因此身份证、工作证在查阅档案时极为重要。

让对方了解调查者的个人情况，表明调查者遵守档案保管单位的规定，尊重对方单位的相关要求，这能够给对方单位的工作人员增加一个好印象，有利于档案查阅的顺利进行。

第三，通过广泛、深入的交流，让档案保管人员和单位领导了解调查者的法社会学调查和学术研究意图，让他们理解所查阅档案与研究的密切相关性，并让他们明白查阅档案于他们没有影响和害处，得到他们的充分理解、大力支持和全面配合。

这种交流可能涉及同乡、校友等人际关系，也可能涉及兴趣、爱好等个人特点，还可能与地方风土人情、历史传统等有关。通过交流寻找与档案保管人员和单位领导的共同点，消除双方之间的陌生感，拉近双方之间的距离，使查阅档案这一"公对公"的行为尽可能带有一定的私人情谊色彩，从而具有公与私兼具的行为。

第四，通常情况下，查阅档案是提递交想查阅档案的名称、卷号等，再由管理人员找出来供申请者翻阅。这样方式缺陷为所查阅的档案数量少，耗时多。最理想的方式为调查者根据档案目录自己在档案室内直接查阅，这样可以在短时间内将同类档案全部查阅完。

在进行法社会学田野调查时，查阅档案的时间、方式、数量、内容等需要调查者与档案保管人员和单位领导进行具体沟通。调查者一般可采取先少后多、先近后远、先简后繁等方法，逐步提出档案查阅的要求，不断解释自己的查阅想法，渐渐地扩大自身的查阅档案范围，尽可能按自己理想的状态查阅档案。

第五，调查者在查阅档案时还存在一个复制问题。建议调查者在田野调查时带一个容量大的硬盘或 U 盘，在可能情况下直接拷贝电子文档。在对方说"你告诉我文件名称，我整理一下发给你"这样的意思时，尽量表示"您挺忙的，不想再花费您时间"而提出当时花几分钟时间直接拷制。实践中，往往会时过境迁，事多忘记了，或是简单地发一点。因此，切记尽量现场复制。

有些部门或档案保存机构仅规定复印而不允许拍照，有的甚至只能手抄摘录。如 2022 年 7 月 10 日上午我们在广东某机构调查时，对方领导提供了一份上一级的内部文件给我们看，说只能看。我们在看后觉得有参考价值，征求他同意后，就手抄全文。在这一过程中，陪同我们的当地一位年轻人在帮抄部分内容后想拍照后进行图文识别。这位领导看见后勃然大怒，说这样抄都不给抄了。我连忙严厉批评这位年轻人，叫他删除已拍图片。同时，我赶快安抚这位领导，他主要是怕上网，这样对他是个极大的威胁，害怕出现舆情。在进行法社会学田野调查时，调查者一定要把握党政机关干部的这种怕出事心态，尽量打消他们的顾虑，保证材料仅仅为研究时自己参考，不会上网发朋友圈，若要引用肯定做技术处理，不会给提供者带来麻烦。在取得对方理解的情况下，对相关文档或者档案进行复印或拍照收集。

有的档案保存机构还规定查阅档案、复制档案需要收费。遇到这种情况时，调查者首先要尊重这样的规定，不能一上来就嚷嚷"你这是乱收费"什么的。在第一次交纳的同时，详细说明自己的情况，以期待档案保存机构的理解，在下次查阅或者复制时能减免费用乃至全部免除费用。

第六，为顺利查阅档案，调查者可事先准备一些小礼物，在合适情况下送给档案保存机构的工作人员，表达自己的感谢之意。礼轻情意重，主要表诚意。礼物不必太贵重，宜具有调查者所在单位的特色，符合档案保存机构工作人员主要为女性的特点。

想方设法查档案，说一千道一万，其实就一条，以诚为本，精诚所至，金石为开。

2022 年 8 月 3 日下午

# 7

# 在《私人建房申请表》中发现契约

　　2021 年 1 月 11 日至 13 日，我在浙东蒋村调查时主要在村档案室看档案，以期发现一些习惯法方面的资料。

　　在一些提交给乡（镇）、县（市）政府的《个人建筑房屋用地申请表》《私人建房用地申请表》上，附了一些房屋买卖、房屋和宅基地买卖等协议。我发现这些协议、契约虽名称不同，但对了解房屋交易惯例、土地转让习惯等颇为重要，是重要的获得乡村习惯法资料的途径之一。

　　如 1985 年元月陈书凯的《个人建筑房屋用地申请表》后，附了一份手写的《卖屋契》，具体内容为：

## 卖 屋 契

　　今有陈书箫五架平屋两间卖给胞弟陈书屏，经双方协商计价壹仟元正出卖之后归受主陈书屏收管。

　　以此据为凭

出卖人　陈书箫（盖章）

受主人　陈书屏（盖章）

鉴证人　（蒋村村委会章）

一九八五年元月

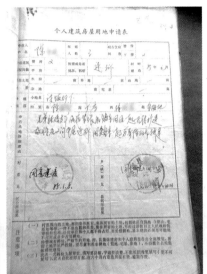

这是陈书凯两个哥哥陈书箫与陈书屏之间的房屋买卖交易。陈书凯申请建房土地的理由为：兄弟结婚多年，住房紧张，和父母亲同住一起无法扩建。故申请将原两间平屋迁拆，同父母亲一起与哥哥陈书箫拼建，为此陈书箫将原有房屋卖给弟弟陈书屏而立《卖屋契》。这一《卖屋契》为申请个人建筑房屋用地的附件，我们从中可以知悉房屋先买权等习惯法规范。

又如1987年元月阮大明的《个人建筑房屋用地申请表》后，附了一份手写的《买房协议书》复写件，内容为：

## 买房协议书

今有郑村阮大明本人申请，取得两村同意，报上级批准，全家四人户口迁移到蒋村，并准备造屋面积100平方米，把老住宅扒掉之外，剩余半正间和饭灶间买（卖）给弟阮大庆。兄弟之间经过协商，特立协议如下：

1. 阮大明自愿买（卖）给阮大庆半正间，包括饭灶间，共作价伍佰元正（整）。

2. 购买者阮大庆将房屋款在（19）87年6月前一次付清。

3. 阮大明卖出的房子不再调换住宅基地。

4. 阮大庆退休之前房屋的管理仍有（由）阮大明负责，中途不能出租出借。

特立协议一式四份，上报二份，各执一份，共同遵照执行。

原郑村　　房屋购入者　阮大庆（章）

房屋出售者　阮大明（章）

立协议　1986 年 12 月 5 日

这是为了证明申请建房用地的真实性、正当性、合理性、合规性。阮大明是从郑村迁入蒋村，需要新的建房宅基地，在规划地内新挑宅基地。为此，阮大明写了如下的《建房用地申请书》，而郑村与蒋村签了如下的《调剂土地协议书》。

## 建房用地申请书

蒋村村民委员会：

我郑村阮大明在乡政府部门工作，上下班因路远，有时遇风雨阻碍困难重重，因此要求在你村、村建规划中调剂落实住宅基地。

我现已与你村王国飞两人协商，他同意调给我五房统村规划区（即车路南郑村）土地 0.53 亩。我将郑村四房统承包土地调给王国飞同志。双方自愿协商同意，要求你村批准，特此申请。

此　　致

同意（蒋村村民委员会章）　　　　　　　　申请人　郑村　阮大明

（19）86. 8. 28

## 调剂土地协议书

日期：一九八六年八月廿八日

甲方：郑村

乙方：蒋村

兹由甲方需要土地，向乙方调剂土地。现经双方协商同意，特订协议如下：

一、乙方将座（坐）落在小地名五房统、承包地 0.53 亩调给甲方。

二、甲方用座（坐）落在小地名四房统、承包地 0.53 亩调给乙方。

三、调剂土地有（由）村、队干部丈量，并按规定上报审批，经上级政府批准后生效。

四、甲方须按照村镇规划，统一安排建房，并按规定办理建房用地手续。

五、双方按霜降为截止期执行使用新调地。本协议一式四份，双方各执一份，抄送区、乡各一份。

甲方承包者　阮大明（章）　　　　　乙方承包者　王国飞（章）

村民委意见（郑村村民委章）　　　　村民委意见（蒋村村民委章）

经办　苗开瑞（签字）　　　　　　　经办　蒋力维（签字）

乡政府意见：同意调换（乡人民政府章）

（19）86.8.30

在一张《个人建筑房屋用地申请表》中我发现了个人的申请书、个人之间的买房协议、村与村之间的调剂土地协议，一个为了解决上班较远问题而另村申请宅基地的民事行为完整地呈现了出来。其中的先联系好调换土地的另村人家、向另村提出申请、同等数量土地调换、村队干部等第三方丈量土地、卖房给兄弟等做法，完全是按照当地习惯法和政府的有关政策进行的。

而在 1987 年 10 月 22 日孙晓武的《××县私人建房用地申请表》内，也附有一份 1987 年 10 月 22 日签订的《拼屋协议书》，全文如下：

## 拼屋协议书

兹由孙晓武原有两间老房拼给阿弟孙晓文。经兄弟俩协商后，把房屋实际估价人民币壹仟柒百元整。为了（避免）以后发生口角，特立此协议书为凭。

房屋卖出人　孙晓武（章）

房屋买进人　孙晓文（章）

证明人　　　蒋尚斌（章）

一九八七年十月二十二日

鉴证（蒋村村民委章）

孙晓文原有人口 3 户（人）住宅面积 45.6 平方米

拼入 45.6 平方米　情况事实

乡土地管理小组（章）

（19）87.10.25

　　这份协议中的"拼屋"，实际为买卖房屋的一种形式，兄弟俩中的哥哥将相互连在一起的房屋自己部分卖给弟弟，拼入弟弟的房屋内，为弟弟所有，而自己另外择地建房。不过，名为《拼屋协议书》的契约不太多见。同时，这一时期共为对折 4 页的《××县私人建房用地申请表》代替了仅为 1 页的《个人建筑房屋用地申请表》，内容更为齐全、全面。

　　而在 1987 年 12 月 3 日林宁埭的《××县私人建房用地申请表》内，也附有一份 1987 年 9 月 17 日《调换土地协议书》，甲方乙方分别为蒋村与韩村，是关于蒋村林宁埭与韩村钟楚麟调换 0.436 亩承包地用于林宁埭建房事宜。上面除了两位调换人盖章、双方生产队长盖章、领导单位蒋村与韩村的村民委员会盖章、负责人盖章外，乡土地管理小组于 1987 年 12 月 17 日签署意见"同意调剂土地 0.436 亩，调后的土地由村统一安排建房"并盖章，乡政府于 1987 年 12 月 17 日签署意见"同意调剂"并盖章。这一协议透露的信息与上述阮大明调换土地类似。不同的是，协议上出现了双方的生产队长、乡土地管理小组、乡政府等，涉及各方的个人、单位全部在一份协议上表明了意见，共有六个私章、四个公章。

　　在这些契约中，可以发现蒋村房屋买卖习惯法的其他一些规范。如在 1988 年 2 月 22 日周国定的《××县私人建房用地申请表》内，附有一份 1988 年 2 月 1 日父亲卖房给已婚的 29 岁大儿子的《卖房协议书》：

## 卖房协议书

　　经双方协议，周国定东——西第三间平房卖给大儿子周春进，面积 25 平方米，价格 750 元，品头各半，一个品头作价 200 元，先拆屋者得品头，不拆者补助 100 元。望双方予此执行。

　　户主：周国定（签名，盖章）

　　子：　周春进（签名，盖章）

　　子：　周夏进（签名，盖章）

　　子：　周秋进（签名，盖章）

　　（蒋村村民委章）

一九八八年二月一日

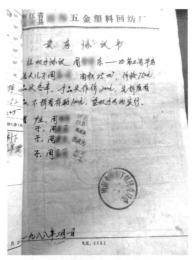

　　这份《卖房协议书》中最有特点的是出现了非为买卖房屋双方的周国定的其他两个儿子［时年分别为 24 岁（即将结婚）、22 岁］的签名、盖章。这是为了避免以后儿子之间乃至孙子之间出现争执，故请不是直接当事人的其他两子也签名和盖章以示对房屋买卖的知情、同意。这是遵循习惯法规范的行为。

　　同时，有的契约反映出较复杂的调换、买卖关系，各按习惯法行事。如在 1990 年 4 月高书磊的《××市私人建房用地申请表》内，还附有一份 1990

年 4 月 20 日高书磊与施长康的《调剂土地协议书》，另外还有一份格式的高书磊与高穆惠的《××县私人建房用地转让（调剂）房屋及宅基地协议书》、一份格式的《××市私人建房用地调换规划内承包地协议书》。高书磊与施长康调剂 0.31 亩承包地建房，将原来的老屋（三间平房，93.6 平方米）出卖给邻居高穆惠（5600 元），并调剂土地 0.551 亩，同时向村里申请将自己的自留地 0.5 亩调换承包地。这一申请建房共涉及三家，有两个调换、买卖关系。

此外，在有的契约中能够发现分家析产习惯法。如在 1995 年 10 月 24 日施大海的《××市私人建房用地申请表》内，附有一份同日签订的《协议书》，内容为：

## 协 议 书

兹由施大海、施大江、施大河三兄弟，对于父母住房问题，经兄弟协商，由施大海负担，今后大江、大河建房时无权占用父母住房面积。特立此协议为凭。

立协议人：施大海（盖章）

施大江（盖章）

施大河（盖章）

1995 年 10 月 24 日

这是比较少见的有关父母住房面积分配的协议，实为兄弟之间按习惯法对父母财产的一种处理，为分家析产的一方面内容。由此，施大海的《××市私人建房用地申请表》中，家庭成员就加上了父亲和母亲，这样增加了两人就可以增加相应的建房用地。同时，施大海就有提供父母住房的义务，这是遵循习惯法规范的结果。

从蒋村的这些《个人建筑房屋用地申请表》《私人建房用地申请表》中，我发现了不少房屋买卖、土地调换等契约。房屋、宅基地、承包地等不动产为蒋村村民的主要财产，因此多采用书面契约进行处置。而从这些契约中可以知悉不少房屋买卖、土地调换乃至分家析产等方面的习惯法规范，为进一步全面调查和研究相关习惯法提供了线索。

　　由此，我们在进行法社会学田野调查时，需要注意档案中这一类申请中所附的契约、协议，从搜集的契约、协议中发现所研究的法社会学主题所需的材料，为进一步的全面调查和研究奠定基础。

2021 年 1 月 18 日记

# 8

# 问卷难问[1]

## 一

在我的法社会学田野调查中，极少进行问卷调查。主要是我不怎么进行定量分析，觉得问卷很难设计好且回答和回收会有不少问题，问卷调查的结果不好用。我个人体会是问卷难问。

## 二

问卷调查是法社会学田野调查的主要调查形式之一。问卷调查是由调查者将问题设计为问卷而由被调查者作答的一种资料收集方式。问卷调查的形式主要有开放式问卷调查、封闭式问卷调查、半开放式问卷调查等三种形式。①开放式问卷调查是指对问题的回答不提供任何具体的答案，而由被调查人自由回答的问卷调查。使用开放式问卷调查的优点在于可以使调查得到比较符合被调查者实际的答案，缺点是有时意见比较分散，难以综合。②封闭式问卷调查是指答案已经确定，由调查者从中选择答案的问卷调查。封闭式问卷调查的优点是便于综合，缺点是有时答案可能包括不全。因此，使用封闭式调查问卷时，必须要把答案给全。③半开放式调查问卷是指给出部分答案

---

〔1〕 本部分在《法社会学》（北京师范大学出版社 2013 年版）中"第二十章 法社会学问卷调查与问卷设计"的基础上修改而成。

（通常是主要的），而将未给出的答案或用其他一栏表示，或留以空格，由被调查者自行填写的问卷调查。在法社会学的田野调查中，封闭式问卷调查的使用较为普遍。

三

问卷调查具有这样一些特点：①通俗易懂，实施方便。采用问卷形式进行专项调查，由于将调查的问题和可供选择的答案一般均提供给被调查者，由其从中选择。因此容易被被调查者所接受。②适用范围广。问卷调查既适用于对法社会学所涉的法现象进行专项调查，也适用于对社会民众关心的法问题进行专项调查。调查者能从问卷上了解被调查者的有关法的行为、想法、态度。③节省调查时间，提高调查效率。由于在调查问卷中已将调查目的、内容和问题及可供选择的答案均列出，因此，除特殊情况外，无须再详细说明，只需由调查者进行选择回答即可，从而节省了时间，加快了调查进度。特别是现在问卷常采用电子问卷形式，在网络上发放和回答，效率更高。此外问卷调查的结果较少受主试、被试交互作用的影响，问卷调查结果更加容易量化，更容易统计处理和分析。

同时，问卷调查题目设计颇为不易；问卷调查缺乏灵活性，当题目不适合被调查者时，被试只能是猜测、放弃或随机作答，无法调整题目；无法直接观察每个被试者，无法记录被试回答问题时的反应；有的问卷回收率和有效率较低，问卷的效度问题也需要关注，有效性往往存疑。

四

进行法社会学田野调查时，问卷设计的质量对专项调查的成败影响极大。根据调查目的、调查对象、调查方法来设计科学、有效的调查问卷，是一项技术性较强的工作。通常，在问卷设计之前，要初步熟悉和掌握调查对象的特点及调查内容的基本情况，然后结合实际需要与可能，全面、慎重地思考，多方征询意见，把调查问卷设计得科学、实用，以保证取得较好的调查效果。

除了对问卷调查的内容有基础性的认识和把握外，制作问卷的关键在于"妥切性"：①研究目标的妥切性：让回答者相信值得花费时间为有科学价值和社会意义的法与社会研究方案提供帮助。②问题对于研究目标的妥切性：要使回答者意识到，问卷调查不是某种测验，不必顾忌回答会使自己显得很愚蠢；回答无所谓对错，只是一种意见，而且也不署名。③问题对于具体的调查对象的妥切性：对不同的总体（如妇女、男人）使用不同的问卷，花费太大；使用各种称呼［如你（你妻子、你家人）打过官司吗］，容易混乱；使用可略去的列联式问题（如果你回答是肯定的，请略去问题10），对没有经验的调查对象来说用起来有些困难。因此，法社会学田野调查的问卷设计应当考虑到回答者的具体情况。

五

一般而言，法社会学田野调查的问卷的结构和内容包括五方面：

（1）问卷的名称。问卷的名称应简明扼要，概括专项调查的主题，以使被调查者明确主要的调查内容和调查目的。

（2）被调查者的基本情况。所谓被调查者的基本情况，主要是指被调查者的一些主要特征。如对法院进行专项调查，其基本情况是指法院名称、法院地址、法院院长、法院类型、法院人数、受案数量、结案数量等。具体列入多少项目，应根据调查目的、调查要求而定，并非多多益善。如以自然人为调查对象，一般包括被调查者的性别、年龄、居住地、职业、受教育程度等。收入、诉讼经历等根据情况考虑是否列入。受教育程度有几种表达：大学（指大专以上）、中学（指高中、中专、职业高中、技工学校和初中）及小学文化程度、文盲、半文盲人口（指15周岁及15周岁以上不识字或识字很少的人）；文盲、小学、初中、高中、中专、大学；大专及以上、高中、初中、小学、不识字或识字很少。设置这些项目，一是为了满足对调查资料进行分组研究的需要；二是以便进一步了解被调查者情况；三是查询的需要。

（3）调查问卷的主体内容。所谓调查问卷的主体内容，就是调查者所要调查的基本内容，这是调查问卷中最重要的部分。由于采用问卷的形式，所以调查问卷的主体内容应主要是根据调查目的，提出调查的问题和可供选择的答案。调查问卷主体内容设计的好坏，将直接影响整个法社会学调查的价值。调查问卷的主体内容主要包括以下三个方面：一是人们的行为，包括对被调查者本人的行为或通过被调查者了解他人的行为。如对纠纷解决方式进行调查，就要调查具体纠纷行为、纠纷解决方式的选择行为等。二是人们的行为后果。如对交通规则改变的社会效果调查，就要对被调查者调查交通规则的变化对其行为的实际影响、交通规则变化对购买汽车等交通工具的影响、交通规则变化后将如何处理自己的被禁、被限交通工具等。三是人们的态度、意见、感觉、偏好等。如进行禁止燃放烟花爆竹问卷调查，就要调查人们对禁止燃放烟花爆竹的态度、支持禁止燃放烟花爆竹的原因、反对禁止燃放烟花爆竹的理由、对政府及有关部门的要求和建议等。设计调查问卷的主体内容应注意以下两点：一是内容不宜过多、过繁，应根据需要而确定；二是上述三项内容并非每一调查问卷中都要设置，而应根据调查的需要而决定。

（4）作业证明的记载。所谓作业证明的记载，是指要在调查问卷的最后注明调查员的姓名、访问日期、访问时间等。如有必要，还需注明被调查者的姓名、单位或家庭住址、电话等，以便于审核和进一步追踪调查。当然对于涉及被调查者隐私的问卷，则视情况可以考虑上述内容是否不列入。

（5）问卷说明。一份完整的专项调查问卷，还应包括必要的问卷说明，通常包括：调查的目的和意义；指标解释、调查须知及其他事项说明等；如涉及需为被调查者保密的内容，必须指明予以保密，不对外提供等，以消除被调查者的顾虑。

在调查问卷设计中，需要注意以下几点：①问卷要编码。目的是满足专项调查数据处理的需要。对此，切不可忽视；②目的要明确、重点要突出、内容要简洁，避免可有可无的问题；③提问自然、用词准确、通俗易懂、适合被调查者身份，易为被调查者接受与合作；④要充分考虑到分析和研究的需要。

## 六

法社会学田野调查问卷设计中容易出现的问题。在法社会学田野调查的问卷设计中，比较容易出现的问题包括双重意义的问题、含糊不清的问题、逻辑关系问题、措辞表达问题、抽象性问题、诱导性问题、敏感性问题、无意义问题等。下面以"当代中国好法官"问卷设计为例分别进行说明，这些题目除了有说明的以外均为单项选择题。

（1）"一问该两答"的问题：双重意义的问题．意义的问题法社会学调查的问卷中常常见到，主要表现为"和""或"并用，以致答案出现非唯一性的状况。

①题干出现双重意义的问题。题干为用来提出问题的句子或句子主要成分。有的问卷的问题在题干出现双重意义。

**例一：**

您认为法官本人或其亲属能否参加一些与司法无关的经营性事业（　　　）

A. 可以　　　　B. 不可以　　　　C. 无所谓

这一设问的问题在于将"法官本人或其亲属"并列，出现双重对象状况，因而使被调查者无法回答。

**例二：**你认为法官（1）其工作风格？（2）哪几点较好？（　　　）

A. 客观理性，严格依法，不受公众或个人情绪左右

B. 酌情裁量，折中平衡双方权益

C. 根据现实要求主动补足法律漏洞

D. 关注民情舆论，判案受其影响

E. 主观臆断，畸轻畸重

F. 倾向保护弱势一方

G. 其他

本题中，题目中的"（1）其工作风格？（2）哪几点较好？"为明显的一题二问。

②选项答案出现双重意义的问题。

**例一：**你认为法官应具有的学历（　　　　）

A. 高中以上　　B. 大学本科　　　C. 研究生以上

D. 不是最重要的，但应该有一个必要的标准

对此，既可以选择回答"A. 高中以上　B. 大学本科　　C. 研究生以上"之一，也可以同时回答"D. 不是最重要的，但应该有一个必要的标准"，两方面可以并存。

**例二：** 您认为法官与公安干警检察官的职能区别（　　　）

A. 很大，完全不一样　　　　　　　B. 大部分不一样，有一些相同

C. 大部分一样　　　　　　　　　　D. 几乎没有区别，都是打击违法犯罪

这题的 D 项"几乎没有区别，都是打击违法犯罪"就存在问题，被调查者可能同意"几乎没有区别"，但是不同意"都是打击违法犯罪"。

**例三：** 你觉得具有怎样的素质，才能成为你满意的法官（可多选）：（　　　）

A. 政治坚定、职业道德良好

B. 法学理论功底深厚、掌握必要的法律研究方法

C. 社会经验和审判经验丰富

D. 逻辑思维和语言、文字表达能力强

E. 通过统一司法考试

本题中，选项 A "政治坚定、职业道德良好"、选项 B "法学理论功底深厚、掌握必要的法律研究方法"、选项 C "社会经验和审判经验丰富"和选项 D "逻辑思维和语言、文字表达能力强"都是复合的，而非单一的，包含了两层含义。

**例四：** 普遍认为，我国法官在某些方面还存在不足，您觉得最根本的是哪些方面：（　　　）

A. 法律知识　　　B. 办案技术　　　C. 敬业精神与办案效率

D. 廉洁自律　　　E. 社会经验　　　F. 对政策的理解和掌握

G. 法庭上的仪表举止以及对当事人的尊重

H. 遵守社会公德和家庭美德

本题中，"敬业精神与办案效率""法庭上的仪表举止以及对当事人的尊重"有两方面含义。

（2）含糊不清的问题。有关法社会学调查的问卷设计时，往往会出现意义不明、含糊不清的问题。

①年龄、教育水平、职业、地区、民族等出现的问题。

**例一：** 您的职业（　　　）

A. 工人　　　　　B. 农民　　　　　C. 知识分子

D. 商人　　　　　E. 自由职业者　　F. 无业

g. 其他

这一题中，"自由职业者""无业"的理解并不太有公认的看法，被调查者做题时均可能出现分歧。

**例二：** 如果您从事与法律相关的职业，那么是（　　　）

A. 从事审判工作的法官　　　　　B. 法院从事非审判工作的人员

C. 检察官　　　　　　　　　　　D. 律师

E. 法律教师和研究工作者　　　　F. 法律专业学生

G. 警官　　　　　　　　　　　　H. 司法局干部

I. 司法鉴定专家　　　　　　　　J. 人民调解员

K. 法律知识爱好者

例二中，除了存在互相包含问题外，"司法鉴定专家""法律知识爱好者"等都比较模糊，范围并不非常清楚和确定。

②用词含糊。问卷中的用词不清晰。

**例一：** 好法官的道德水平应达到（　　　）

A. 当地平均水平　　　　　　　　B. 略超过当地人的平均水平

C. 成为道德表率

这一题中，"平均""略""道德表率"等用词比较含糊。

**例二：** 你认为中国的好法官在政治品质上应当？（　　　）

A. 不涉政治，保持中立　　　　　B. 关心政治，坚持党性

C. 说不清

该题选项中的"党性"不太容易说清楚、难为普通的被调查者所理解。

**例三：** 你认为好法官是否应在媒体和公众中频频"露脸"（　　　）

1. 可以　　　　2. 不应该　　　　3. 影响不大

例三中的"媒体和公众"是两个不同范围的词，加上"频频"可能令被调查者更难回答。

**例四**：你认为作为一名优秀女法官在日常生活中可否穿着性感、打扮入时。

A. 没问题　　　　B. 不妥

上题中，何为"性感"？何为"打扮入时"？一百个被调查者可能有一百个理解。

**例五**：你认为好法官更应具备：（　　　）
A. 雄辩的口才　　B. 内敛、简洁但有力的言语

"雄辩的口才""内敛、简洁但有力的言语"太模糊，应当在问卷中慎用形容词。

③用词过专。有时因为用词过于生僻、专业、专门而导致理解不一，因此在法社会学田野调查问卷设计时应避免使用俚语、太文绉绉之词。

**例一**：您觉得法院（　　　）
A. 是社会利益归属的最终独立裁判者
B. 是党和政府维护社会稳定的部门
C. 是一个普通的公务员机关而已
D. 是可有可无的一般单位

本题中，如果针对社会普通民众进行调查，选项 A "社会利益归属的最终独立裁判者"就过于专业，难为被调查者所理解。

**例二**：请为以下几种职业人士按照你心目中"好"的标准排序：（降序排列）
①法官；②刑事辩护律师；③法学教授；④检察官；⑤公司法律顾问，排序为

题目的说明"降序排列"，比较专门，说明文字也会引起理解不一的

问题。

（3）逻辑关系问题。逻辑上的问题颇为多见，进行法社会学的问卷设计时需要避免。

①包容而非并列。题干或者选择项存在交叉部分，从而令被调查者无从下手。

**例一**：您觉得转业军人能否直接进法院？
A. 可以　　　　　　　　　　B. 只要具有一定文化素质都可以
C. 必须具备法律知识才可以　　D. 不可以，要进必须通过专门考核

这一题目中，A项"可以"与B"只要具有一定文化素质都可以"非并列关系，逻辑上存在问题。

**例二**：法官在审理案件时应该努力做到让各方面都满意，但事实上这是很困难的，如果以下几个方面存在矛盾，你认为一个好法官应该优先考虑哪一方利益？
A. 让当事人满意　　　　　　B. 让人民满意
C. 让政府满意　　　　　　　D. 严格依法办案，不考虑任何利益

选项A"让当事人满意"与选项B"让人民满意"为互相包含关系，当事人难道非为人民之列？另外，选项D也有问题，严格依法办案就不考虑任何利益？显然这样的判断不能成立。

②不一而非同一。问卷的题目存在不同分类同时并存的情况。

**例一**：您的任职情况：
（1）所在法院级别：A. 基层　B. 中级　C. 高级　D. 最高
（2）岗位职责属性：A. 民事　B. 刑事　C. 行政　D. 知识产权
E. 经济　F. 海事　G. 军事　H. 铁路　I. 其他（请写明）

上题中第二问就存在逻辑问题，军事法院、铁路法院也有审理刑事案件、民事案件的法官，所列选项逻辑上并不一致。

**例二**：如果您从事与法律相关的职业，那么是（　　　　）

A. 从事审判工作的法官　　　　　B. 法院从事非审判工作的人员

C. 检察官　　　　　　　　　　　D. 律师

E. 法律教师和研究工作者　　　　F. 法律专业学生

G. 警官　　　　　　　　　　　　H. 司法局干部

I. 司法鉴定专家　　　　　　　　J. 人民调解员

K. 法律知识爱好者

例二中，"警官"与"司法局干部"可能重合；"司法鉴定专家"也可能与"法院从事非审判工作的人员""检察官""法律教师和研究工作者"重合，因此本题的选择答案不是一致的、同一层面的。

**例三：**您觉得法官在民事案件中能否事先和当事人接触？（　　　）

A. 能够而且应该　　　　　　　　B. 为了办案需要可以适当接触

C. 没有特殊情况不能接触　　　　D. 无论什么情况都不可以

上题选择项的 B 项"为了办案需要可以适当接触"专门强调"为了办案需要"而其他几项就没有，显然四个选项不在同一逻辑层面。

**例四：**你认为好法官应该具备怎样的职业道德：（　　　）

A. 公正无私　　　　　　　　　　B. 廉洁自律

C. 符合《法官职业道德基本准则》D. 其他

这一题的答案既有一般的又有具体的、既有总括的又有列举的，明显存在逻辑问题。

③缺漏而非详尽。问卷的选择项存在缺失、空漏，没有概括完整。

**例一：**您如何看待，开庭时法官打断或制止当事人或其他诉讼参与人发言的行为？

A. 不能打断或制止，要保障当事人陈述的权利

B. 不得任意打断或制止，但为了维护法庭秩序或审判需要时可以

这一题目中，"不能打断或制止，要保障当事人陈述的权利""不得任意打断或制止，但为了维护法庭秩序或审判需要时可以"仅仅表明了两种情况，

应该还有其他情况如"不知道"等。

**例二**：你认为入选好法官学历很重要（　　）

A. 是的　　　　　B. 不一定

对本题的回答还应该有"不是"等，存在缺漏，否则答案就不完整。

④题不对问。问卷的选择项与题干设问不一致。

**例一**：你认为现在有哪些原因导致法官不能更好地审理案件：（　　　）

A. 法官素质不高，队伍良莠不齐

B. 司法不独立

C. 法院内部的制度机制的不完善

D. 人们不选择法院作为解决纠纷的机制

例一的 D 项"人们不选择法院作为解决纠纷的机制"不在题目"导致法官不能更好地审理案件"的原因内，答非所问，这样就导致整个题目无效。

**例二**：你认为要成为一个合格的法官，以下几种职业能力中哪种是最重要的？

A. 在正规的法学院受过专门的法学训练

B. 有长期的法律实践工作经验

C. 有丰富的常人智慧，善于调解纠纷

D. 其他_____（如果对以上答案都不满意，请填写您认为最重要的职业能力）

上题的选择项中，"在正规的法学院受过专门的法学训练"为学习经历；"有长期的法律实践工作经验"为工作经历，这两方面均不属于职业能力范畴，不符合题干要求。

**例三**：您认为好法官在分析判断案情时应：（多选）

A. 充分了解律师的意见，不只限于庭审时

B. 只在庭审时听取律师的意见

C. 独立分析判断案情

D. 与其他法官讨论案情

E. 其他

上题中，"充分了解律师的意见，不只限于庭审时"和"只在庭审时听取律师的意见"与"独立分析判断案情""与其他法官讨论案情"为两个问题，而题目要求的是分析判断案情，并不对应。此题虽为多选题，但是题目的问题仍然存在。

（4）措词、表述问题。设计法社会学田野调查的问卷时，应当注意所使用的词汇的难度、语言的规范程度、是否使用了俚语或俗语等。

①专业词汇问题。从调查对象的情况出发，法社会学田野调查的问卷语言要简洁，尽量不用专业词汇。

**例一**：一位好法官在"无法可依"时，是否应该主动"发现法律"？

1. 应该　　　　2. 不应该

此题中，什么是"发现法律"？怎样理解"发现法律"？这远远超出了一般被调查者的知识范围。

**例二**：好法官的职业素养和工作风格？（　　　）

A. 法律专业知识扎实　　　　B. 职业经验丰富

C. 依法办事　　　　D. 客观理性，严格依法，不受公众或个人情绪左右

E. 酌情裁量，折中平衡双方权益　　F. 根据现实要求主动补足法律漏洞

G. 关注民情舆论，判案受其影响　　F. 倾向保护弱势一方

G. 其他（请写明）

例二中，"法律漏洞"为非常专门的法律术语，有其特定的含义，非经过法学专业训练的人极难理解，应当避免使用。

**例三**：您认为，若某案件一方当事人举证甚为困难，经多方搜求，在举证期限届满后第二日提交证据，则法官是否应当采纳该证据？

A. 是　　　　B. 否

这一题目中，出现了多个专业名词，如"举证""举证期限""届满"等，超出一般人的常识范围，将会影响问卷的有效性。

②贬义用词。法社会学田野调查的问卷用词宜中性，不应该出现贬义词。

**例一**：您的个性特点：（　　　）

A. 刚烈正直，富于激情　　　　　B. 谦和中庸

C. 冷静理性　　　　　　　　　　D. 主观情绪化明显

E. 冷酷不通人情　　　　　　　　F. 暴躁

G. 唯利是图　　　　　　　　　　H. 作威作福

I. 私生活不检点　　　　　　　　J. 人格猥琐，无道德底

K. 平庸，无明显个性特征　　　　L. 其他（请写明）

本题的答案中，"冷酷不通人情""暴躁""唯利是图""作威作福""私生活不检点""人格猥琐，无道德底线""平庸"等均为贬义用词。在法社会学田野调查的问卷中，不应该问"你家里有人包'二奶'吗""你家里的纠纷是否因为'二奶'而引起"等，避免使用具有反面性倾向的词。

③表达欠缺。有的法社会学田野调查的问卷存在表达不完整的问题。

**例一**：您现在在哪里工作：（　　　）

A. 城市　　　　　B. 农村　　　　　C. 往返于城市和农村

例一C项"往返于城市和农村"需要推敲。这是一个过程而非具体地点，答案C项没有表达完整的意思。

**例二**：您认为法官的最重要的社会功能是（可多选）：

A. 审判功能　　　　　　　　　　B. 普法功能

C. 表率作用　　　　　　　　　　D. 参与立法，推动国家法治建设

E. 其他

上面这一题目的表达需要修改，"法官的最重要的社会功能"不通，法官为社会角色，通常表述为法官作用、法院功能。这可能与问卷设计者的司法背景知识不足有关。

**例三**：以下两种法官，你认为哪种更符合好法官的标准？（　　）

A. 主动上门揽案　　B. 坚持不告不理　　C. 说不清

上题中，答案 A 项应改为"主动上门揽案的法官"；答案 B 项应改为"坚持不告不理的法官"，否则表达不完整。

④俚语、俗语问题。通常情况下，法社会学问卷边缘出现俚语、俗语。

**例一**：您认为一个案件中法官怎样做才能达到"公正"（　　）注：本题可复选

A. 以证据为事实依据，严格依法裁决

B. 铁面无私，不顾人情

C. 对无法查明的事实，凭良心去推定，作出有利于受害人或弱者一方的裁决

D. 积极在当事人之间斡旋调解，使当事人之间能够在判决之前达成和解

E. 相信"群众的眼睛是雪亮的"，了解群众的心声，惩罚恶人，保护好人

F. 对值得同情的弱者，可以超出法律规定予以合理救济

本题 E 项出现了"群众的眼睛是雪亮的"这一俗语，影响了问卷的科学性。

（5）抽象性问题。"你觉得正义吗？非常正义、一般正义、不正义"等的可信度比较低，因此在法社会学田野调查的问卷设计时，问题应尽量提到具体的、特定的问题，避免存在抽象性问题。

**例一**：好法官的职业素养和工作风格？（　　）

A. 法律专业知识扎实

B. 职业经验丰富

C. 依法办事

D. 客观理性，严格依法，不受公众或个人情绪左右

E. 酌情裁量，折中平衡双方权益

F. 根据现实要求主动补足法律漏洞

G. 关注民情舆论，判案受其影响

F. 倾向保护弱势一方

G. 其他（请写明）

上面题目的选择项中，"客观理性""酌情裁量""折中平衡""主动补足""法律漏洞""民情舆论""弱势"等词均比较抽象。

**例二**：您对于现在学者对于法官形象的论述是否赞同

A. 非常赞成　　B. 部分可行　　C. 不切实际　　D. 不太清楚

这一题目中，学者对于法官形象有什么论述，这样的设问相当广泛和抽象，留下非常大的理解空间，被调查者很难保持同一理解，回答就会缺乏统计学的意义。

**例三**：您认为，在审理案件时，法官是否会以自己的价值倾向、道德观念、政策趋向等为依据来解释和适用法律？

A. 是　　　　B. 否

这一题也比较抽象，"价值倾向""道德观念""政策趋向"的含义都较不确定。

（6）诱导性问题

在法社会学的调查问卷设计时，应注意客观的立场、以最中立的方式进行，注意避免出现诱导性、倾向性的问题，如不应问"你打过官司，是吗？"而应问"你打过官司吗？"

①设问诱导。在题干部分，不应该出现明显有倾向性的表达。

**例一**：在农村，作为好法官是否应主动"送法下乡"？

A. 应该　　　　B. 不应该

这一题目有一定的暗示性，使被调查者自然而然地认为"在农村"当然应该主动"送法下乡"。

**例二**：您认为，法官是否应当告诫其家庭成员不为有损法官形象的行为？

A. 是　　　　B. 否

您认为，法官是否应当具备丰富的社会经验和对社会现实的深刻认识？

A. 是　　　　　B. 否

您认为，法官是否应当进行教育培训以提高各项司法技能和业务素质？

A. 是　　　　　B. 否

您认为，法官"八小时"之外的活动是否也要受到一定的约束和规范？

A. 是　　　　　B. 否

例二中的这几个设问，都相当程度地表达了设计者的主观倾向和某种期待，对被调查者有一定的诱导，被调查者很难选择回答"否"。

②结构诱导。问卷的具体结构有暗示性。

**例一**：你认为法官办案时应该站在什么立场上？

（1）A. 国家法律　　B. 党和政府的政策　　C. 社会正义　　D. 公众舆论

（2）如果要综合考量以上四个方面，你认为好法官应该如何权衡轻重？

＿＿＿＿＿（按从重到轻排列）

本题的诱导是从题目的结构体现出来的。被调查者可从第二问而受到暗示第一问无法进行唯一性选择，从而否定第一问的意义。

（7）敏感性问题。进行法社会学田野调查的问卷调查时，问卷需要注意敏感性问题、威胁性问题。政治问题、性关系之类的敏感性或威胁性问题，或自杀、赌博之类的禁忌性问题的回答总是一样的，即使对特定的回答者来说这是些不正确的回答，这被称为社会赞许性偏见。

**例一**：你认为作为一名优秀法官可否为同性恋者？（　　）

A. 没问题　　　　B. 不妥

在当代中国，同性恋还是个比较敏感的话题，为典型的个人隐私问题，调查所问"优秀法官可否是同性恋者"很难获得客观的答案。

由于法社会学田野调查的问卷调查往往会涉及一些敏感性问题，宜从以下四方面考虑妥善处理和解决：①需要被调查者承认犯有社会所讨厌的行为的问题，应当假定他犯有那种行为，并使他不得不在确实未犯有该行为（或虽犯有该行为却不愿承认）时加以否认，而不使回答者在确实犯有那种行为时容易地说自己并未犯有那种行为。如"作为民庭法官的你训斥当事人吗？训斥、不训斥——如训斥，多久一次？一周一次？一月一次？每天一次？"而为："作为民庭法官的你多久训斥当事人一次吗？一周一次？一月一次？每天一次？从不？"②假定对规范无一致意见。如问："有些法官认为不应该训斥当事人而其他一些法官医生则认为应该训斥当事人，你认为如何？"③指出该行为不是异常的而是普遍有的，即使它可能违反规范。如问："多数法官不时地训斥当事人，你呢？"④使用委婉词，打官司的人——原告、被告。

（8）无意义的问题。进行法社会学田野调查的问卷调查时，问卷应该注意常识性、知识性、科学性问题，避免出现无意义的问题。

①知识性问题。问卷中的题目出现知识性错误，该题就无效。

例一：你认为法官应该受到怎样的监督：（　　　）

A. 法院内部监督　　　　　　　B. 群众监督

C. 人大等权力机构监督　　　　D. 检察院监督

这一题目中，C选择项"人大等权力机构监督"存在知识性问题。我国除了人大外，还有其他权力机构？问卷设计者的意思是还有人大常委会这一权力机构。这里有认识问题，人大常委会是人大的常设机构，不是独立的一个机构。

②技术性问题。问卷本身出现技术性错误。

例一：法官除了做好本职工作外，在生活中您认为做好下列哪些最为重要：

A. 遵守社会公德和家庭道德

B. 遵守社会秩序

C. 谨慎出入社交场合，谨慎交友

D. 不参加带有邪教性质的组织

E. 保护审判工作秘密

F. 不参加营利性社团组织

G. 谨慎发表文章和接受采访

上题中，单选题出来"哪些"？显然出现问题了。此外，选择项不全，表达不完整，至少应有"其他"这样的空白项。

**例二：**您觉得法官平时该不该和社会大众接触？
A. 应该，法官和平常人完全一样　　B. 应有一些限制
C. 应尽可能地少打交道　　　　　　D. 应保持隔离

例二中，B 与 C 两选项基本上为同样的含义，这一题目就成为废题，没有意义。

**例三：**您更喜欢和哪种法官打交道：（　　）
A. 男法官　　　　　　　　　　　B. 女法官
您在上题中选择的原因是这种法官更：（　　）
A. 公正严明　　　　　　　　　　B. 刚直不阿
C. 知法懂法　　　　　　　　　　D. 通情达理
E. 都不是

上题中，如选择"都不是"，则这二题无任何意义；修改为"其他"，则题目才有意义。

③常识性问题。法社会学的问卷不应该出现常识性错误，以免问卷无效。

**例一：**你认为一位好法官多长时间应进行一次系统再学习和知识更新（　　）
A. 一年　　　　B. 两年　　　　　C. 三年及以上

在现实情况下，法院不可能一年、两年乃至三年就给法官系统再学习的机会，应当设定在五年、十年这样时间段为好。

**例二：**你认为在我国法院系统中，哪一级法院法官素质最高？
A. 基层法院　　B. 中院　　　　C. 省高院　　　　d. 最高院

这题其实很难比较，比较的基础比较薄弱，因此从常识角度题目的可分析意义不大。另外，不宜口语化表达，应该为"基层人民法院""中级人民法院""高级人民法院""最高人民法院"这样完整表达。

例三："包公"作为法官的主要品质有如下几点，你认为哪些是今天的法官仍应该具备的？（多选）（　　）

A. 刚直不阿　　B. 铁面无私　　　C. 清正廉洁

D. 忠于君主　　E. 体恤民情

本题中，D 项"忠于君主"通常不会选，基本上没有意义。

## 七

法社会学田野调查问卷设计的若干建议。法社会学田野调查的问卷调查关键是有科学的调查问卷。而进行法社会学田野调查的问卷设计，需要全面的能力，尤其需要注意以下几方面：

（1）理论准备。对调查的法社会学对象、领域、范围应当进行认真、全面的理论准备，查阅相关的资料，了解基本的观点。如进行"当代中国优秀法官"的调查，就应当对"法官""中国法官""中国优秀法官"有基本的认识，把握法官的特质，从而知悉调查的重点和难点，为问卷调查的成功奠定基础。

（2）明确对象。法社会学田野调查的问卷调查需要根据研究方向、调查目的确定调查对象，再根据对象有针对性地进行问卷设计，保障问卷的有效。如调查的对象为法官还是法律工作者或是当事人、普通民众，他们对"当代中国优秀法官"的理解和认识各有差异，因此问卷设计时，不同的对象就宜有不同的侧重点。

（3）内容全面。问卷调查应当包括事实与态度两方面，以事实为主，不应遗漏主要方面。如进行"当代中国优秀法官"问卷调查，内容就需要包括优秀法官的政治立场、道德品行、职业态度、职业能力等。必要时可以通过举例进行设问，如以调查对象熟悉的知名人物为例进行问卷设计。

（4）注意表达。需要注意不出现逻辑、文字方面的错误。

## 八

问卷调查需要重视问卷的发放、填写和回收。问卷调查有全面调查、抽样调查和随机调查等，问卷的发放要求也有所不同。随机调查的发放要求最低。

法社会学田野调查的问卷一般有纸质文本和电子文档两种。纸质文本的问卷发放可以采取集中、分散或邮寄的方法，而电子文档的问卷发放主要是通过网上进行，两者的关键都在于对被调查者讲清问卷调查的目的与意义，使他们能主动地进行配合。要确保问卷的填写在独立情况下完成，保证问卷的真实、有效。

问卷的发放和回收的方式包括当面发放回收、邮寄调查问卷和网上发放问卷等。当面发放和回收是最有效的问卷发放、回收方式，可由调查者自己进行，也可委托其他人协助进行。如调查者自己发放时，被调查者如有不明白的问题可以当场提问和得到解答，易于取得被调查者的信任和合作，并能够发现深入访谈的对象。当面发放和回收要注意防止被调查者们在集体场合下填写问卷时的相互干扰。邮寄调查问卷现在并不多用。这一方式可用于远距离的调查。除了调查问卷，还需要给被调查者附上寄回问卷用的空白信封和邮票。不过该方式对被调查者的影响力较低，因此建议在信封里附上一封感谢信或者附上相关专家或有影响力人士的推荐信，以便提高问卷的回收率。网上发放问卷是现代技术信息化的产物，拥有比邮寄调查问卷更为便捷的长处，而且数据可以立即计算机化，去除了输入数据的工作量以及输入时可能出现的人为错误，缺点是网上问卷调查时被调查者无法和调查者直接沟通。问卷发放时是否给被调查者小礼物、小红包或者小额现金或者其他优惠，以作误工补贴，这不可一概而论，看具体情况。即使给，也不宜数额过高，防止有人仅为获得礼品、现金而专门、多次回答问卷。

我个人体会，由于被调查者受自身素质影响和对问卷调查的支持、配合的不同，对问卷填写的认真程度就有差异，结果也会千差万别，这会在一定程度上影响问卷的回收率，直接影响问卷的信度和效度。

对回收的问卷，在剔除无效问卷的同时要统计有效问卷的回收率。保持一个较高的问卷回收率（即有效问卷率），是法社会学调查获得真实可靠资料的保证。通常情况下，回收率如果仅有30%左右，资料只能作参考；50%以上，可以采纳建议；当回收率达到70%以上时，方可作为研究结论的依据。因此，问卷的回收率一般不应少于70%。

通常情况下，影响法社会学田野调查的问卷回收率的主要因素包括回收问卷的有效程度、调查组织工作的严密程度、调查课题的吸引力、问卷填写的难易程度和问卷回收的可控制程度等。据统计，邮寄问卷的回收率为 30 ~ 60%，而当面发送问卷的回收率则可达到 80 ~ 90%，并且当面发送并回收，可以检查问卷是否有空填、漏填或明显的错误，以便能够及时更正，保证问卷较高的有效性。因此，要想提高问卷调查的问卷回收率，必须设计出短小、精练、有吸引力、填答容易的问卷，最好使用当面发放问卷的方法。

## 九

法社会学田野调查的问卷调查很难，最难在问卷设计。同时，我国民众在配合调查、认真回答方面也没有形成风气，不少填答敷衍了事，并不能反映真实情况，问卷的有效性值得考虑，所得资料缺乏可用、可分析价值。因此调查者需要全面认识问卷的特点和问卷调查的特点，客观理解问卷调查在法社会学田野调查中的地位和功能，努力提高问卷设计的能力，不断提升问卷调查和分析的水平。

2022 年 8 月 21 日记

# 9

# 个案调查

## 一、我的个案调查

个案为个别的、特殊的案件或事例，为某一事件相关信息的总和。个案调查为对单个对象的特定行为或问题进行了解和探析。[1]在法社会学田野调查中，需要充分重视个案调查。

我自己在法社会学田野调查的这四十多年中，非常重视个案调查，调查基本上以个案为主，围绕个案进行法社会学田野调查和思考。

在基层司法方面，我与周伟平、姜振业合著于 2009 年出版的《乡土司法——社会变迁中的杨村人民法庭实证分析》（法律出版社），是对河北省的杨村人民法庭进行田野调查后的实证分析；与左炬、黄宇宁合著于 2009 年出版的《政治司法——1949～1961 年的华县人民法院》（法律出版社），是对1949—1961 年的河北省华县人民法院进行田野调查后的个案探讨。

在习惯法方面，2015 年出版的《习惯法的当代传承与弘扬》（中国人民大学出版社）为来自广西金秀的田野考察报告；2018 年的《村规民约传承固有习惯法研究》（湘潭大学出版社）是以广西金秀瑶族为对象；2018 年出版

---

[1] 有人认为个案调查运用的是个案研究方法。个案研究方法是追踪研究某一特定的社会文化活动的一种科学研究方法，尤指对某一个体、集体或群体在较长的时间段里进行持续观察和深入调查，全面了解其行为的发展变化过程，进而分析和认识其行为动因和规律的研究方法，亦称案例研究法、个案历史法。参见许春清：《论民族法学之"个案研究方法"》，载《西北民族大学学报（哲学社会科学版）》2015 年第 2 期。据学者观察，个案调查、研究进入社会科学研究方法体系已有近二百年的历史，一般将 1829 年法国社会学家利普雷（Frederic LePlay）开展的家计调查视为个案研究的雏形。参见曾东霞、董海军：《个案研究的代表性类型评析》，载《公共行政评论》2018 年第 5 期。

的《通过村规民约的乡村社会治理》（湘潭大学出版社）是在田野调查的基础上对当代锦屏苗侗地区村规民约功能的研究；2021 年出版的《生活中的法》（清华大学出版社）是以个案形式呈现的当代中国习惯法素描；2022 年出版的《当代中国习惯法的承继和变迁》（中国政法大学出版社）为以浙东蒋村为对象的田野调查和思考。

在乡土法杰方面，我主编的《乡土法杰》丛书除了一辑之外，对象均为个人，至今访问了六位，包括《桂瑶头人盘振武》（高其才，中国政法大学出版社 2013 年版）、《洞庭乡人何培金》（高其才、何心，中国政法大学出版社 2013 年版）、《浙中村夫王玉龙》（高其才、王凯，中国政法大学出版社 2013 年版）、《滇东好人张荣德》（卢燕，中国政法大学出版社 2014 年版）、《陇原乡老马伊德勒斯》（高其才、马敬，中国政法大学出版社 2014 年版）、《鄂东族老刘克龙》（高其才、刘舟祺，中国政法大学出版社 2017 年版）等。

在乡村治理方面，我与池建华等合著于 2021 年出版的《走向乡村善治：乡村治理体系研究》（中国政法大学出版社）是以田野调查为基础、主要以个案为对象的思考；我与张华、池建华合著于 2022 年出版的《走向村居良法善治——广东省惠州市村居法治建设实践》（中国政法大学出版社）是在调查广东省惠州市村居法治建设实践基础上的探讨；我与张华、李明道合著于 2023 年出版的《基层和美治理实现方式探究——基于大亚湾区本土社会规范的视角》（中国政法大学出版社）是在田野调查基础上基于大亚湾区本土社会规范视角的分析。

我的这些法社会学田野调查及成果，有以广西金秀这样的一个县域为个案对象，有以蒋村这样的一个村为对象；具体而言则多以一个案件、一个事件、一位个人为个案对象。我主要通过对个案的田野调查展现法社会学的主题和魅力。

## 二、个案调查特点

关于法社会学个案的田野调查，我在主编的《中国司法研究》书系的"总序"中有这样的叙述：

1. 通过微观认识宏观。微观研究强调对个体和小群体的考察，关注个体的自由和活力，人们总是处在创造、改变他们的生活世界的过程中。微观研究固然存在结论普适性、理论一般性等问题，但是微观研究范围较小、对象明确，具有较强的应用性、灵活性和单一性，微观研究有助于摆脱既有的规范信念。个体是整体的一部分，通过具体的个案样本分析中国司法的一般规律，发现中国司法的整体状况，探讨中国司法的结构，能够避免宏大研究的抽象、空泛，具有直观性、丰富性和说服力。

在《习惯法的当代传承与弘扬》的"导言"中，我也有类似的看法：

3. 以个案活动为对象。本书的调查、讨论主要以金秀瑶族的各种习惯法活动为主要对象，如"做社"、互助建房、"众节"、打茅标、结婚、丧葬、度戒、立石牌、"泼粪"、"挂红"、"烧香赌咒"等活动。我尽可能通过多种方式获取金秀的各种习惯法方面的活动消息，想方设法及时到达活动现场，亲身参加具体的习惯法活动，观察个案活动的整个过程，访问个案事件的当事人和旁观者，通过具体个案思考瑶族习惯法的当代意义。

在《"乡土法杰"缘起》中，我的认识也大致相似：

我选择生活在中国社会底层的在世乡土精英列入本系列作为传主。他们现在或生活在农村，或生活在城镇，正直、热心、善良、能干、自信是他们的共同特点。他们非常熟悉乡土规范，广泛参与民间活动，热心调解社会纠纷。他们是乡村社会规范的创制者、总结者、传承者，是草根立法者、民众法学家。他们作风正派，办事公道，能力突出，影响深远，口碑良好。这些人是一些有着独特个性、富有担当、充满活力的人。他们给人以温暖，给社区带来温情，让弱者有安全感。他们是平凡人，自然也有自身的缺点和不足。这些有血有肉的乡土法人深受固有规范的影响，身上流淌着华夏儿女的血液，他们的所思所为系维着中华文明的根脉。本系列力求表达民间社区法人的独特人生、民间智慧者的法事生活、特定社区的秩序维持、中国普通人的文化情怀。

综合以上的认识，我认为法社会学田野调查中的个案调查有这样四方面特点：

第一，鲜活、生动。在法社会学视域下，个案调查的对象为一件件案件、一个个事例、一位位人士，为现实法生活中实际发生的现象和客观存在的人物，具有形象性。这些是活生生的事件、活生生的当事人，事件有因有果，人物有血有肉，呈现出生动、鲜活的形态。在法社会学田野调查的个案调查中，重点关注的是具有实际效力的法规范，为生活中民众所实际遵循的"活法"。个案表现出一种"活力"，个案调查要了解、表达和理解这种活力。

第二，具体、直观。法社会学田野调查中的个案调查围绕具体的个案而展开，个案调查的方式具有独特性。个案调查的个案是特定的、确定的客观实在，非为抽象、笼统地存在。个案调查的方式针对个案的特点而确定。法社会学田野调查者有目的地就个案事实进行调查，主要通过现场的参与式观察和非参与式观察进行，通过直接接触得到感性认识，重在亲临个案现场以获得第一手材料和现场感受，进而进行理性思考和理论概括，这显现个案调查者的能力。

第三，微观、细节。进行法社会学的个案调查时，调查者重视细节、关注微观，逐步展开调查，调查过程具有渐进性。在个案调查时，调查者由小到大、由细至粗、从微达全，观察个案发生、发展的全过程，发现起关键作用的细小环节，把握个案决定性的方面，完整地呈现个案的来龙去脉、前因后果，呈现个案的魅力。

第四，详细、深入。法社会学的个案调查因对象确定、内容明确而可做深入观察、深度访谈、深刻交流，个案调查的结果具有深度性。个案调查能够围绕具体的个案进行详细的、全面的了解，详细描述某一具体法对象的全貌，了解法事件发展、变化的全过程，由表及里、由外而内、由事而理地描述个案的法内容和法意义，透彻地分析个案体现的法运行，揭示个案蕴涵的法价值，展现个案的影响力。[1]

法社会学田野调查中的个案调查的最大优势是可以对调查对象进行全面的、深入的、系统的调查研究，既可历史地也可现实地弄清楚调查对象的来龙去脉，又可以追踪其发展变化的情况，掌握其规律，全面、具体、深入地把握个案的全貌。

---

[1] 学者们对个案研究特点的归纳虽各有侧重，但一般均强调研究范围的整体性、研究内容的深入性、研究方法的综合性、研究视角的双重性。参见张勤：《近代司法研究的个案方法及其运用》，载《国家检察官学院学报》2019 年第 4 期。

### 三、理解个案调查

对法社会学田野调查中的个案调查，需要从个别与一般、部分与整体、具体与抽象、客观与主观等方面进行思考，全面理解个案调查，为实际进行个案调查奠定基础。

1. 个别与一般。个案为个别，个案调查虽为个别调查但是能够体现一般，因此法社会学田野调查中的个案调查具有代表一般的意义，具有一定的代表性。[1]

个案调查能够发现个案这一单个的具体事物的个性，揭示个案的特殊性，展现个案的丰富性，呈现法规范和法秩序的多样性。任何一般都是个别的一部分、一方面或者本质的方面，而不能包括个别的全部；任何个别都不能完全进入一般，个别比一般更丰富。因此法社会学的个案调查在描述、探究法个案的个性的同时，也在表达法现象的一般特征、共同特点和本质属性，体现寓于法个案之中的法的一般特性。

虽然个别的东西是现实的具体事物，个别不能全部被一般所包括，任何一般只是大致地体现个别，但是任何个别一定与一般相联系，纯粹的个别是没有的。故法个案与法一般是相互依存进而是相互蕴涵的。从法个案可以知悉法一般，认识法一般离不开法个案，两者不可分割。我们可以认为法的多样性和统一性具有辩证关系，法的个别和一般、法的普遍和特殊、法的共性和个性在某种意义上是一致的、相等的，由此法社会学田野调查中的个案调查在把握法的一般规律方面具有特殊意义。

不过，法社会学调查者需要注意到，作为个别和特殊，个案对象虽然可以在一定程度上反映一般，但个案调查主要是调查研究"个别""这一个"和"特殊"问题的解决方法，故此，不能简单地用解决个案问题的方法去解决

---

〔1〕 任何一项社会科学的研究，都免不了受两个基本问题的"诱惑"，一是求"真"，就是探寻生活中真实的社会存在；二是求"全"，生活的真实若不能说明社会全体的脉络和逻辑，自然就不是"社会"科学的。对求"全"的渴望，常常使个案研究陷入"代表性问题"的困境。参见渠敬东：《迈向社会全体的个案研究》，载《社会》2019年第1期。其实个案不是统计样本，所以它并不一定需要具有代表性。个案调查、研究实质上是通过对某个（或几个）案例的研究来达到对某一类现象的认识，而不是达到对一个总体的认识。至于这一类现象的范围有多大、它涵盖了多少个体，则是不清楚的也不是个案调查、研究所能回答的问题。参见王宁：《代表性还是典型性？——个案的属性与个案研究方法的逻辑基础》，载《社会学研究》2002年第5期。

"面"上的问题。法社会学田野调查中的个案调查只能为解决"面"上问题提供一定的借鉴。[1]

2. 部分与整体。部分是指组成有机统一体的各个方面、要素及其发展全过程的某一个阶段。整体是指由事物的各内在要素相互联系构成的有机统一体及其发展的全过程。个案调查为对法部分的调查,但法部分为法整体的一个构成,因此法社会学田野调查中的个案调查具有一定的典型性,在把握法整体方面具有积极价值。个案调查和研究,既是通过个性研究来寻找共性(即典型性),又是通过个性研究来揭示个案的独特性。个案调查和研究因而具有典型性和独特性这双重属性。[2]

个案调查是通过对作为部分的法的了解来展现整体法的样貌。法个案作为部分是法整体中的某个或某些要素。世界上的一切事物、一切过程都可以分解为若干部分,整体是由它的各个部分构成的,它不能先于或脱离其部分而存在,没有部分就无所谓整体。据此法个案反映法整体。因此法社会学的个案调查是在了解组成整体的法部分的基础上理解法整体,通过描述法个案、分析法个案来认识法整体。

就通常情况而言,部分制约整体,关键部分的功能及其变化甚至对整体的功能起决定作用。由之,法社会学田野调查的个案调查有助于理解法个案的特点和功能,探讨对法整体有着关键意义的法部分,进而认识整体的法。我们可以认为法的可分性和统一性具有辩证关系,法的部分与法的整体不可分割、相互影响。通过法社会学的个案调查,理解法现象的部分并通过法部分探究法整体所呈现的特有属性和特有规律。

3. 具体与抽象。具体为特定的、明确的事物或状态,抽象是从众多的具体事物中抽取出共同的、本质性的特征,而舍弃其非本质的特征的过程。法社会学田野调查中的个案调查是对具体案件、事件、人物等法现象的了解,是进行法抽象、提出法理论的基础。个案调查所呈现的详实性,使法社会学

---

[1] 个案调查、研究如何摆脱微观场景的限制,迈向宏大景观? 即如何走出个案? 在个案调查、研究的发展史上,研究者对这个问题有四种应对方法,分别是超越个案的概括——类型学的研究范式、个案中的概括——人类学的解决方式、分析性概括以及扩展个案方法。参见卢晖临、李雪:《如何走出个案——从个案研究到扩展个案研究》,载《中国社会科学》2007 年第 1 期。

[2] 王宁:《代表性还是典型性? ——个案的属性与个案研究方法的逻辑基础》,载《社会学研究》2002 年第 5 期。

田野调查在进行由多样至一元的理论抽象方面具有特殊价值。

　　一般而言，抽象不能脱离具体而独自存在，抽象是人们在具体实践的基础上，对于丰富的感性材料通过去粗取精、去伪存真、由此及彼、由表及里地加工制作，形成概念、判断、推理等思维形式，以反映事物的本质和规律。[1]法社会学田野调查中的个案调查针对具体的法规则、法运行、法纠纷等进行详细调查，形成感性的具体的法的认知，在此基础上进行同类概括、综合思考、理论分析，从中提取出公共的、本质的特征，提炼出一般的法概念。个案调查是区分开法的偶然的、现象的方面和法的必然的、本质的方面，并形成关于法整体认识的前提。法社会学的个案调查有助于对多样的、复杂的法现象进行抽象，对法现象的内在联系做出深刻、全面的解释，总结出法

---

　　[1] 能否将个案调查、研究中的发现推论到总体，形象地说，就是能否突破只见"树叶"不见"森林"的局限，使个案走向全体，成为个案调查、研究者必须直面的问题。如何走出困境，据曾东霞和董海军两位学者的梳理和整理，目前大致有三种不同的观点。第一种观点是个案研究的代表性无涉论，认为个案研究所从属的人文主义方法论决定了其并没有代表性的属性。在无涉论者看来，个案研究不应追求一般化即可外推性。如吕涛所指出的那样，作为一种实证研究，个案研究不是要走出个案，而是要回到个案事实本身（参见吕涛：《回到个案事实本身——对个案代表性问题的方法论思考》，载《兰州大学学报（社会科学版）》2016年第3期）。第二种观点是个案研究代表性分类论，认为应该从个案研究的多种类型出发来讨论个案研究的代表性问题，不同类型的个案研究的代表性问题不同，应分情况分析。个案研究可以分为涉及代表性问题和不涉及代表性问题，持这种观点的学者有王宁等。涉及代表性问题的个案研究，其样本应具有某一类型现象的共同本质、特征、属性和变量，能够成为某一类型现象的典型，即具有"类型代表性"，通过将该个案的情境与所要外推的其他同一类型个案的情境进行比较，实现个案研究发现的外推（参见王宁：《个案研究的代表性问题与抽样逻辑》，载《甘肃社会科学》2007年第5期）。在这里，所选的样本具有某一类型现象的典型，也即该样本对于所代表的类型具有较高程度的代表性。由此通过典型性样本的选用，在一定程度上缓和了个体和总体、特殊和一般之间的紧张，代表性困境得到一定程度的缓解。第三种观点是代表性超越论，强调通过部分来认识整体的合理性，从一般化意义上来看待代表性问题，希望走出个案或者超越个案。在具体路径上，超越论者有不同的主张。一种主张可称为个案类型学意义推广，个案不仅能说明自己，也能说明与它属于同一类型的其他个体。至于个案和其他个体是否属于同一类型，即是否具有同质性，由研究者或读者进行判断。由于社会世界异质性的加剧，对于异质性个体，则可以通过个案和异质性个体之间的比较，既求同又求异，实现个案研究更大范围与更高层次的外推。另一种主张，以王富伟为代表，尝试进行"关系个案研究"。该主张以现实是关系性的存在为前提，认为关系是内在的，事物并非孤立存在和自我驱动，而是在关系中得以生成，个案与整体相互生成，都是关系性存在（参见王富伟：《个案研究的意义和限度——基于知识的增长》，载《社会学研究》2012年第5期；曾东霞、董海军：《个案研究的代表性类型评析》，载《公共行政评论》2018年第5期）。

的基本特性和根本规律，将具体的法与抽象的法相连接，形成统一的法体系。[1]客观上分析，当法社会学调查者从整体的、历史过程的角度去分析个案时，就必定会超越个案本身而延展到更大范围的问题上去。萧凤霞曾经在一个与历史学家对话的场合说："历史学可能透过一些事件来关注大问题和结局。和历史学比较，人类学同样是看一点、一个事件，但焦点则落在这个事件到底是怎样一层层做成的。事件、地区和那些点，目的不是用来组织研究题目，它们其实是我们用经验来解构的研究对象。"[2]显然，法社会学田野调查中的个案调查也具有这样的特性。

我们需要注意到，作为个案的法案件、法规范，也许的确是"历史碎片"，但每一块碎片中都包含了整体的历史，它们不仅仅是法律的，也不仅仅是区域社会的。因为社会、历史的层累作用，因为社会的系统性和文化的流动性，法律之外的、跨区域、跨时代的因素存在于每一个个案中。法社会学个案调查所调查的个案以及个体的经历、选择、行动、情感和表达都是在长期的社会过程中，由经济、社会、文化环境共同塑造、层累、转化的结果。我们面对的挑战是，怎样将这些隐藏在个案之中的社会过程从法社会学角度解读出来，或者反过来说，只有我们解读出蕴含于个案中的、带有普遍性的社会过程时，我们才真正读懂了个案。[3]

4. 客观与主观。客观是指不依赖于人的意识而存在的一切事物，主观是指被人的意识所支配的一切。法社会学田野调查中的个案调查围绕真实或真

---

[1] 刘志伟和孙歌在《在历史中寻找中国：关于区域史研究认识论的对话》中曾经就"普遍性"这个似是而非的概念提出批判，认为这基本是一种"迷信"。参见刘志伟、孙歌：《在历史中寻找中国：关于区域史研究认识论的对话》，大家良友书局有限公司 2014 年版，第 29 页。孙歌在《历史与人：重新思考普遍性问题》一书中，进一步批评了前述由个案通过抽象概括获得所谓"普遍性"的研究理路。她说，"我们所习惯的普遍性知识感觉，其实是一个没有被追问也经不起追问的东西"，如果用概括的方法，我们得到的永远只能是"被扩大的特殊性"。而且这些所谓的"共性"往往是最浅表的知识，是最不需要讨论的。相似性把我们引向不同对象之间可以共享的问题，但是一旦进入这样的问题，相似就不重要了，重要的是差异。对普遍性的追求，其目的是在于达成理解，而寻找共性并不是达成真正的理解的办法，寻找"关联"性才。孙歌在这里提供了一个关于"求同存异"的新理解："求同"的目的是更好地理解"异"。参见孙歌：《历史与人：重新思考普遍性问题》，生活·读书·新知三联书店 2018 年版，第 1~60 页。杜正贞：《州县司法档案研究中的个案与普遍性问题》，载《史学月刊》2023 年第 1 期。

[2] 萧凤霞等：《区域·结构·秩序——历史学与人类学的对话》，载《文史哲》2007 年第 5 期。

[3] 参见杜正贞：《州县司法档案研究中的个案与普遍性问题》，载《史学月刊》2023 年第 1 期。

实的客观法现象进行，为一种主观认识活动，具有某种程度的主观性。

个案调查中，调查者是客观存在的，调查和思考也是客观存在的，所以客观是个案调查这一人为活动即主观存在的基础；没有客观的调查，主观的思考就不会存在。主观表示为人所认为的或者是人所认识到的，这是主观的基本含义，对应的范畴是人的思考；主观还可以表示人为的或受人为影响的，这是主观的广义（含义），对应的范畴是广义的（包括思考和狭义的行动）。因此法社会学田野调查中的个案调查是一种人的行动，属于扩展后的主观的范畴。调查者通过个案调查主观地认识客观的法现象，并能动地完善法制度和改变法世界。在法社会学的个案调查中，客观本身与主观的关系不是对立的，两者是相互依存、能动作用的关系。

在个案调查中，主观是认识的主体即调查者，客观是认识的对象即法。主观决定于客观，但是法社会学调查者的主观不是为认识客观的法而认识，而是为了在一定程度上去改变客观的法为人类的美好生活服务，有其特定的目的。由认识能力的局限性所决定，个案调查可能符合客观的法，也可能不符合客观的法或者不太符合客观的法。法社会学调查者应当按照法的本来面目去调查、去考察，尽可能不加个人偏见地进行调查，但完全没有主观色彩的个案调查是不存在的。与抽样调查相比，法社会学个案调查不是客观地描述大量样本的同一特征，而是主观地洞察、思考影响某一法个案的独特因素。

### 四、个案调查关键

法社会学田野调查中的个案调查涉及调查目的、调查对象、调查内容、调查步骤、调查方式、调查结果等方面，其中发现个案、调查个案、分析个案为调查的关键，调查者需要千方百计发现个案、千辛万苦调查个案、千真万确分析个案。

1. 千方百计发现个案。个案调查的前提为发现合适的个案，需要法社会学调查者通过各种方式多种途径、依靠多个信息来源千方百计去发现。有的个案如订婚、结婚等有确定的举行时间，调查者事先可以知悉而按时进行田野调查。有的个案如纠纷等可能偶发，法社会学田野调查者无法事先掌握，需要在个案发生后及时了解并到现场进行调查。个案的发现有的为调查者在调查现场时所获知，通过访谈、座谈或旁听、闲聊方式了解，也通过查阅档案、通告、报告、总结等书面材料时发现。调查者不在调查现场时可能通过翻看微信朋友圈等途径知道，也可能由朋友、熟人等专门告知。发现个案重在及时，尽可能第一时间到达现场进行法社会学田野调查。

2. 千辛万苦调查个案。知悉个案后，如为有确切时间的个案，法社会学田野调查者可以做些准备，提前谋划，做好充分的准备，如查阅调查对象的日记、文件、自传、著作等文献资料，查阅有关事件的历史记载如会议记录、地方志、档案等资料。如有突发性的个案，调查者需尽快了解情况，迅速进入个案调查状态。法社会学调查者要千言万语做工作，以诚动人，打消对方的顾虑，并抓住关键问题、围绕主要环节展开走访、了解。在访问谈话时，调查者要耐心细致地听取对方的谈话，灵活地做好记录，并注意及时引导对方的谈话；要适时引出新的话题，注意在谈话中发现新的线索。法社会学田野调查者尽量争取与被调查者同吃、同住、同劳动、同参与，从而搜集对方的行为特征、处事方式、生活习惯、个人爱好、观念看法、心理特征、精神状态等方面的资料。既可以进行实地观察，也可以当面随时询问，还能进行自由甚至尖锐的交谈，调查者能够通过各种方式进行个案调查。个案调查需要克服各种困难，解决面临的挑战，利用各种有利力量和有用资源。调查个案重在取得个案当事人和相关人士的信任，以便法社会学田野调查者能够全方位地获得个案的信息和相关材料。

3. 千真万确分析个案。在基本掌握个案情况后，法社会学的田野调查者需要总结个案，对个案进行全面的分析和细致的解读，探讨其发生的经济文化社会背景，揭示其具体作用和基本特点，讨论其社会影响和法效力，展现其发展趋势和未来走向。对个案进行调查后做深入探讨、分析性概括，有助于法社会学的探索性研究，发现重要变项，拟定假设或建立理论。法社会学个案调查进行分析性概括，旨在说明个案调查的魅力不在于要像大规模抽样调查那样用样本的结论推断总体的特征，不在于样本选择的代表性或典型性，而在于其辅助理论建构的力量。[1]分析个案重在妥切，法社会学田野调查者需要从实际出发进行理论说明。

法社会学田野调查者在分析个案时，要注意核实，确保资料的准确性和真实性，做到千真万确。对个案调查所获资料进行整理与分析时，要对资料

---

〔1〕 卢晖临、李雪：《如何走出个案——从个案研究到扩展个案研究》，载《中国社会科学》2007 年第 1 期。

进行必要的分类，抓住重点和核心。同时，在分析资料时要处理好法的个别与法的一般、法的部分与法的整体的关系，既把个案调查的资料放在客观对象的总体中去考察，又要在法的个案中揭示法的总体的性质、特质，从而得出个案调查的正确结论。在对个案的解释、分析中，法社会学调查者需要穷尽某个特定情形或是事件的所有原因，了解案例之所以发生的所有因素。[1]

由上可知，相比其他法社会学研究方法，法社会学田野调查中的个案调查客观上要求调查者具有较高的素质和能力。在法社会学调查和研究中，个案调查的应用比较广泛，涉及的领域极广，没有专门的法学知识和丰富的社会实际经验的调查者，很难深入细致地进行个案调查，既无法顺利进行个案调查，更难弄清法运行、发展的规律，因而很难得出正确的结论。同时，法社会学田野调查中的个案调查较为耗费时间，不可控性因素比较多，需要调查者留有充足的时间安排。

2023 年 5 月 6 日记

---

[1] ［美］艾尔·巴比：《社会研究方法》（第 13 版），邱泽奇译，清华大学出版社 2020 年版，第 19 页。

# 10

# 哪张照片更合适？

目前已知世界上第一张可以永久固定影像的照片为法国摄影先驱约瑟夫·尼塞福尔·尼埃普斯（Joseph Nicéphore Niépce）于 1826 年拍摄的《勒格哈的窗外景色》（View from the Window at Le Gras）。时至今日，随着技术和设备的进步且日益大众化，拍照再也不是艺术家或照相馆师傅的专属工作了，拍照这一以往充满仪式感的事件已经成了一种全民且普遍的活动。

随着社交网络的普及，照片、图像的传播有了更高的流动性。现今我们能便利地随时看到世界各地的各种不同的人拍摄的不同风格的照片。人们在旅途中、在生活中不断将好奇、惊叹的事物拍摄下来，把瞬间变成永恒，为逐渐褪色的记忆保留了鲜活的部分，并广泛传播。

而在这个一切都要求快速与简短、人人都追求效率的信息时代，当今社会进入一种主导性的、全面覆盖性的图像社会或视觉文化时代，人们读图的热情日益高涨。直观、简洁的照片越来越吸引人的眼球，不断开阔自身的视野，丰富自己的见闻，更全面地了解我们所处这个世界的多样性。

可以说，照相和照片对我们的生活、生产产生了极大的影响。照相不仅改变了人们看世界的角度、维度，而且正在重新塑造我们的世界。照相从一开始就改变了人们审视自身的方法，科学、艺术、政治、历史等几乎所有领域都因照相而发生了变化甚至是革命性的转变。

显然，照相对法社会学田野调查也产生了极为明显的影响。

进行法社会学田野调查时，调查者不仅眼看、耳听、手记，不仅仅依靠口语和文字，更是经常地拍摄照片，[1]通过图片记录法事件的过程、记录法秩序的样态、反映法运行的状况、呈现法世界的风貌。

田野调查照片的视觉冲击力强，可以让人们通过更直观的方式理解法，感受文字所无法传达的法事件场景、法意蕴与法情感。

田野调查照片能够捕捉象征性瞬间。现场图片的瞬间，既形神兼备，内涵丰富，可读性强，又有某种法观念、法思想感情寄托于其中，不是单独对人们的审美愉悦和信息快感，而需要直达人们心灵的深处。

田野调查照片以图"说话"，生动形象，具有美学价值的优秀田野调查照片集法的事实价值、审美价值和阅读价值于一体，通过完美的结合，使得田野调查照片成为以图代言的工具。

因此，法社会学田野调查者越来越重视照相，照片的水准也越来越高。照相已经成为感知田野的重要方式，因而也成为法社会学田野调查者的基本功。法社会学田野调查者需要了解常用的照相功能，掌握基本的摄影技巧，在此基础上重点理解法社会学田野调查的特点，针对法社会学调查的主题进行拍摄。

一般认为，照相涉及主题、主体、简洁、构图、色彩、影调等六方面。主题明确、主体突出、画面简洁、构图完整、色彩合理、影调丰富，是法社会学田野调查者拍出一幅好照片必备的6个关键点。而作为专题性拍摄，主题明确、主体突出于法社会学田野调查尤为重要。

我在这些年的法社会学田野调查过程中，拍摄过基层人民法院法官调解纠纷的场景，更多的为有关非国家法范畴习惯法主题方面的拍摄，如广西瑶族的"做社"（祭社）、广西瑶族的"示标"、浙江的婚姻成立仪式、浙江的丧葬规范、湖北的宗族活动、甘肃的穆斯林开斋节、广东的乡村治理等。我的体会是如何将法社会学的主题通过照片表现出来颇为不易。

下面以2021年我们在广东进行乡村治理调查时的照片拍摄为例，谈谈法社会学田野调查中的照片拍摄，看看哪张照片更合适。

我和我们课题组的池建华、张华一行三人于2021年4月在广东省惠州市进行"村居法治样本"调查时，张华于4月18日下午5点多在惠东县稔山镇

---

〔1〕 法社会学田野调查的照片拍摄，调查者不仅仅在地面进行拍摄，还可以利用无人机等设备进行高空等视角的拍摄。

范和村随机拍摄了一些小广场施工工地的照片。

范和村是个大村，有人口约 1.2 万人，下辖 11 个村民小组，是一个集农盐渔居的村。范和是一个具有 600 多年历史的古村落，有罗冈围、吉塘围、尚德围、长兴围等明清时期建筑。范和是广东十大最美古村落之一，2014 年 11 月被评为第三批中国传统村落，2017 年被评为"广东省民主法治村"，2018 年被评为"全国民主法治村"。

近些年范和村通过党建引领、村委主导、村民群众为主体的多元参与，形成了乡村治理和乡村法治建设的新局面。惠州的市、县、镇各级政府大力支持范和村以"渔歌唱晚，醉美古围"为主题，着力抓好古围屋、古祠堂、古庙宇、古戏台等古迹保护以及民间戏剧、醮会、渔歌、舞狮、舞龙等传统文化的传承发扬，以省级新农村示范片建设为契机，大力整治农村人居环境，为村民美好生活和乡村休闲旅游奠定坚实基础。

我们 4 月 18 日下午看到的小广场施工硬化、美化工地地处陈氏族人所建的古围屋罗冈围边上，与城隍庙隔路，面积近 100 平方米，因有一口古井而被村里称为古井小广场。经过与附近村民商量，清理了堆放的杂物，范和村在镇政府的经费支持下由一位本村村民承建这一工程。

这是一个由镇政府出资、村委会计划、实施和监督、村民承建的乡村环境整治项目，体现了多方参与的乡村治理格局。照片应该反映出乡村治理的主题，囊括镇政府、村党组织和村委会、承建人、村民等主体。

当时，镇长（照片中穿灰色 T 恤衫者）来施工现场看进度，村党委书记（照片中穿黑色外套者）陪同介绍，承建人（照片中穿白色短袖者）解释有关情况，我（照片中穿红色 T 恤衫者）则在一边观察。在这一过程中，张华从不同视角现场抓拍了十张照片。

▲图一

张华拍摄的图一照片的主题可称之为"解释"。这张照片有两个场景，前一个场景为一位村干部（照片中穿花格 T 恤衫者）在向我解释有关工程的情况，后一个场景为承建人在向镇长和村党委书记解释有关情况。照片中远景有城隍庙这个地标。这张照片如果做我的调查工作照还勉强，虽然我的身体没有照全。但就表达乡村多元治理的主题而言，显然主体不够突出，村党委书记被手挡了；且电瓶车在照片中间位置，过于突出；再一个照片中的人物极为分散，没有形成一个焦点。因此这张照片不太合适。

▲图二　　　　　　　　　　　　　▲图三

　　图二中，人物都在中间，工地的状况也显露得比较明显，也有城隍庙。但是这张照片也不太合适：一是主体有缺，镇长和承建人两方在场，也有几位村干部和村民，村党委书记虽在场，但仅仅露出半个脸，身体被镇长挡住了；二是主体位置为镇长在与我这个调查者聊天，调查者喧宾夺主了，偏离了乡村多元治理的主题；三是照片中的人物极为分散，没有形成一个焦点。

　　图三这张照片虽然镇长、村党委书记和承建人等几方主体均在场，但是都在后景，不太显著，且没有讨论、商议的形态，乡村治理表现得不明显。特别是前景为一堆建筑材料，过于突出，再加上两辆电瓶车也占据了较多空间，场景凌乱，严重影响了主题的呈现。因此这张照片也不太合适。

　　与图三不同，图四这张照片中镇长正在与承建人、村党委书记进行讨论，有一定的乡村治理主题体现，多元主体也都不缺，远景的城隍庙也清晰。不过，照片中间的一堆砖实在太过占据照片画面的中心位置，将人物压缩至后面而成为陪衬。乡村多元治理主题的表达不够突出，因此这张照片也不太合适。

▲图四

▲图五

相比图四,图五这张照片的拍摄角度有所变化。照片后景中的镇长、承建人主要在看现场,没有交流的情景;村党委书记被镇长挡住了,仅仅露出点轮廓。整张照片因建筑材料、电瓶车而显得较为凌乱。因此这张照片也不太合适表达乡村多元治理的主题。

▲图六

▲图七

图六与图五类似,不过人物稍微突出了一些。照片中几方面主体都在场,唯村党委书记为背影。核心的是一位村干部在向镇长、村党委书记等人谈自己的看法,有点喧宾夺主。电瓶车仍然在前景,场景比较凌乱。因此这张照片在表达乡村多元治理主题方面也不太明确。

图七这张照片换了一个角度，右面可见古围屋罗冈围墙壁，后景可见部分古井，四方面人物齐全且突出，整张照片相对较为清爽。但是这张照片的法社会学主题表达也不太理想：一是承建人双手抱在胸前成为中心，镇长侧身在与承建人交流，成为配角，村党委书记仅在倾听，主体有所错位；二是村党委书记为背影，没有照全；三是我这个观察者也没有照全。

图八为图七的接续，后景可见罗冈围、古井，地标较为明确。这张照片除了村党委书记为背影外，镇长侧身在与承建人交流，成为照片的焦点；承建人仍然双手抱在胸前，但中心意味有所变化了。我这个观察者也照全了。这张照片的乡村多元治理主题表达相比前述几张稍微更为适合。

▲图八　　　　　　　　　　　　　　▲图九

图九在乡村多元治理主题表达方面相对不错：一是镇长在与村党委书记交流，较有动感，而承建人在旁倾听，施工所涉及的三方乡村治理主体齐全、角色功能清晰；二是镇长手指方向为古围屋罗冈围，照片左边中间又隐约可见一口古井，这均为本照片所表达的乡村治理的相关资源、条件，丰富了照片的内涵。稍感遗憾的是照片的场景不太开阔，房屋的屋顶没有照全，缺了一点点。

我个人认为图十在乡村多元治理主题的体现方面较为清晰、明确，为十张照片中最合适的照片。首先，主体全。镇长、村党委书记、承建人和调查者均在照片中，乡村治理的多元主体健全。其次，重点明。承建人在与村党委书记交换意见，肢体语言丰富，不僵硬。承建人向村党委书记报告，突出了村党组织、村民委员会这些村级组织在乡村治理关键主体地位。最后，构图

▲图十

清。这张照片的构图有层次、总体布局较清爽。如果照片景深更深一点，远景的城隍庙的屋顶能够照全，村党委书记的手边留有一些空白，则照片的效果会更好。不过，上方的电线在一定程度上影响了照片的整洁。另外，没有古井也有些缺憾。

当然，这些照片全部为原始照片，没有经过剪裁等后期处理。有的照片如经过后期处理，效果可能会更好一些，表达的乡村多元治理主题可能更明显些。

此外，在法社会学调查时拍摄照片，有的需要事先征求被拍摄者的意见，有的则在事后进行说明；有的时候可能要个别地偷拍。但不论何种情形，公开发表时必须征得拍摄对象的知情并许可，最好为书面的同意。

由上述这些照片可知，一张合适的法社会学田野调查主题照片主体要突出、陪体要清晰、背景要丰富、前景要完整、空白要适宜、布局要适宜、影调（由于光线性质、强弱、投射方向等不同而造成影像画面明暗层次的差异）宜低调、画面要简洁。主体可以为村组干部、乡村贤人、国家法律职业人员、纠纷当事人等，陪体可为如契约、协议等法文书和法物件，远景可为当地的地标性建筑物、有村规民约文字的墙壁、祠堂等公共场所等。

我体会上述这样的法社会学田野调查主题的照片拍摄，类似于街头摄影，照片不能摆拍，要求在自然状况下、在不干扰当事人正常活动的情况下进行记录，具有非控制性。这样的照片不可能像那些经过精心设计的照片那么好看。它可能略显杂乱，但是它讲故事，有社会性内涵，有烟火味，与法相关联。在这样的照片中，人提供了情绪，情绪则放大了照片的法社会学主题。

　　田野调查者在拍摄照片时需要有敏锐的观察力。进行法社会学田野调查主题照片的拍摄，最基本的在于调查者的观察能力。在掌握调查主题、明确调查目的、理解调查内容的基础上，调查者需要努力培养自己对法社会学调查场景的敏锐观察力，根据阅历、经验而有一定的预判性。调查者在现场需要十分专注，集中注意力，头脑灵光，眼观六路，耳听八方，随时掌握各方面情况。

　　田野调查者在拍摄照片时需要有敏捷的执行力。进行法社会学田野调查主题照片的拍摄最核心的在于调查者的执行能力。调查者需要准备好照相机或者其他拍摄工具，使之处于拍摄状态随时可以进行拍摄。一发现可拍景象，迅即选择角度、场景及时拍摄。针对流动情景，调查者力求反应迅速、动作灵敏，用最快的速度去捕捉这个瞬间。田野场景往往转瞬即逝，调查者须手脚麻利，迅捷行动，以免错过时机。

　　从某个角度讲，更多的时候法社会学田野调查者需要的是对法的理解力，即对诸如法观念、法人物、法事件、法秩序等法世界的理解、对田野中实际法状况、法运行的认知，而不是简单地操作相机的技巧。这直接决定了法社会学主题照片视觉表现力的强弱。

　　作为照片拍摄者，法社会学田野调查者要做的仅仅是将当下最真实的情绪固定，用一种有组织的形式展现给观看者。照片所能呈现的，取决于观看者从照片中所"读取"的故事，意义是观看者所赋予的。因此，意义是属于观看者的，是观看者和照片产生连接的一种方式。且这种意义也不是即刻便知的，法社会学田野调查者所拍照片的意义要在相互联系的法生活体验中被发现，没有了自身的法理解，意义就无法存在。法社会学田野调查者的照片创造了一种连接，将行动者瞬间情绪、拍摄者、观看者三者通过一个画面连接在了一起，调查者记录了行动者的瞬间情绪；发现了法故事，表达了法情绪，观看者感知了法世界、品读了法意义。法社会学田野调查者通过照片将实践者的行动、调查者的理解、观看者的认知连接在一起。

　　法社会学田野调查者的照片保留了人类社会发展中不被人所重视的法世界那些细微的瞬间。"落其实者思其树，饮其流者怀其源。"或许，相比文字，照片更直观地记录了法世界、保存了法记忆！

2022 年 6 月 21 日记，23 日改定

# 11

# 不容易的视频拍摄

在进行法社会学田野调查时，除了拍照片，拍摄视频越来越成为感知田野、获得信息、表达思考的重要方式。

我最早拍摄的视频为 2004 年广西金秀郎庞"三月三"的"做社"（祭社），之后分别拍摄了广西金秀帮家的村老和村主选举（2009 年 2 月、2018 年 3 月）、浙江慈溪蒋村的订婚（2009 年 11 月）、浙江慈溪蒋村的结婚（2009 年 11 月、2010 年 10 月）、贵州锦屏黄门的"尝新节"（2016 年 7 月）、广西金秀下古陈的地笼蜂示标（2019 年 8 月）等。总的感觉是视频拍摄很不容易！

我用微型摄影机拍摄这些视频。拍摄的某些视频主要在法社会学课程的课堂放映，但没有进行过后期制作。比较遗憾的是，我至今没有完成一部法社会学主题方面的片子。我没有花心思和精力学习有关后期制作技巧，这是个缺憾。希望以后能够弥补。

这些年来，有关法社会学田野调查中视频拍摄最令我后悔的是，我于 2013 年 10 月在广西金秀调查时偶然得知 19 日——

▲广西金秀下古陈的地笼蜂示标
（2019 年 8 月 27 日摄）〔1〕

---

〔1〕 图中右中下黄土处为地笼蜂窝，两个草结为示标，表示先占，物权习惯法的体现。

21 日（农历癸巳年九月十六）在田盘村举行山子瑶度戒仪式时没能拍摄视频。那次我从深圳上课处过来金秀调查时没有带摄像机，照相机也没有摄像功能，那时我用的手机还不是智能手机。因此只能非常遗憾地以观察为主，拍摄了一些照片，未能留下一些视频。由此，我认为法社会学调查者进行田野调查时，务必带着摄像机，且准备好足够的电池和内存容量。因为，你不清楚什么时候有突发事件需要拍摄，也不知道需要拍摄多长时间。有时候很不容易碰到的事件却没能通过视频记录下来，想想还是很懊悔的。机遇垂青时刻有准备的人，大概也是这个意思。

就我个人的体会，在进行法社会学田野调查时，调查者需要在理解视频特点的基础上十分重视视频拍摄在调查中的意义。

从某种角度认识，法社会学田野调查中拍摄的视频属于纪录片的范畴。按照美国学者比尔·尼科尔斯的观点，纪录片可以分为诗意型纪录片（Poetic Documentary）、阐释型纪录片（Expository Documentary）、观察型纪录片（Observational Documentary）、参与型纪录片（Participatory Documentary）、反射型纪录片（Reflexive Documentary）、表述行为型纪录片（Performative）等六种类型。[1]大致来看，法社会学田野调查中拍摄的视频属观察型纪录片之列，主要表达现实世界中的法现象，但通常有解说、有字幕。有的视频则似阐述型纪录片，调查者倚重解说词的力量说服观众接受自己的观点。有的视频更似参与型纪录片，不掩盖调查者的在场，相反刻意强调调查者与被调查对象的互动。

法社会学田野调查中拍摄的视频以客观记录、展现真实为特点，或描述一个法过程，表达法运行，呈现日常的法功能；或记录一个法事件，揭示法规范，思考生活中的法意义；或记载一个法纠纷，展现法主张，探讨社会中的法价值。调查者拍摄的视频是对社会生活中的各类法事实的客观描述和朴素再现。它要求调查者深入田野，了解和尊重被调查对象，不干预、不编排、不虚构、不修描、不粉饰，实行现场抓拍。这样的视频更强调朴实、单纯。

同时，在真实性的基础上，法社会学田野调查中拍摄的视频强调思辨性，通过对法生活具体过程的深入观察，直面社会的法运行与法秩序，反映并反

---

〔1〕［美］比尔·尼科尔斯：《纪录片导论》（第 2 版），陈犀禾、刘宇清译，中国电影出版社 2016 年版，第 143~213 页。

思现实的法世界，引起现在或将来的人的更多关注，进一步引发观众思考社会生活中法的功能与意义，理解其社会意蕴和内在涵义。

法社会学田野调查中拍摄的视频还应体现人文关怀。调查者将镜头对准习以为常的客观法生活，再现和记录法生活的本来面目，关注细节见微知著地表达法生活的实质和法情感的意蕴，呈现出被调查者的社群意识、秩序观念和生活感悟。调查者通过主题确定、基本态度、拍摄风格等体现自身的人文追求，反映社会的法现实，关照普通个体的法生活，表现出独特的人文性。

当然，法社会学田野调查中的视频拍摄，调查者有其主观价值倾向的体现，调查者有拍摄自主权，能相对完整、准确地表达出自己的法社会学观点和立场，传达出其学术目标和努力。

法社会学田野调查中拍摄视频，大部分事先已确定时间、地点和基本内容，因而前期可以做些构思和准备；有的则属于在田野调查时偶然遇到或者突然发生，需要抓住机会抓取瞬间，不可能有准备的时间，完全依赖调查者的法社会学的功底。

▲贵州锦屏黄门"尝新节"之祭桥（2016 年 7 月 20 日摄）

就通常的法社会学田野调查中的视频拍摄，在理解主题、确定选题的基础上主要包括前期准备、素材拍摄、后期制作等三方面工作。

　　前期准备为法社会学田野调查中视频拍摄的基础。前期准备需要将拍摄视频主题进行相关的文献进行搜集、梳理，访问相关熟悉者介绍有关情况，如有可能事先进行实地踏勘，明确拍摄的主要内容、重点和关键细节，在此基础上写出一个拍摄脚本。脚本要按照主题写清楚要拍哪些镜头，每个镜头大概是什么内容，大概拍摄多长时间。脚本可以列表，载明镜头序号、时长（秒）、内容、景别（中景、远景等）、旁白、备注（配乐等）等。脚本尽可能地具体、详细，务必体现法社会学主题。不过，我个人较少写拍摄脚本，基本为在现场随机拍摄，宏观计划不足，应当是多多少少会影响视频的内容完整和总体质量。

　　素材拍摄为法社会学田野调查中视频拍摄的重点。在田野现场拍摄时，尽可能多地拍摄素材，为后期制作提供可选择的材料。调查者需要尽可能早地到现场，检查拍摄设备和电源，提前做好准备。拍人物需要部分背景虚化，就要有大光圈镜头。为了保证视频的平稳与播放效果，还要有防抖的器材，比如手机稳定器或专业级的相机稳定器。如果要拍出清晰的声音，可能还要准备无线收音麦克风。

　　拍摄时，调查者如手持拍摄，尽量控制手不抖，使画面不摇晃，减少不稳定画面的出现。因此拍摄视频时要注意动作和姿势，避免动作的大幅度调整。如在移动拍摄视频的时候，尽量将上身的动作量减少，通过下身缓慢小碎步移动；走路的时候保持上半身稳定只移动下半身，当镜头需要转动时，尽量以腰为中心点，以上身为旋转轴心，尽量保持双手关节不动来拍摄。每段视频时长在 10 秒以上。有时候需要连续拍摄，中间不要停顿，记录完整内容。由于有的法社会学事件在多点位同时展开，需有两个或者以上拍摄机位同时拍摄，仅有一位调查者拍摄时需要兼顾事件的多方进程，轮流到各处拍摄，不漏掉主要场景。拍摄时尽量不要简单运用拍摄一镜到底的方法，而运用包括远景、全景、中景、近景、特写等的综合的描述拍摄手法，使视频画面丰富、有变化。具体拍摄时，要注意"大""中""小"镜的齐全："大"为大环境、大场景、大空间，如户外场景、室内场景；"中"为一些近景，如人物、小空间场景等；"小"为细节、局部，如人眼睛、表情等。

▲贵州锦屏黄门"尝新节" 之侗家女儿（ 2016 年 7 月 20 日摄 ）

法社会学调查田野拍摄视频时，除了静止镜头，可考虑运用推、拉、摇、移等四种运动镜头语言。（1）推镜头着重展现并强调某个细节，强调环境中细节。细节不能引起观众注意时需要运用推镜头，细节能够引起注意时是不需要推的。推镜头适合做视频的开场，从环境走向细节特别有代入感。（2）拉镜头则强调细节在环境中的位置，突出细节依存的环境。拉镜头展现原本看不见的信息量，具有某种悬念功能。拉镜头还有退出感和结束感，给观众缓缓离开的感觉，用于片尾结束。推拉镜头组合使用具有明显段落感。推拉镜头强调镜头落幅。通常运动镜头由三个部分构成，如推镜头为例，起幅为开始的静止，中间为推镜头，落幅为最后的静止。推拉的起落幅中以落幅为重点。法社会学田野调查的视频拍摄的落幅是画面的构图中心和信息重点。（3）摇镜头是在机位不变的情况下摆动镜头方向，从而形成视觉感知。摇镜头通过慢慢地摇动给观众形成一种浏览的感受。摇镜头也形成视觉逻辑起、落幅两相关系的勾连。摇镜头还有甩镜头这一特殊形式。传统摇镜头需要时刻提供信息量，而甩镜头的信息量在极速运动中被忽略。往往是在拍两个固定镜头中间加一个甩镜头。甩镜头适用于大范围的空间转移、适用于大范围的时间转移、善于改变情绪节奏，以营造紧张情绪。（4）移镜头为运动镜头的集大成者，推、拉、摇都可以转化成移，推镜头为前移，拉镜头为后移，摇镜头为横移。移镜头要体现各种运动形式的有效结合，创造视觉张力和空间表现力。移镜头创造的主观视觉效果带给观众体验感和代入感。移镜头类型为升、降镜头，升镜头为拉镜头加摇镜头，降镜头为推镜头加摇镜头。据我自己体会，我拍摄的视频多为静止镜头、长镜头，也有一些推、拉镜头，有的时候有些偷拍镜头，总体上镜头运用不够老练，对运动镜头特点的理解不够到位。

同时，随着无人机的普及，运用无人机拍摄视频也应该成为法社会学田野调查中视频拍摄的一个部分。无人机可以从高空拍摄全景，拍摄从远到近的视频，弥补调查者在地面拍摄所不能的镜头，丰富视频内容。

后期制作为法社会学田野调查中视频拍摄的关键。我自己在这方面没有什么经历，谈不出多少体会。不过，就我自己拍摄视频和观看视频的感觉来说，法社会学田野调查后期制作后的最终片子应该成为田野调查报告、论文一样，有题目和核心观点，主次分明，结构严谨，画面清晰与简洁，通过粗剪与精简将视频所表现的主题和形象有机组织为完整的片子。片子时长不等，30分钟更为适宜。通常情况下建议有少量的旁白、有一些字幕，根据内容也加有一些配乐。我不太赞同对视频的某些内容进行擦除。法社会学调查的视频应当保持客观、真实，呈现纪实风格，即使是有的无关紧要的细节也应该完整存在。至于调色处理，我也持谨慎的态度，尽量不改变视频原有的色彩、光线，少用滤镜。有的后期制作是根据前后不同时间拍摄的同一内容素材进行，需要处理好内在衔接，不留生硬拼凑的痕迹。法社会学视频的后期制作应处理好真实与美感的关系，在记录真实的基础上追求流畅、统一与赏心悦目，传达出质朴的美感。

在进行法社会学田野调查时拍摄视频，有诸多不确定性因素，需要调查者根据现场情况随机应变，以达到记录法事实、传播法文明、反思法发展、表达法见解的目的。

2022年6月29日记

# 12

## 多走走，总会有惊喜

2022年1月22日我在浙东蒋村进行习惯法调查时，上午8点半应约去曾担任村干部十来年的王岳云家。

他比较了解蒋村的情况。他比我大一岁，我们自小一起长大。仅生产队不同，他家在四队，我家在五队。之前我在村委会办公室见过他几次，他提供了一些他主持下调解纠纷后达成的协议。

进行蒋村调查时，我一直想找时间访问他一下。21日下午4点左右在蒋村老年活动中心门口碰到他，我表示了要找他的意愿，他满口答应。21日晚上7点半去他家时，他已出去。22日早上7时许我微信联系他，约8点半来他家。

到他家后，他刚起来不久，还没吃早饭。他解释说他平时不吃早饭。

我向他了解了他调解蒋村纠纷的情况、蒋村村民建房习惯法、蒋村村民与外来流动人员关系、蒋村婚姻规范等。

我问他家里有没有他主持调解的一些协议，他说都在村委会，家里没有保留。

在聊了一会后，他说："我这里有几份老契约，你要不要看一看？"我忙说好啊。

于是，他上楼去拿了一份杂志中夹着的四张文书下来。

他说这些是他叔叔王金尧去世后，收拾遗物时，从他的一只小箱子中发现的。

我看了一下，这四张文书分别为：（1）1953年的一份土地绝卖契；（2）1953年的一份土地受让契；（3）1953年的一份土地受让契；（4）中华民国三十年三月（1941年3月）的一份收据。

这4份文书的当事人均为蒋村人，时间涉及中华民国和中华人民共和国两个时期。

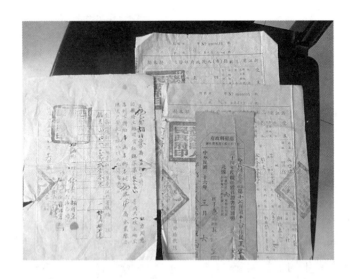

1953 年的这份绝卖契为油印纸品，在格式纸的空格上填上具体的内容。

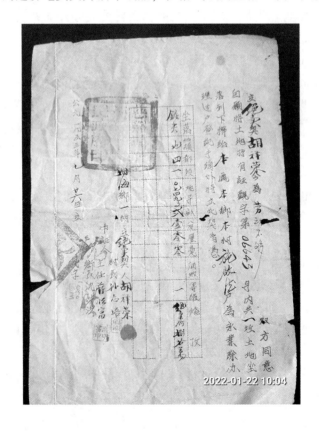

　　绝卖契的内容为胡祥荣将土地卖给施启德，村长、主任和乡长做中证人，并经县人民政府盖章认可。

　　两份土地受让契的受主与出主相同，仅地块不同，为政府的打印件上填写具体内容。

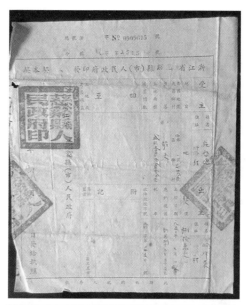

另一份收据为壮丁缓征缓召证书费收据，为中华民国时期政府的印刷件，是这四件中时间最早的一件。

看见这四件契据后，我初看后喜出望外，连忙拍照留存，认为这是蒋村习惯法方面的重要材料，对土地买卖规范的了解和中华民国时期的拉伕征丁极有意义。

王岳云说："这应该是全蒋村最早的东西了，没听说过有比这更早的契约了。"我非常赞同他的这一判断。就我在蒋村村民中打听，基本上都没有较早时期的文书如会单等留存。

在现海村村委会保存的蒋村的档案中，我也没有发现20世纪60年代乃至50年代的文书。

在与正在编溪湾镇志的王志国联系询问有关蒋村的材料时，他也没有提供有关契约等文书材料。后来2022年1月8日他发来大概为镇志初稿中收录的一份"土地买卖证书"，应该为上述两份中的一份，具体为哪一份因照片模糊分辨不清楚。但说明中说是1951年，这应该有误。说明将此与土地改革相联系，指出"人人有其田"后土地仍会有变化，这恐有一定理据。

因此，王岳云家保存的这几份文书，对了解蒋村的经济、社会和习惯法，意义非常重大。

后来，来王岳云家的村干部项建强说："这几份如果卖的话，应该值不少钱。"我忙说这不要卖，要好好保存着。王岳云也表示不会卖的。

这次访问王岳云，见到这几份年代较早的契据，真是意外收获。

在法社会学的田野调查中，真是需要多动腿，多走、多跑、多聊。新的材料来自调查者的深度田野调查。在取得调查对象的信任和理解后，往往会有新的发现。

虽然随着时间流逝诸多文书灭失了，蒋村人家的几次盖房也影响了不少老物件的存在，但蒋村的一些细心人家还是保留了一些契文。总有老材料、旧物件存世的。"高手在民间"，法社会学田野调查就需要到民间去，深入社会，融进生活，不断发掘作为生活事件记载的材料，探寻社会中的规范和秩序。

深入田野，多走走，就会惊喜多多，收获多多。蒋村的这次文书得见又一次印证了这一判断。

调查者在法社会学田野调查时绝对不能偷懒，需要打起精神利用一切机会、一切时间多走多问多聊。村委会、村干部家（包括老村干部和现任村干部）、有结婚和盖房等事的村民家、村中的小商店、较有威望的长者家等处都值得去，值得常去。这样才能广泛获得信息，及时了解村内动向，搜集有关材料，而不致遗漏相关情况，错过重要事件的观察。

记于 2022 年 1 月 24 日宁波至北京首都机场 CA1542 航班空中旅程
4 月 26 日补充

## 13

# 细致察看线索

在进行法社会学田野调查时，我们需要利用一切机会进行细致的察看，从中发现可调查的线索或者完善调查计划，更全面地完成调查目标。我们于2023年2月在广东省惠州市大亚湾经济技术开发区进行村规民约调查时，一次傍晚散步的经历就令我们对此深有体会。

2023年2月19日晚，我们一行两人晚饭前在住处附近随便转转，看看街景村貌。走到新联社区居委会时，看见居委会外墙上有《党务居务公开栏》，便上前观看。

▲居委会外墙上的党务居务公开栏（2023年2月19日摄）

我们见上面有"本村工科""党务公开""政务公开""会议情况""通告""政府拨款""财务往来""村务监督""回音壁"等栏目，不少栏目为空白，但也贴了一些，如2023年1月30日"老党员关爱基金申请人员名单公示"、2022年11月7日经济联合社集体经济代表会议《关于新联经济联合社16909项目首层商铺分配方案》表决结果公示等。而令我们眼前一亮的是贴着一份"新增《经济联合社章程》第三章第十条第三款'特殊成员'的补充条款（表决）"，这是我们非常感兴趣的内容。

这份"新增《经济联合社章程》第三章第十条第三款'特殊成员'的补充条款（表决）"全文如下：

《经济联合社章程》第三章第十条第三款"特殊成员"的补充条款（表决）

根据《经济联合社章程》第三章第十条第三款"特殊人员"的条款（对于情况特殊人员，经本社理事会审查后提交成员大会或成员代表会议表决确定其本社成员资格的），补充章程成员资格新增条款如下：

1. 符合本章程第三章第一款自然成员的子女，包括生育、合法收养，现因计生政策变更，户籍从外村迁入新联户籍人员的，认可其具有本社成员资格。

2. 符合本章程第三章第一款自然成员的父母，户籍从外村迁入新联户籍人员的，认可其本社成员资格；但因婚迁而迁入的成员的父母，即使后期户籍迁入新联的，也不认可其具有本社成员资格。

3. 符合本章程第三章第一款自然成员的配偶，合法登记结婚且户籍从外村迁入新联户籍，认可其具有本社成员资格；因婚迁而迁入成员离异后，户籍依旧保留在本村的，依旧认可其具有本社成员资格；但因婚迁而迁入的成员再婚的，其再婚的配偶及其再婚后的继子女，即使户籍迁入新联小组的，也不认可其具有本社成员资格。

以上成员资格新增补充条款提交新联联合社经济组织成员代表大会表决通过之日起生效。

看完之后，我们都很兴奋，觉得这是一个非常重要的线索，对我们了解经济合作社章程的修改、村规民约的修订颇有必要，我们需要就此进行专门的调查。

于是，我们改变了原定的调查计划，新增加了新联社区的调查内容，于20日下午经区委政法委的联系专门到新联社区居委会进行了调查。

新联社区党总支书记、居委会主任、社区集体经济组织负责人叶书记接待了我们，介绍了有关情况。新联社区隶属西区街道，于2004年12月10日成立，由东联村委分设而成，由原东联村委石仔岭、婆窝、骆塘、岭下4个村民小组组成；现下辖石仔岭、华园、骆塘、岭下共4个居民小组，共有居民代表62名。辖区位于西区上杨移民安置区内，总面积0.96平方公里，无耕地面积。辖区内共有住宅377栋，常住人口8962人，其中户籍人口682户3608人、外来人口5354人。新联社区为移民社区，居民群众来自五省十九市县区，人员结构复杂、利益多元、历史遗留问题较多、思想融合难度较大，是历年换届选举重难点村和信访多发村。近年来，在区、街道及社区党总支部的领导下，经过沟通、交流和一些问题的化解，社区较为稳定，居民安居乐业。

我们询问了"新增《经济联合社章程》第三章第十条第三款'特殊成员'的补充条款"的出台情况，搜集了相关资料，对这一经济联合社章程条款的修改、补充情况有了较全面的了解，从一个个案的角度丰富了我们的大亚湾区自治规范的调查范围。

我们觉得，如果没有19日傍晚的随便走走、没有散步时的四处察看、没有上前仔细阅看党务居务公开栏里的内容、没有发现贴着的一张 A4 纸的"新增《经济联合社章程》第三章第十条第三款'特殊成员'的补充条款"，恐怕就没有 20 日的专门调查，自然也就不会增进对村规民约修订、自治规范变化等内容的认知。

由此看来，法社会学的田野调查需要腿勤、眼勤、嘴勤，看村容寨貌，察碑刻文书，观村民行为，听街谈巷议，通过各种途径发现调查线索，不断拓展调查范围，逐渐丰富调查内容，努力完成调查目标。

2023 年 2 月 13 日记

# 14

# 到村民家找资料

在进行法社会学田野调查时，到村民家、市民家找资料是一个重要的收集资料的工作。我在进行习惯法调查时，在村民家就找到了不少有价值的资料。串村进寨，走户入门，这是田野调查的常态。到村民家找资料，调查者需要思考到哪些村民家、怎么样找、找什么等问题。

根据我个人的体会，虽然各家各户都或多或少会保存一些文字方面的东西，但进行法社会学田野调查找资料时，重点还是到村组干部、老师、能人等几类村民家去，找到资料的可能性更大。村组干部需要处理村内、组内村民的事务，参与村民的结婚、分家、赡养、盖房等事情比较多，有时候作为中证人在一些契约上签名并留存。老师为地方上的文化名人，懂文识字，知书达理，往往被村民请去代为书写一些契约、协议，也可能保存一些底稿甚至正本。能人通过自己的努力发家致富，本身的经济性、财产性交往就比较多，协议等就不少；另外能人的社会往来频繁，也为不少村民所信任，参与村内、村民的事务可能比较多。同时，乡村中的道公等业余从事宗教等活动的人士也会有一些文字性资料保存，值得法社会学田野调查者前去访问。当然，有资料的村民家往往是那些比较仔细的人家，懂得珍惜字纸，小心保存东西。

如广西金秀六巷帮家屯的李荣光，原来住在帮家屯附近的一个叫翁江的仅有几户人家的小屯。2005年6月19—23日发生暴雨，他家5间房倒塌。后水毁民房回建，他家按照政府要求进行搬迁建设，在帮家屯新建120平方米的新房（政府补贴5000元）。他是个很过细的人，家里东西收拾得很清爽。旧房倒建新房过程中，他都保管好自己家的文字材料，没有毁坏、灭失。

2009 年 2 月 26 日上午，我到帮家屯观察村老、村主选举时，李荣光了解我的
身份和调查目的后主动请我去他家看了一些他们家的材料，其中包括 1954 年
6 月的大瑶山瑶族自治区人民法院《民事判决书》、1954 年 12 月的《土地房
产所有证》、1973 年 2 月的《结婚证》、1997 年 4 月的金秀瑶族自治县人民法
院《民事调解书》等。这都是很少见的，非常珍贵。

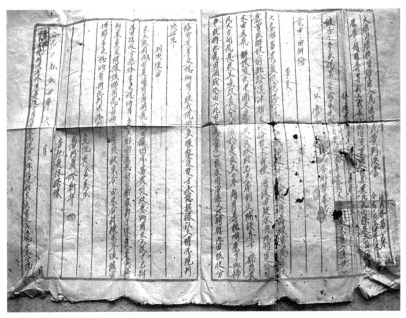

▲1954 年 6 月的大瑶山瑶族自治区人民法院的《民事判决书》（2009 年 2 月 26 日摄）

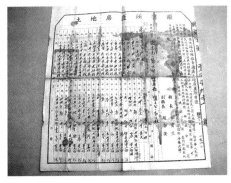

▲1954 年 12 月的《土地房产所有证》
（2009 年 2 月 26 日摄）

▲1973 年 2 月的《结婚证》
（2009 年 2 月 26 日摄）

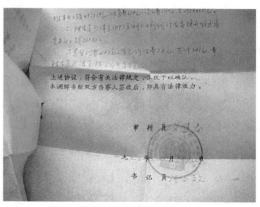

▲1997 年 4 月的金秀瑶族自治县人民法院《民事调解书》（ 2009 年 2 月 26 日摄 ）

　　至于到村民家找资料怎么样找的问题，我的体会是采取由易到难、由普通的材料到特别的材料这样一个原则。通常，村民家会保存一些红白喜事的礼簿，记录人情往来以备日后还情。调查者到村民家可以先问村民近些年有没有新人结婚或者老人过世，在得到肯定答复后再问有没有礼簿、可不可以看一下。之后，调查者再问有没有其他文字性的东西，如契约、协议等。通常村民不愿意外人了解自己家的私密事情，对有关纠纷解决方面的调解书、判决书等不太愿意示人，需要做耐心的说明，村民才有可能拿出来让调查者看。

　　如 2006 年 12 月 8 日上午，我在盘振武（武哥）的陪同下到金秀下古陈的盘振忠家。盘振忠先是拿出 2003 年农历十二月长女结婚的"族　戚　友来礼物登记部（簿）"给我看。在礼簿中，我第一次见有为结婚办酒席而借猪的记载。

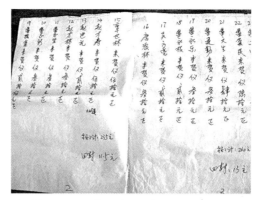

▲礼簿之封面、 内页之一 （ 2006 年 12 月 8 日摄 ）

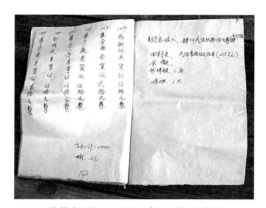

▲礼簿内页之二 （ 2006 年 12 月 8 日摄 ）

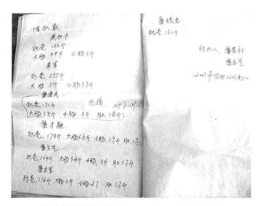

▲为结婚借猪记载 （ 2006 年 12 月 8 日摄 ）

看完礼簿并拍照后，我问盘振忠他家还有没有其他的文字性东西让我看看。他就笑，不说有也不说没有。武哥就在一旁说"有的，有的"，帮我做工作。我也解释只是看一看，也不会外传，会保密的。经过一番劝说，盘振忠从房内又拿出了一些文字材料，其中有一份 1968 年 12 月的《交换房屋居住合同书》。

盘振忠拿出来的材料中还有几本做（祭）盘王的记载簿，由于年代久远有的已有一定的损毁，大致能看出是从 1924 年 5 月开始的做（祭）盘王时出钱、出鸡情况的记载，最晚的记载为"1957 年正月十□做盘王盘集佳来鸡一只"。这一材料对了解历史上村民做（祭）盘王的组织、程仪等非常有用。

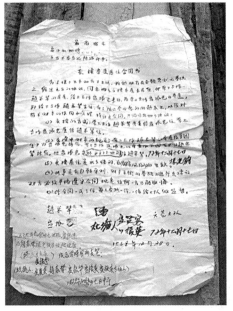

▲《交换房屋居住合同书》
（2006 年 12 月 8 日摄）

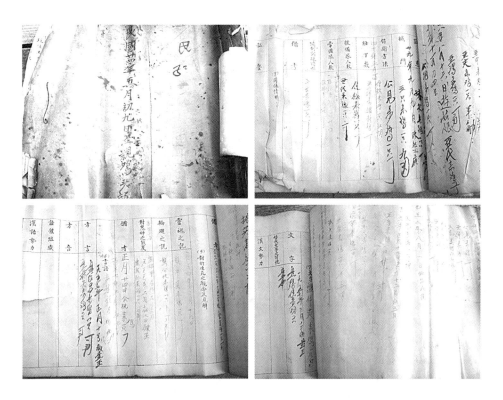

▲做（祭） 盘王记载簿（ 2006 年 12 月 8 日摄 ）

法社会学田野调查者到村民家找什么的问题就比较简单，概而言之，找一切资料，不管什么都需要，都要收集。调查者有时候是进行专题调查，这自然是找与手上进行的主题直接相关的资料，但是除非时间特别紧张，一般也应该收集村民提供的其他资料。切记过了这个村没有这个店，资料多多益善。

如 2008 年 10 月 1 日，我在下古陈的盘振武家翻看他保存的一些文字材料，其中有收八角的记账本，还看到他的一张共产主义劳动大学的毕业证。

▲记账本（2008年10月1日摄）

▲毕业证（2008年10月1日摄）〔1〕

---

〔1〕 1971年时广西已非为省而为自治区了。1949年12月11日，中国人民解放军解放全广西，设广西省。省会在南宁。1952年12月10日，在邕宁、宜山、百色3个专区成立桂西僮族自治区；1956年3月，改桂西僮族自治区为桂西僮族自治州。10月，中共中央提出了建立广西僮族自治区的倡议。12月，鉴于正在筹建广西僮族自治区，国务院会议作出了撤销桂西僮族自治州的决定。1957年6月，国务院作出关于建立广西僮族自治区的决定，并在同年7月召开的第一届全国人民代表大会第四次会议上通过相应的决议。1958年3月5日，广西省改为"广西僮族自治区"，省一级的"广西僮族自治区"成立。同年10月12日，经国务院批准，"广西僮族自治区"改名为"广西壮族自治区"。1978年起，自治区成立纪念日定为12月11日，与中国人民解放军解放全广西、右江苏维埃和红七军成立的日子相一致。

　　由这次在盘振武家找资料的过程，我发现他家有不少材料，可以此为基础写写武哥这个人，从而萌生了编著"乡土法杰丛书"的念头。

　　当然，到村民家找资料重点是找稀少的资料、独特的资料、有地方特色的资料，为法社会学研究提供第一手材料。如 2006 年 12 月 10 日，我到金秀门头屯蓝振光家访问调查时，他拿出来几个本子，内夹了几张纸，我一看是《借条》《借猪壳凭据》，内容为有关借猪肉、借猪下水（内脏）的借条。这样的借条我在其他地方没有见过，这是第一次见，感觉新鲜。我觉得这表示了一种新类型的债权习惯法规范。

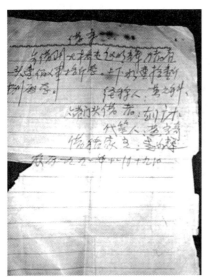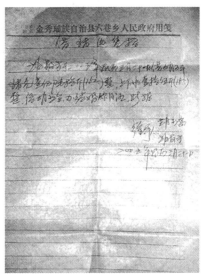

▲借条（2006 年 12 月 10 日摄）

　　又如 2010 年 1 月 5 日下午 6 点，我在金秀共和村田坪屯 1940 年出生的盘有坤家看到了两份有关婚姻方面的《合同》，令我大开眼界。

　　从形式上看，两份《合同》中的"合同"两字仅为一半，一式两份的《合同》两份合在一起构成完整的"合同"两字。这体现了"合同"即合为同一件书契之意，双方"合"在一起成为"同"一。

　　一份《合同》用红纸毛笔书写，长条形。这是一份签订于 1963 年农历二月廿五的招郎为婿即入赘婚的《合同》，坤林屯赵家招田坪屯盘家男子即盘有坤哥为上女方家郎婿，内容涉及招郎为婿的期限、财产承继、老人养老等。

这类《合同》按照当地习惯法由双方亲戚收藏，怕当事人自己收藏会出现反悔情形，需要中间人作证并监督执行。

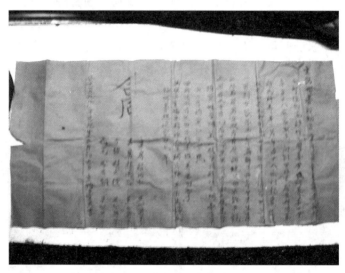

▲合同一（2010年1月5日摄）

另一份《合同》用白纸毛笔书写，正方形。这一份与上一份内容类似，签订于1984年农历正月初六，为新村屯冯家招马安屯庞家男子为郎婿。

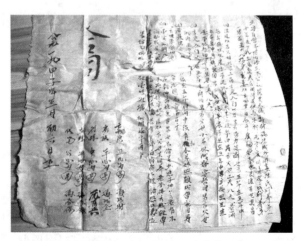

▲合同二（2010年1月5日摄）

　　我国学术界通常认为"合同"仅存在于财产关系，在婚姻这样的人身关系中没有"合同"。这两份婚姻方面的协议名称直接称为"合同"，反映了当地民众的实际法观念，而这与学术界的看法截然不同。这是颇值深思的。

　　"为有源头活水来"。法社会学田野调查需要找到活水的源头，这源头在千家百户。千方百计到村民家找资料，这是法社会学田野调查的基本方法和途径。

2022 年 8 月 30 日记

**15**

# 利用网络

2020 年初的疫情期间,由于行动管控而无法出门进行田野调查。在编《南方少数民族村规民约汇编》时,我逐渐发现利用网络得到有关电话后联系有关人士进行村规民约的资料搜集是一个可行的方法,值得在法社会学的田野调查、研究中运用。

## 一、通过网络找来高山族村寨的村规民约

在编《南方少数民族村规民约汇编》时,开始时我觉得大陆地区的高山族在 2010 年 11 月 1 日第六次全国人口普查统计时仅 4009 人,[1]就与合作者池建华商量准备不收入高山族村寨的村规民约。

一般认为,高山族是我国台湾地区南岛语系各族群的一个统称,包括阿美、泰雅、排湾、布农、卑南、鲁凯、曹、雅美和赛夏等,2008 年总人口为494 107 人,主要居住在我国台湾地区。

后来我在网络上搜索了一下,发现少数高山族散居在大陆的福建、浙江等沿海地区,福建省漳州市 2009 年有高山族 99 户 325 人,而漳州市下辖的华安县是大陆高山族同胞聚居最多的县,2014 年有高山族同胞 52 户 137 人,居住在送坑村、大地村、市后村等 7 个村,这些村被国家民委列入人口较少民族高山族聚居村。媒体有说送坑村被称为大陆唯一的高山族聚居村寨。

在网上看到一些有关送坑村、大地村的新闻,主要为旅游方面的消息,没有涉及村规民约的材料,更不要说直接能够找到高山族地区的村规民约了。

---

〔1〕 有人认为"高山族"这一称呼不太合适,应该修改。本部分仍按现在通常的称呼。

　　这样，我就想疫情结束后去一趟华安县的送坑村、大地村，实地搜集这些村的村规民约。但到 4 月中旬，我从北京去福建的可能性仍然不大，去实地更是遥遥无期，而我想将《南方少数民族村规民约汇编》5 月交稿。因此就考虑能否通过网络找到有关乡村干部的联系方式，以此方式找到高山族地区的村规民约，弥补这一空缺。

　　具体做的时候，送坑村这边就不太乐观，我知道了村书记的名字；也知道了舞蹈队、西坛组的几个高山族村民的名字。但仅仅找到了一家登记地址在送坑的茶叶公司的一位姓谢的负责人的手机号。我打过去，结果告知是个空号。直接联系上送坑村干部的希望不存在了，只有另寻他途了。

　　而大地村这边就很有收获。大地村有一个旅游景点土楼群，比较有名，其中的二宜楼 1996 年被公布为第五批全国重点文物保护单位、2006 年南阳楼被公布为第六批全国重点文物保护单位、2000 年东阳楼被公布为华安县级文物保护单位。

　　其中的一个新闻报道中讲大地村村书记发现了年轻的刘坤强，培养 30 多岁的他做了村民委员会主任。这就基本了解了主要村干部的情况。但没有搜索到与大地村村规民约有关的新闻，更没有村规民约具体的条文了。

　　不过，在网络上搜索到大地村一家茶叶公司、一家乡村饭店人的手机号。特别是发现有一家五凤楼民宿有固定电话，还有两个手机号，而这家民宿的股东中有刘坤强。这令我非常兴奋，觉得非常有戏。我还去这个五凤楼民宿的网页看了一下，有 22 个床位，环境不错，生意看起来还可以。

　　2020 年 4 月 22 日上午，我给民宿相关的一个手机号打电话，对方告知他不是刘坤强。我简单说明了一下情况，请他告诉一下刘坤强的联系方式，他很乐意地告诉了刘坤强主任的手机号。我马上电话联系刘主任，在说明意图后他很痛快答应帮忙。我还问他认识送坑村的村干部否，他说他们村主任最近好像出了一点事；我进一步问能否介绍送坑村的其他村干部，他就说不认识，叫我另想办法。从他的语气中，我感觉到送坑那边的村干部他肯定有认识的，但是现在那边比较麻烦，他也就不想掺和了。这我能够理解。

　　我于是请他加一下我的微信，请他通过微信联系我。11 点多，他加了我的微信。我在微信中进一步说了一下我的想法和要求。

　　当天下午 2 点多，刘坤强主任就通过微信将《大地村村规民约》电子版发给我了。我看后发现没有制订时间，又问他具体时间，他告知为 2018 年修订的；又问几月，他回复"大概在 10 月"。这样，我就得到了一份高山族地区的村规民约，这算解决了一个大问题。这样南方地区的 33 个少数民族均有村规民约进入《南方少数民族村规民约汇编》一书中了，汇编就真正地搜集到每一个少数民族的村规民约。

这首先要感谢刘坤强主任的大力帮助，没有他的热心支持，这是没有办法的。当然，我也为自己想到这种利用网络搜集材料的方式而有点小得意。通过各种网络上的消息特别是民宿、饭店、农家乐来联系上有关村干部，我觉得在法社会学的田野调查中不失为某种特殊情况下的一种补充性方法。

至于送坑村的村规民约，我也没有放弃。我在网络上东找西找，找到了一个仙都镇政府办公室的电话。22 日上午，我打了一下，接通了，对方为办公室的一个女性工作人员。我告知我的身份和想法后，她脱口而出说送坑的村干部出事了，她表示不能提供村干部的联系方式。听出我比较失望后，她建议我留下邮箱，她以后叫送坑村的人发给我。我一听当然说好，于是马上在电话中告诉了她。我问她贵姓，她没有告诉我。希望能够有理想的结果。

一直到 5 月 6 日还没有见到有邮件，我就不抱希望了。

### 二、通过网络找来安徽畲族村寨的村规民约

由利用网络获得高山族村寨的村规民约，我便生发了其他少数民族村寨的村规民约也通过网络来搜集一些的想法。

如我发现安徽地区的少数民族村规民约比较少，就想弥补一下。于是先从安徽省民族事务委员会网站上知道安徽省现有 11 个民族乡（场、街道），136 个少数民族聚居村；11 个民族乡（场、街道）除了宣城市宁国市云梯畲族乡为畲族乡外，其他均为回族乡或者回族满族乡，不符合编委会确定的南方少数民族的要求。

进而我搜索宁国市云梯畲族乡的有关信息，得知这个乡有云梯、白鹿、毛坦、千秋四个村，人口 6100 人。其中畲族人口 1800 人，而千秋村为畲族村。

于是，我再搜索千秋村的消息，从"宁国市云梯畲族乡千秋畲族村先锋网"上知道了村书记为蓝晓芳；又从百度地图上发现了千秋村的宁国水云间农家乐、郭妈妈农庄留有手机号。

在 4 月 22 日下午，我先打水云间农家乐的电话，没有接通；又打郭妈妈

农庄的电话，这次接通了，我向对方介绍了一下自己，想请他提供蓝晓芳书记的联系方式。他答应帮我找一找。我便请他加一下我的微信，麻烦他通过微信发给我。过了大概20分钟，他发了一个手机号，说是蓝晓芳书记侄子的号码。我即打这个电话，马上通了，对方说是书记的弟弟。我说明意图后想要蓝晓芳书记的电话，他马上报给了我。

下午4点来钟，我联系上蓝晓芳书记，告诉了我的身份和想法，她很支持，说在外面，回来后发给我。我请她先加我的微信。大概过了半小时，蓝晓芳书记通过微信发给我一张千秋村村规民约的照片，说"村里电脑打不开，墙上拍张发给你看行不行"。我看后发现能够看清楚，便表示没有问题；发现没有具体的制订时间，便又问她，她回复记不太清楚了，大概为2012年6月。

这样，我转为文字后，一份安徽畲族村寨的村规民约就搜集到了。这就补充了安徽这一南方省份的少数民族村规民约。

在网络搜索过程中，我在宁国市云梯畲族乡云梯村先锋网上发现了一份2017年的禁渔通告。我觉得这也可算安徽畲族村寨的村规民约材料，也可以收入《南方少数民族村规民约汇编》中。

### 三、通过网络找全国唯一畲族自治县的村规民约

在编《南方少数民族村规民约汇编》的畲族部分时，两位朋友帮忙提供了浙江省丽水市辖下的不少畲族村的村规民约，唯独没有景宁畲族自治县这一全国唯一畲族自治县的村规民约。于是，我想利用网络找一找景宁畲族自治县的村规民约。

这一找，果然找到了一些。在浙江农民信箱·万村联网工程的"丽水市景宁县大地乡大地村"网页上，有基本概况、领导班子、基层党建、新农村建设、村务公开、农技服务、信息动态等栏目，特别是还有村规民约栏目，我看见其中有大概为2013年制订的《大地村村规民约》。

按照这一路径，我在浙江农民信箱·万村联网工程下又查看了景宁畲族自治县的一些村，找到了2013年4月23日的《沙湾镇叶桥村村规民约》、2009年的《叶桥村森林防火村规民约》、2012年3月20日《处基村计划生育村规民约》等。这样基本可以弥补畲族村寨的村规民约中没有全国唯一畲族自治县村规民约的缺憾。

在网上搜索、阅看时，我还发现在一则"在这里'使用公筷公勺'被纳入村规民约"的报道中，[1]有这样的内容：

> 近日，浙江省文明办发起了"就餐使用公筷公勺"的号召。大均乡伏叶村经过村两委讨论通过后，将"使用公筷公勺"这项内容写入了村规民约。伏叶村网格员挨家挨户，给村民、农家乐（民宿）业主送出了一份"关于增补伏叶村村规民约文明行为的通知"。通知单里规定农家乐（民宿）在今后的经营中要推行使用公筷公勺、拒食野生动物等相关内容。这项规定马上得到了村民、农家乐（民宿）业主们的响应。

由此我想搜集这一最新的大均乡伏叶村的村规民约。于是，我在百度地图上发现地处伏叶村伏坑 17 号的伏田一叶客栈留有手机号，我就于 4 月 22 日上午 11 点打电话，电话很快接通了，对方为一年轻小伙子。我讲明身份、表明要求后，他说有这个通知的，他找一找。我也请他先加上我的微信。从微信中，我发现这家客栈规模不小，已于 3 月 20 日开业了。

过了一会，他发微信给我，说他家的找不到了；他联系网格员了，看她那里还有没有。又过 30 分钟，他回复说估计找不到了，她一直没有回复。那我也只能暂时这样了。

4 月 24 日上午，我又联系伏田一叶客栈老板。他说他打电话给网格员。大概 9 点半，他发微信告诉我："整个村子都找了，就没有那个单子。"他还很客气地表示"实在是抱歉，没有帮到你"。那这个材料也只能这样了。我还是很感谢伏田一叶客栈老板的，非常乐于助人。不过，那么快就找不到了，这也说明村民大都不怎么把它当一回事，反映了这个村规的实际作用不一定很大，倒是新闻宣传比较有效果，让我这千里之外的人都深信无疑。很多时候，宣传与生活还是有不少距离的。

### 四、通过网络找到更多阿昌族村寨的村规民约

我看《南方少数民族村规民约汇编》中池建华编好的阿昌族地区村规民约部分，仅仅只有云南省德宏傣族景颇族自治州陇川县户撒阿昌族乡的一份，

---

[1] 《在这里"使用公筷公约"被纳入村规民约》，载 http://news.lsnews.com.cn/df/202003/t20200330_347620.shtml，2023 年 1 月 30 日访问。

感觉少了一点。于是，想利用网络再找一找，看能否增加一些。

在网上，我知道了阿昌族主要分布于云南省德宏傣族景颇族自治州陇川县户撒阿昌族乡、梁河县曩宋阿昌族乡、九保阿昌族乡，我国共有这三个阿昌族乡。户撒阿昌族乡的村规民约有了，九保阿昌族乡的村规民约也有了，于是我就在网络上主要找梁河县曩宋阿昌族乡的有关报道和联系方式。

通过网络查找，我知道曩宋阿昌族乡有曩宋村、关璋村、弄别村、龙营村、马茂村、河东村、瑞泉村、上芒东村、芒林村等。我利用网络找上芒东村、芒林村的固定电话号码，找到了曩宋阿昌族乡畜牧养殖场的固定电话。

4月23日上午9点多，我打芒东村的那个电话，是一个年轻女性接的，她说她这里是乡综治办，她告诉了我乡党政办的固定电话。我马上打乡党政办的电话，接电话的也是个年轻女性，我说明身份和想法后，她说要领导同意的。没有等我要她告诉领导的联系方式，她自己主动说叫我记一下主任的电话。然后我即与杨姓主任联系。手机通了以后，杨主任有一些疑惑，问我怎么知道她的手机号码的，我将整个过程说了一下，她有点理解了；又说不清楚我的身份，我说一会你加一下我的微信，我告诉你我的姓名，百度上都可以查得到我的有关情况。这样交流后她基本信任我了，不过表示要等下星期了，这星期省里在检查。我表示没有问题，时间不急。她便先通过了我的微信。

28日我联系杨主任，她回复："已联系村委会，等他们传来。"5月6日上午9点半，我又联系她，她很快通过微信发给我曩宋乡关璋村8个村民小组的村规民约和2019年的《曩宋乡弄别村村规民约》。我非常感谢她的支持，这样阿昌族村规民约部分就非常丰富了。这是成功利用网络得到有关人士支持的一例。我在感谢杨主任帮助的同时，也增加了对迅捷的网络时代的实际感知，多一份法社会学田野调查通过多种渠道获得所需材料的经验。

据此，我选择了几份村规民约将之补充进《南方少数民族村规民约汇编》后交出版社了。

看来，在网络上多查查，就会有收获。网络也是法社会学调查的一个田野，法社会学田野调查、研究者需要了解网络，学会利用网络，掌握在网络上获得材料的方法。

2020年4月23日晚上记

5月6日补充

# 没法听完整的旁听

2021 年 10 月 11 日下午 3 点，我在江西省某县人民法院旁听了一起离婚纠纷案件的审理。

开庭前，我从法官助理处简单看了一下《民事起诉状》。案件由女方（1979 年生人，本地人）于 9 月 21 日起诉，说男方（1971 年生人，四川眉山人）有家暴行为，提出了离婚、小孩由女方抚养男方一次性给抚养费、婚后共同财产的一套价值 68 万元的房屋归女方所有、夫妻关系存续期间由男方经手的债务由男方承担、男方赔偿女方精神损失费 3 万元、诉讼费由男方承担等六方面诉讼请求。

双方 2005 年 6 月相识，11 月结婚；有一个 2008 年出生的女儿。从 2011 年开始基本处于分居状态。

被告为男方，11 日下午先

▲ 民事起诉状之一（2021 年 10 月 11 日摄）

到达法庭。法官来后就先与他交流了几句。男方只准备了答辩状，写了有 5

页，打印时的字体为 5 号，法官看得有点费劲。但是没有准备证据。男方认为我是来应诉的，不需要准备证据。看样子他不太懂法，有点误解。法官提醒他需要在法庭调查结束前准备好证据。法官向男方一一解释女方起诉的各项请求，如房屋问题，看是否处理、如何分割；精神损失费除非有严重家暴等情况，一般不支持；债务问题等。

起诉时，女方提供了一份 2011 年 3 月男方打女方后手写的《离婚协议书》，上面约定了房屋归女方所有、女方名下存款归女方所有、男方给女方 35 万元、小孩由女方抚养等四方面内容。

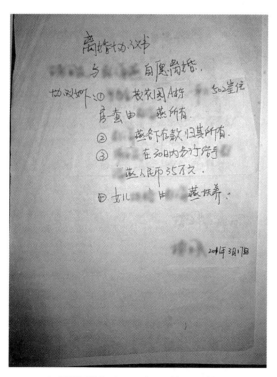

▲ 离婚协议书（2021 年 10 月 11 日摄）

在与法官聊天时，男方认为这一协议不是他写的。后他又承认是自己一气之下写的。经过民政部门工作人员做工作，当时双方没有离婚。

法官还了解到 2016 年时双方闹到法院，当时已达成包括离婚、男方给女方 50 万元、小孩由男方抚养带回老家等内容的协议。但到下午签字时女方没有来，调解协议没有正式生效。

等原告来以后，法官就让被告男方将答辩状给原告女方。

下午 3 点 25 分，法官建议开庭前大家先聊一下，开庭时要如实陈述，以避免讲假话误导法官。如开庭前达成协议就可不开庭，如达不成协议就开庭。

法官一边看被告的答辩状一边问被告有什么证据需要提供，他说没有。法官问你为什么要求原告赔偿 5 万元精神损失费呀、有什么证据。被告说没有证据，主要是她不让女儿来看我。法官说你这个答辩状没有就原告起诉书提出的五方面诉讼要求进行答辩呀。被告说"你看最后嘛，我有意见的"。

▲民事答辩状之一 （2021 年 10 月 11 日摄）

之后，法官针对原告提供的这份 2011 年的《离婚协议书》重点询问被告是否真实。女方表示协议可申请做鉴定，"我不理亏"。被告男方提出其中的三个"燕"下面的一横不一样、时间绝不可能是 3 月份等，他认为日期特别有问题。他看了后认为这不是他写的，他否认这份协议的真实性。

法官问女方"要不要提交这份协议给法庭"，女方表示"要"。之后，法官向双方解释这一协议的重要性，如男方有异议要鉴定后再开庭。

此时，男方的态度软了一点，问"这协议现在还有效力吗"。法官解释要综合认定，首先要确认真实性。男方认为这协议与他印象中不一样。

男方问女方"你是以协议起诉吗"，女方回答我是以家暴起诉。男方说几十岁的人了，不要离婚；说"你妈起了坏作用"；后又说"你找到更合适的人了，我同意离婚，但孩子归我"。女方说精神折磨非常大，委屈说不出来，"我的精神是灰的"。她不同意男方的要求。女方说着说着有点哽咽了。

法官解释"你们十几年的分居状态，女方想做个了断，这涉及许多具体问题，房屋、财产什么的"。他进一步告诉双方当事人，离婚案件主审法官有一定的自由裁量权，男方你又没有赌博什么的，法官可判离可不离"，但"我们的自由裁量权不能滥用，双方分歧较大，我们可能就判断不准了，如你们分歧不大，我们就可很准确地解决你们的问题"。

双方又就孩子抚养权事宜争了一番，男方很激动。

法官再强调证据。而男方认为有分歧时才需要。法官说现在房屋、孩子抚养权都有分歧嘛，"你要 15 万元精神损失费也要证据"。男方表示这要什么证据。

法官要求男方明确这协议是否真实，否则去鉴定后再开庭。男方说他有点吃不准。

下午 4 点时，男方仔细看协议，做思考状，不言语。之后，男方说"这不是我写的"，但是他又不想提出鉴定，说这搞反了。实际上，男方对"谁主张谁举证"的理解有误。为让男方理解，法官叫法官助理去拿有关法规让男方了解。法官指给他看、解释后他承认自己教条了。法官助理告诉他："你不要怀疑我们，我们不会针对你的。"

男方提出就 2016 年的事申请调一下材料。女方说当时没有立案。法官表示这应该查不到，不会作为诉讼处理存档。

下午 4 点 20 分时，男方写字、比对、考虑，做思考状，又叹气。他又要求给原件看。他看了老半天，最后说不是他写的。法官就说"那写个申请书"。男方就写了一份申请书，要求申请鉴定。

法官又问女方："这协议是你提供的?"女方回答"是"；又问男方："这协议是不是你写的? 是不是真实? 签字是不是你签的? 你如实回答。"男方思考后说"不是"。法官告诉男方申请鉴定是你的权利，三天之内你一定要去鉴定机构，与法院工作人员一起去。法官表示"我们以鉴定结论为准"，作为一个重要参考，综合判断。

于是，法官告诉双方当事人鉴定的过程、费用及后果，叫书记员提出几家鉴定机构来供双方选定。法官就叫书记员做笔录。

下午 4 点 50 分在等待笔录签字时，法官叫女方离开法庭回避一下，他单独给男方做工作。女方出去后，男方向法官表示房产、女儿归他抚养等。法官要他提供证据，精神损失费也要提供证据。法官向他表示"我们是中立的，不好多给你说什么，你最好去咨询一下律师，免得到时候吃亏"；法官说"我与你沟通有困难"。他们在聊时，我也劝了一下，男方就说"老师（法官介绍了我的大学老师身份），我的人生与你无关，与三位法院人有关，是他们的职责"。这一下呛住我了，我只有闭嘴不语了。

男方对法官说"你叫我提供什么样的精神损失费证据"。法官表示"这我就不好说了，你去问律师，你自己要考虑一下，否则我们就不公正了"。法官说大部分第一次不判离，也有部分判离的，"下次开庭时你要有证据意识，不能光凭口来说，要提供证据"。

等到下午 5 点 2 分书记员弄好后叫双方当事人签字时，男方又反悔了，说"这么麻烦，不申请鉴定了"，"我能不能反悔，我承认是我写的"。法官说"你不能出尔反尔，你必须确认一下"。

下午 5 点 8 分，法官叫女方进来。法官助理劝男方"你有疑问就申请鉴定"。法官说"现在是在法庭上，不能出尔反尔，我们尊重你的选择权"；"如果你认可了，我们就下次再开庭"。

于是法官只好又叫书记员重新做笔录，确认这份协议的真实性。法官指示书记员笔录这样写："通过我回忆，重新向法庭确认，我确定这是我写的。"

此时时间已到下午 5 点 10 分，法官征求双方当事人的意见："是今天下午继续开庭呢还是另外找时间开庭；继续开庭至少要开到 6 点钟，我们法院是 5 点半下班；另找时间开庭的话不一定有审判庭。"

男方表示无所谓，女方说听法官的。经过书记员的联系，13 日上午同一个审判庭可以使用，而法官也有时间。于是法官决定 13 日上午 9 点在同一个审判庭继续开庭，不再另行通知了。双方当事人表示知道了，到时候来。

下午 5 点 23 分，双方当事人在书记员打印出来的两页《质证笔录》上逐页签字和按手印。

下午 5 点 25 分，法官给双方当事人说"今天没进行实质开庭，对那份协议纠缠来纠缠去，下次不能对协议出尔反尔；对其他方面谁主张谁举证，这是法律规定的"。法官对双方当事人说"你们先回去吧"，结束了 11 日下午的案件处理活动。

我与法官、书记员从法院后楼回办公室时，女方在法院食堂做服务员的表妹（女方姑姑的孩子，下午 4 点 55 分时来法庭旁听）的陪同下等法官。女方说他怎么说精神损失费的事，想与法官交流。法官没有听就上楼来了。后来我问书记员男方是否知道女方有亲戚在法院做工、担心法官偏袒女方。他说他不知道，一直是法官助理联系男方的。书记员认为法官不太会判离婚，因为分歧太大了。他觉得会缓一缓，让男方逐步有思想准备。

晚上我碰见女方在法院食堂工作的表妹时，她跟我说："若不是脾气好的这位法官，其他法官对男方肯定发脾气了。"似乎对男方的脾气颇有微词。

由于我 13 日星期三有一天的课，已定 12 日返回，显然不能参加 13 日的开庭继续旁听了。

为了弥补这一缺陷，我想只有采取以下补救措施。

一是加法官助理和书记员的微信，在 13 日以后的时间与他们联系，请他们介绍 13 日开庭的情况，并将庭审笔录拍照给我。

二是微信联系法官，向他了解 13 日上午开庭的情况以及他的初步想法。

三是联系在法院食堂工作的这位工人，她是女方的表妹，通过她侧面了解女方在 13 日开庭的情况。

四是在下次到该法院时查阅案卷材料，获取裁判文书，并访问法官、法官助理、书记员等，补充了解有关情况。

看通过这些方式能否将没有听完整的案件旁听了解全面。

法社会学田野调查中，经常会碰到这类情况，由于行程问题、事情变化等原因，不能参加整个过程，只能了解前面进行的部分情况，没有继续在现场了解后面的进展。这就只能通过各种方式进行弥补性了解，以完整的掌握整个事件的情况。

2021 年 10 月 12 日 12：53 于梅州至北京飞机上

回京后忙于其他杂务，把了解这个案件审理结果的事给忘记了。

2022 年 3 月 3 日上午，我接到一个赣州的陌生来电，一接是这个离婚案的女方打过来的。我也不知道她是如何获得我的手机号的。她说已经判离了，但似乎对判决结果不是很满意，涉及房屋和孩子抚养费什么的；对主审法官也不满意，说没有怎么与她沟通；对她表妹也不满意，好像没怎么帮她。她说她有隐情，好像孩子身体不怎么好。我劝她你是希望离婚的，主要目的达到了就可以，经济方面什么的总归是小的方面。她说我理解她，我也不知道她何出此言。我说以后我来时可以聊一下。说了几分钟我们就挂掉电话了。

这简短的一聊，我感觉她不是一个一般的人。记得当时 11 日下午她走进法庭时看见我在旁听，还问我是不是律师。

我 26 日上午 9 点通过手机号加她的微信，看她通过否，想看看判决书。不过一直没有通过，联系不上她。

只有下次到这个法院时再去了解具体结果了。

2022 年 4 月 26 日又记

在校阅上文时，我觉得应该联系法官知道最后的处理情况。于是在 2023 年 1 月 31 日下午我发微信给法官，希望了解案件的最终结果。法官告诉我他对这个案件有印象，他去找一下。

2 月 1 日下午，法官通过微信将《民事调解书》发给我，并告诉我女方已支付给男方 30 万元，男方已腾出房屋由女方母女居住。"该案调解成功，做到案结事了。"

我看了一下这份共 4 页的《民事调解书》，最后协议部分的内容如下

本案审理过程中，经本院主持调解，当事人于 2021 年 10 月 13 日自愿达成如下协议：

一、原告×××与被告×××自愿离婚；

二、原告×××与被告×××的婚生女××由原告×××抚养，由原告×××自行承担婚生女××抚养费（被告×××已按约定付清抚养费），若婚生女××身体发生重大疾病，被告×××愿意承担一半的医疗费用；

三、被告×××在不影响婚生女××生活学习且尊重其愿意的情况下，每周拥有一次对婚生女××的探视权；

四、原告×××与被告×××在婚姻关系存续期间夫妻无共同债权、债务；

五、原告×××与被告×××在婚姻存续期间，位于××县××镇××大道××花园 A 栋一单元×××号（房产证号：×房权证××字第 050×××号，面积：127.87 平方米）房屋一套及车库（面积 22.79 平方米）归原告×××所有；原告×××应向被告×××支付房屋折价补偿款 340 000 元，核减被告×××支付原告×××精神损

失费 30 000 元及原告×××抚养婚生女××经济补偿 10 000 元，原告×××仍支付被告×××房屋折价补偿款合计 300 000 元；

六、原告×××于 2021 年 10 月 30 日前向被告×××支付房屋折价补偿款 100 000元，原告×××于 2022 年 6 月 30 日前向被告×××支付剩余房屋折价补偿款 200 000 元；

七、被告×××在 2021 年 11 月 15 日前搬离××县××镇××大道××花园 A 栋一单元××号（房产证号：×房权证××字第 050×××号，面积：127.87 平方米）房屋，且应协助原告×××办理房屋产权过户手续；若被告×××未在规定时间内搬离该房屋，则原告×××可向法院申请强制腾房；

八、本案案件受理费 1425 元，由原告×××承担 800 元，被告×××承担 625 元。

以上协议，不违反法律规定，本院予以确认。

看后，我即通过微信语音问法官 13 日上午当时处理的情况。法官告诉我："我给他们讲，你们已经分居这么多年了，好聚好散吧；房子呢，是你们夫妻的共同财产，按照法律应该是一人一半，价值 68 万元每人为 34 万元；你男方打了女方，赔偿一点，为 3 万元，小孩的抚养费呢男方出 1 万元，这样 34 万元减去 4 万元，房子归女方，女方给男方 30 万元。男方也觉得再在一起没有意思了，也想通了，经过做工作也同意这样的协议。后来女方付了 10 万元后他搬出来了；付 20 万元后男方给了一张收条，也附在案卷中。孩子探视问题现在也正常。"

这样，我虽然没有完整旁听这一离婚案件的整个过程，也基本知悉了结果。不过，13 日法官如何做双方当事人的工作而达成调解协议，可惜我没有在场而无法具体获知。这是一个遗憾。

在进行法社会学田野调查时，如果没有办法完整参加某一活动或者如这次未能完整旁听完案件的处理，就需要进行一定的补救，如留相关人员的联系方式等，根据情况通过不同方式了解之后的基本情况。

当然，还需要及时进行事后了解，不能如我这次般忘记了而有些虎头蛇尾，应当做到有始有终、及时完成一次调查。

2023 年 2 月 1 日再记

# 17

# 多聊有益

今天下午，我在北京一家修脚店修脚时碰到了一位为奶奶、爷爷准备生日的女子。

这位为我修脚的师傅比较健谈，我们边修脚边聊天。

她今年春节后来北京打工，准备过年回去时为奶奶过一个生日。

她告诉我，自己今年 30 岁。老家在广西贺州，在广东打工时认识了丈夫，于是嫁到了四川广元。现有一儿一女，大的为女儿，马上要上小学二年级，小的儿子才两岁。

她说到广元后，老公一家人对她都挺好，老公的奶奶对她非常满意，常常跟别人说："这个娃儿是我们的骄傲。"

老公的奶奶和爷爷都八十岁了，身体还很好，爷爷甚至牙齿还都完好。她说不让他们劳动了，他们还闲不住，讲"你们负担重，我们能帮就帮一点"。爷爷当过兵，现在每季度国家发 1000 多元钱，他们二老吃不完的。

八十岁，这是高寿，她准备好好热闹一下。她说，有的人是到镇上馆子里吃一顿，这没有什么意思。她准备在家里办，大家可以吃两顿。村里人都把房子修到公路边了，50 多户都要请到，来的一般是送 100 块或者 200 块，一个大人带一个小孩来参加，这样大概要准备二三十桌。把奶奶、爷爷他们的照片搜集一下，他们自己的还有与儿孙辈一起拍的照片都集在一起，做一个光碟，到时找一个大一点的电视机放，配上柔和一点的、奶奶和爷爷他们那个时代的音乐。她向我强调不能用吵的音乐。另外，买两套红色的衣服请奶奶和爷爷穿上，这样喜庆些。她说："我们条件有限，办不了怎么样的，尽我们的力量表达心意吧。"她还问我这样行不行、有什么建议。

看得出来，她是满怀真情在考虑、在筹划、在准备，饱含着对老人家的浓浓的尊敬、尊重和爱戴。这发自肺腑的爱心和孝心令我这个萍水相逢、初次相识者都深受感动，油然而生钦佩之意。

虽然他们家前两年刚刚盖好三底三楼的房子，现在还有贷款没有还完；虽然她觉得生了儿子以后压力大很多了，以后要教育孩子、要为儿女创造条件；虽然她在北京打工而丈夫和公公在新疆打工分隔两地，但是她觉得为奶奶、爷爷过生日用点钱没有关系，只要让奶奶、爷爷开心、高兴就好。

我不知道她的姓名，也不清楚她上了几年学，短短的不到一个小时的时间也不可能对她有多深的了解。不过，在广东、江苏、成都等地的打工经历让她历练良多，更难能可贵的是她有一颗善良的心、感恩的心。这是在与她交谈时让我感佩之处。

她很平凡，想的是一家人踏踏实实地过日子，为打电话时女儿的体贴、懂事而欣慰，为回家过年全家三桌人团聚在一起而开心，也为赚钱不多、开支越来越大而担心。

或许世事不易，作为四世同堂的关键一代，她和她丈夫肩负着全家的生活重担，但是她没有退缩，而是努力奋斗、尽力赚钱，认真尽好自己的本分。她们维持传统，尊老爱幼，友善村邻，互帮互助。我国的家庭秩序、社会秩序就是由这样的平凡人而维系的。

在进行法社会学田野调查时，常常能够遇到像她这样给我留下深刻印象的人，或男或女，或老或少，或壮或弱，或富或穷；或在乡路旁，或在中巴里，或在酒桌上，或在闲聊时。一个其貌不扬的人往往让你眼前一亮。他们常常引发我的万分感慨，心情久久不能平静。

可惜的是，像她这样的人现在越来越不多见了。

这次交谈令我印象深刻，让我了解了一个普通人的生活状态，也知道了四川广元某乡村办酒、送礼的大致规范，更使我觉得处处是法社会学的田野。

我们做法社会学田野调查和研究的人，不必刻意寻找田野，处处留心皆田野。关键的是，我们需要有好奇心，能利用一切机会与人交流，从中发现线索而发现田野、进入田野和融入田野。我们需要勇于与陌生人交流、善于与陌生人交流，取得其信任，了解社会中的各种法事实，为我们的思考提供广泛的材料来源。

2017 年 8 月 17 日晚记

# 18

# 这个事例有问题

在南方某县民政局调查了解村规民约时，局长给我们提供了一份名为"民政局 2016 年和谐乡村建设计划工作开展情况总结"的文件材料，内容包括制定和谐乡村建设计划实施方案、2015 年和谐乡村建设工作取得的主要成绩、具体做法、存在的困难和问题、下一步工作计划和建议等。

我在粗粗翻阅时，对"存在的困难和问题"的第一方面"村民法律意识低，法治观念淡薄，不能依法维权"中的一个事例很感兴趣。

这一事例具体为：

如 11 月 12 日我们在一个村中发现两张公告，一张是村民委依据村规民约处罚某村民盗伐他人一根杉木，罚款 100 元；另一张是有人偷砍了一个村民养殖场的 9 米引水管，该村民悬赏 1 万元重奖举报者。（这）置该村制定的村规民约于不顾，给该村和谐稳定带来隐患。

在我看来，按此表达，应为 2016 年 11 月 12 日在某村看到的这两则公告，因该总结材料写于 2016 年 11 月 16 日。

我认为该事例有典型意义，可以用在有关村规民约的文章中，如村规民约与国家法律关系、村规民约的实施等，唯乡名、村名不详，故我想了解清楚，便询问局长该村具体为何村。

局长看了一下材料，想了一会后表示没有什么印象了。于是，他叫在隔壁的一位副局长来。这位副局长也看了一下这一段文字，也记不清楚为哪村。

之后，局长问副局长此材料是谁执笔起草的，副局长告诉局长是局里的一位工作人员写的，因为他人不在办公室，局长就请副局长打电话给这位执笔人。

不久，电话打通了，副局长就向这位执笔人介绍了具体情况，想确切知晓发生此事的具体村名。对方与副局长在电话中聊了一会，我在旁边大致听到副局长在与他说什么。

挂断电话后，副局长对坐在旁边的我说："哦，是这样子的，这个事情是以前发生的，是早几年的事。我们这位工作人员去年写这个材料时，是在以前稿子的基础上改的，将前几年出现的这个事改成了去年的事。2016 年没有这个事；至于具体哪一年、哪个村，他也不很清楚。"

副局长这样解释后，张贴公告的这个村名已不可知，发生在哪一年也不确定了。自然这一事例也就不可能采用了。

这一现象反映现在一些地方政府部门文风不正，实事求是精神缺乏，总结材料多为应付领导、上级机关所要，严谨不够。

而于我们进行法社会学田野调查而言，则警示我们对地方有关部门提供的事例、数据等材料需要认真核实，确保真实、可靠，否则一味相信、不加选择地引用、运用就可能会造成失实，使调查和研究结果出现严重问题。

因此，在法社会学田野调查接受地方政府有关部门、乡村的有关文字材料时，需要快速浏览一下，对感兴趣的部分当面即时进行细问、核实，查实有关情况，并尽可能到现场访问有关当事人进行确认，使所得材料的真实性确定无误。

这件事当牢牢记住。

2017 年 8 月 29 日晚记

# 19

# "二手"资料的实地验证<sup>*</sup>

    进行法社会学田野调查和研究时,由于种种原因调查者不能亲身进行实地调查,可能需要依赖他人提供资料。这些"二手"资料,有时会存在一些失真的情况,需要认真对待,特别是在引用时尤其谨慎。2023 年 4 月,我就在南方某县调查时对一位研究生于 2019 年 7 月提供给我的一份材料进行了实地验证,发现了诸多不同的方面。

    某大学法学院研究生小向于 2019 年 7 月 22 日至 7 月 29 日随导师到该县法院、某乡等处进行了调查,2020 年 10 月 20 日将写好的调研报告发给了我。我看后发现有几个与习惯法相关的案例、事例,很感兴趣。我 2017 年 6 月、2018 年 3 月和 7 月三次到该县调查时没有了解到这些情况,2019 年 8 月和2020 年 9 月和 10 月这三次到该县调查时又没有时间进行进一步的实地了解。直到 2023 年 4 月去该县调查时,我专门安排时间就小向调研报告上提到的几个与习惯法相关的案例、事例进行实地了解。经过访谈和查阅有关材料,通过仔细验证后发现有许多不一致之处。

    下面就两个案例、两个事例分别讨论如下,楷体部分为小向调研报告的内容。

---

    <sup>*</sup> 按照学术惯例,本部分中的人名、地名进行了一定的化名处理。我将文章发给小向后,他看后有一些说明,我将此用注释形式附上,并加上我的一些回复,以更完整地理解和思考法社会学田野调查中的"二手"材料。

**案例一**

2019 年 7 月 25 日上午　县人民法院

访谈人：蓝法官　男　副院长

回到民事习惯参与纠纷解决的问题上，蓝院长谈到了一起"宅基地纠纷"的案件，蓝副院长跟我们谈论起了这一起因为丧葬习惯引发的冲突。冲突是由一个家族里面的姑侄关系产生的，姑姑的丈夫也就是侄子的姑父，在自家的房屋里过世之后，姑姑继续坚持在姑父去世的原址上烧香。这样的习惯持续了多年，也是瑶族丧葬风俗的传统表现。但是若干年之后，侄子在姑父去世的这块土地上修建了新房，准备用作结婚。在新房刚刚修建完成的第一个月，姑姑在侄子的执意反对之下，依然来到了侄子的新房烧起了纸钱。这时候姑侄之间，爆发了巨大的矛盾。姑姑认为按照瑶族的习俗，这样一个在专门的时间和方式来祭拜已去的故人，是自己本族传统习惯的民事习惯法，应当坚持和尊重。侄子认为，这个刚装修好的新房是准备结婚用的，你在我刚装修完之时就过来烧纸，导致了心里的晦气，他觉得这个行为会让他倒霉运。随着矛盾愈演愈烈，甚至出现了泼粪的行为（泼粪在金秀地区有着历史传承的现象，带有主观的侮辱之意，意思让你不吉利、倒霉运）。在村支书和村民的劝说下，都没有调解成功。最后来到了金秀县人民法院，蓝法官对这个案子是比较熟悉的，原本十分亲密的家庭关系，到最后都有点无法收场，对立情绪严重。最后在蓝法官通过瑶老和法院工作人员多次的调解下，这个纠纷才得到了逐渐的化解和圆满的解决。调解方式为：通过姑姑请全家族的人吃饭，必须吃两天，并在吃饭的时候向全家族赔礼道歉。同时姑姑必须保证此后不在原址处再烧香祭拜。法院的调解制度和瑶老的权威性，在此案例中得到了众多的应用。蓝院长也提出，这在非瑶族地区是难以见到的，因为事件本身穿插着大量瑶族的民事习惯的运用。

针对小向调研报告，2023 年 4 月 11 日我到法院访问了蓝法官。蓝法官没有担任过副院长。[1]他听了我的介绍，对这起发生在 2012 年的故意伤害案

---

[1]　小向："经过了解得知，当时蓝副院长与蓝法官都在现场。由于蓝副院长主持座谈会，所以就这个案例进行了具体的介绍，所以误以为此案是蓝副院长办理的。"看来，蓝副院长是听具体办理案件的蓝法官介绍后告诉小向他们的。但是，蓝副院长介绍时所说的泼粪、通过姑姑请全家族的人吃饭且必须吃两天，并在吃饭的时候向全家族赔礼道歉等不知道从何而来。

件还有印象，于是到工作电脑上查了一下该案的"结案报告"，大致告诉我基本的案情和他审理的过程、主要考虑，并建议我到档案室查阅此案的案卷。

经过法院领导的同意，我到档案室查阅了此案的案卷，全面地了解了该案的案情。判决书认定的基本事实为：温××（男，汉族，1968 年生人）与温×（女，汉族，1987 年生人）系叔侄关系，因温×的母亲罗××将自己位于善在乡某村的宅基地卖给自己的弟弟温××（温××用 6000 元向温×的母亲罗××购买了这一宅基地，温×两姐妹均不同意；后 2011 年 9 月某县人民法院马岭法庭判决罗××退还 6000 元给温××、温××退还地皮，但罗××一直没有退还钱，温××便在宅基地上盖了房；宅基地的土地使用证上面为温××母亲潘××的名字)，双方产生了矛盾。2011 年 11 月 25 日早上，温×持香纸到温××向罗××所购宅基地上所建新屋内焚烧，引起温××的不满。[1]2011 年 11 月 25 日 10 时许，温××在忠良乡新车站找到温×，质问温×为何到其新屋烧香纸而发生争吵。在争吵过程中，温××用手打了温×的左脸。温×于当日到某县人民医院治疗，住院 11 天用去医药费 2142.80 元；后转院到某市人民医院住院治疗 22 天，用去医药费 4604.30 元。经法医鉴定，温×的损伤程度为轻伤。2011 年 12 月 6 日温××到忠良派出所投案。

在处理方面，在案件审理过程中，温×还向法院提出附带民事诉讼，要求判令温××赔偿医药费、误工费等各项经济损失 20 740 元。经法院庭前主持调解，温××与温×自愿达成协议，由温××向温×赔偿人民币 12 000 元，此款已兑现。2012 年 9 月 19 日法院作出一审判决，温××犯故意伤害罪，判处有期徒刑6 个月。

显然，我了解到的案件情况与小向调研报告有一些不同：（1）习惯法方面，温××与温×均非瑶族，生活在瑶族地区，不能就认为是按照瑶族习惯法而

---

[1] 小向："我以为焚烧香纸的原因可以进一步了解，因为 9 月份双方就发生了矛盾，是什么原因让一方在 11 月 25 日去烧纸（是因为亲人过世的原因，还是因为温×认为这是瑶族地区的某些习惯风俗？）而且正因为这个烧纸行为，让矛盾发生剧烈变化。让温××追至乡车站，而且在公共场合犯下了故意伤害罪，这个烧纸对瑶族地区人民的意义可以进一步了解。"我了解到温×去温××新房烧香、纸的借口是祭祀父亲，父亲的骨灰盒曾放在此。但实际上其父的骨灰盒早已另放他处，她纯粹为一个借口，是要给温××难受。

引起纠纷，[1]至多为受到瑶族习惯法的影响，按照地方习惯法进行行为。（2）人物关系方面，温××与温×非为姑侄关系，温××非为姑姑，温×非为侄子，而是叔侄关系，温××为叔叔，温×为侄女。（3）泼粪行为方面，判决书和案卷材料均没有提及，访谈蓝法官他表示没有印象。（4）调解结果方面，通过法院调解的结果为由温××向温×赔偿人民币 12 000 元，没有其他事项。调解协议的内容仅为两项，一为赔偿 12 000 元，另一为温×自愿放弃其他诉讼请求。至于烧香纸者请全家族的人吃饭，必须吃两天，并在吃饭的时候向全家族赔礼道歉，必须保证不再在原地方再烧香祭拜，全部案卷中没有任何这方面内容，访谈蓝法官时他表示没有印象。[2]

这一案件主要是温×到温××新房烧香纸直接引起，温××按风俗习惯认为不吉利，双方引起纠纷，首先是侄女有过错。蓝法官告诉我调解时侄女的态度比较强硬，不愿意谅解叔叔的打巴掌行为，要求重判。法官在审理时主要做温×的工作，解释道新房烧香纸行为不合当地风俗习惯，[3]况且是到自己亲叔叔家的新房烧香纸，这是不行的，有过错的；对温×所说是按照以往传统在这个宅基地祭奠自己父亲的说法进行分析，指出其不能成立。经过耐心做工作，温×的态度有所变化，与温××就民事赔偿签订了调解协议。法院对温××的故意伤害行为进行了轻判。

**案例二**

2019 年 7 月 25 日上午　　县人民法院

**访谈人：范法官　女岭南人民法庭庭长**

岭南人民法庭的范庭长谈到了一起名誉权侵权的案件，通过实地问询了

---

〔1〕　小向："这点上我有另一个角度的思考，如果两人长期生活在瑶族地区，虽非瑶族。那么可否推测在瑶族地区长期生活的非瑶族同胞，在某些场合和行为也受到习惯法规制。"有时候，区分瑶族习惯法还是地方习惯法意义并不大。瑶族地区的非瑶族人士是否受瑶族习惯法规制，这需要针对具体事例进行分析。

〔2〕　小向："正因为习惯法是不成文的，如果记录在由法院主持的调解书上会让具体审理案件的法官有所担忧。对于这种情况是否有存在的可能，我觉得可以再进一步询问本人或者其他同村村民在遇到此事时是否存在吃饭和全家族赔礼道歉的补救措施。"关键还是具体事实是什么、是否确实存在请吃饭和向全家族赔礼道歉的事实。就全案情况来看，温×成为故意伤害的受害者，态度强硬，不太可能再低头请吃饭。

〔3〕　小向："这一点是否与瑶族传习惯有关，还是只是普通的风俗习惯，我再进一步确认。"瑶族传统习惯与地方风俗习惯并不矛盾，许多瑶族传统习惯往往成为地方风俗习惯。

解到原告方要求解决名誉权的诉讼请求为"挂红布、放鞭炮",这一诉求跟当地的传统民俗习惯有着密切不可分的现实情况与浓厚的生存土壤。通过翻山越岭在实地的了解过程中,原告并不需要被告给予金钱上的赔偿,只需要被告履行本民族的诉讼请求。后来法官经过多方征询,支持了原告的诉讼请求,做到了案结事了的圆满解决结果。

我4月11日去法院时,范法官已经调到邻县的检察院工作,法院的李科长打电话给范法官后我向她大致转述了小向调研报告中关于名誉权侵权案件的情况,她表示对此案有印象,名誉权侵权案件在金秀并不多,但具体的当事人名字不记得了,仅记得大概是2017年、2018年时的案件。

于是,我只有麻烦档案室管理员先在2017年、2018年民事案件的目录中进行查看,果然为2018年时审理的案件。档案室管理员将此案案卷找出来给我查阅。

就2018年10月11日的民事起诉状、2018年11月7日庭前调解笔录和同日做出的民事调解书看,这一发生在谷野乡某屯的名誉权侵权案件,两原告李××(男,瑶族,1969年6月出生)、黄××(女,瑶族,1965年8月出生)夫妻与被告赵××(男,瑶族,1965年11月出生)、郑××(女,瑶族,1965年8月出生)夫妻为邻居,因李××与郑××有不正当男女关系和黄××诬赖郑××偷她衣服以及生活中的小事,两家人存在误会和矛盾,双方一直有争吵。2018年1月3日李××与赵××互骂后,赵××趁李××不备打李××一耳光,李××没有受伤,但花费了医药费150元。2018年1月9日善在乡派出所向双方夫妻发出了《告诫书》,告诫内容为:从今往后,双方应当遵纪守法,加强学习,提高自身待人接物文明礼貌。如果发生矛盾纠纷,应及时向有关部门反映和采取法律方法处理。存在威胁人身安全、侮辱、诽谤、诬告陷害或发送信息干扰正常生活、殴打他人、故意伤害他人身体的,将严肃处理。

原告认为被告的行为对原告一家的精神和生活都造成了影响。原告民事起诉状的诉讼请求为三项:两被告向两原告赔礼道歉、被告赵××赔偿原告李××医药费150元、本案诉讼费用由两被告承担。经法院主持庭前调解,双方当事人在协商一致的基础上,达成协议:(1)原告李××、黄××与被告赵××、郑××达成一致意见,从今以后不再互相公然对骂,不再以电话、短信等任何形式辱骂或骚扰对方的生活,保证在生活中互不干扰,原、被告双方均表示同意；（2）原告李××、黄××自愿放弃其他诉讼请求；（3）本案受理费 500 元，减半收取 250 元，原告李××、黄××自愿负担交纳。

我查阅该案后所知情况与小向调研报告比较，主要在解决名誉权的诉讼请求和结果方面。小向调研报告载原告解决名誉权的诉讼请求为"挂红布、放鞭炮"，原告并不需要被告给予金钱上的赔偿，只需要被告履行本民族的诉讼请求。而在结果方面，小向调研报告为"法官经过多方征询，支持了原告的诉讼请求"。由于范法官已经调离，我没有能够访问她；在电话中她表示也记不起案件的具体细节了。就我看到的案卷内容来看，民事起诉状中的三项诉讼请求有赔礼道歉，但没有明确的"挂红布、放鞭炮"；民事调解书的三项协议内容也看不出法官支持了原告的诉讼请求。也许是原告在私下表示要求按照瑶族固有的纠纷解决习惯法以"挂红布、放鞭炮"的方式进行赔礼道歉，法官可能表示理解，但是没有实际支持。[1]

**事例一**

2019 年 7 月 27 日中午　温满乡腾范村　　花篮瑶
访谈人：胡书记

腾范村是石牌制度保持的比较好的村，村屯的门口立了多块关于村规民约的石碑，由于年代久远、欠缺修复的原因。大多数的字迹不是很清楚。腾范村村规民约就体现在石牌上，当了 20 年村支书的胡书记跟我们谈到，目前村里面一些纠纷主要是林地纠纷。为此他这几年也做了一些工作，根据他这几年的工作经验来看，目前采取的是首先由有威信的族老、寨老来解决，然后是村民小组开会讨论，再次是通过村委会来解决，最后才会考虑通过司法程序来解决。这个过程中胡书记把持着一个"大事化小、小事化了"的原则来解决协调好上述的问题。其次，胡书记也遇到了一些离婚案件。但是大体上来看，离婚案件的调解解决程度比较高。大致上通过族上的老人和村委来，就得到了满意的解决。温满乡腾范村的胡富贵书记谈到，遇到一个个用花篮

---

〔1〕　小向："这个情况，可能是我国民族习惯法在实践和法律层面的'二元困境'。其一，在具有国家'公法'性质的裁判文书上，不会轻易将'习惯法'载明上去，由于习惯法不稳定性的特点，让主办法官有所忌惮；其二，在实际的运用中又成为某一地人民'心照不宣'的规则，由于其'非官方'的性质，在回答'官方'问题时，相关人员回答得比较审慎。"其实，还是在这一案件中是否确实存在的问题。

瑶民事习惯法调解家庭纠纷的案例。其中一个是在 2015 年，本村屯有一户村民有"招郎入赘"的现象，男方到女方家里来，男女结婚的程序是双方家庭中的家长，到女方家中商量相关的入赘事项，在这个过程中签订了入赘协议。在婚制规范的内容中，有这么一条规定。无论将来男方的家庭发生怎样的变化，男方依然要在女方家继续履行入赘的责任。但夫妻生活几年之后，男方家庭的生父病逝，有年迈的母亲需要赡养。这个时候男方就想搬回原来的家庭中居住，可是女方家不同意，这个时候就找到了胡书记进行纠纷的调解。胡书记在了解双方家庭的具体情况之后，又找来了隔壁村村支书进行商讨。在了解情况之后，来到男女双方的家庭中，跟女方说明了男方家里的情况，并考虑到之前签订的合同和实际的条款，让男方依然入赘在女方家中的协议内容不变，然后男方可以回到原来家中照顾母亲。这样既保持了入赘协议的完整性，又尊重了双方的权益，更多的是双方没有将矛盾扩大升级，做到了"小事不出村"。

小向调研报告中的腾范村党支部胡书记的名字疑有误。因对小向调研报告中的这个 2015 年"招郎入赘"纠纷事例很感兴趣，2023 年 4 月 11 日傍晚我一到腾范村访问胡书记时，就询问这一事。结果，胡书记告诉我 2015 年他没有担任村干部，外出打工了，没有在家，故他不清楚这个调解"招郎入赘"纠纷的事。我再追问，他仍然表示没有参与、没有这个印象。

对此，我想小向 2019 年调研时的书记可能为另一位姓胡的书记，此胡书记非彼胡书记，两位胡书记为两个人。但这个可能性不大。[1]为弄清楚这个情况，写作本文时的 2023 年 5 月 5 日上午，我联系胡书记。他表示 2019 年时他已经是村书记了，村里没有另一位姓胡的人做过书记。

这样看来，这一 2015 年调解"招郎入赘"纠纷事就存有疑虑了。可能是

---

〔1〕 小向："我对胡富贵书记印象深刻，在腾范村的讲习所中进行的座谈，他说他一直在腾范村，做了 20 多年村支书。他的名字叫'富贵'，也是要带领村民'富贵'，所以现在他在担任村支书的过程中，还种植了八角。我们当时还问为什么要这么辛苦同时肩负两份工作，胡书记说八角是村里的支柱产业，同时村支书的工资根本负担不起家里开销。我们当时好奇还进一步询问，瑶族地区盘姓居多为何您姓胡。胡书记回答因为腾范村大多数姓胡，至于两人的关系和区分，下一步我再进一步确认。据说，这里'招郎入赘'的例子是花篮瑶的传统，可以通过进一步询问花篮瑶的村民，进一步探寻细节。"小向还发来他们 2019 年调查时的照片，我当时没有照相，就从书记的微信朋友圈中找到一张他发的 2018 年的照片，他觉得既像同一个人又有点不像。我认为是同一个人。

胡书记介绍了村里其他干部调解的事例，即确实有这一调解"招郎入赘"纠纷之事，但非为胡书记所调解，他知道后向小向他们做了介绍。

**事例二**

2019 年 7 月 28 日上午温满乡政府

**访谈人：朱所长**

派出所的朱所长，谈到一起因为狗肉而产生的纠纷。在瑶族地区有不吃狗肉的传统，外地人进入瑶族没有注意到这个习俗，因此吃了狗肉。该纠纷是通过"挂红"的方式来处理的。六巷乡派出所的朱副所长跟我们谈到，在六巷乡有一户村民邀请了在金秀外的一位亲朋好友过来做客。这位好友带了一些狗肉，顺便一起在这位村民家吃起了狗肉。却被隔壁的村民看到了，隔壁村民认为此种行为给自己家造成了十分大的忌讳，因此双方之间产生了巨大的矛盾，一方觉得不能吃狗肉是固有的传统，吃狗肉会导致家里面的忌讳。另一方则认为，这种传统观念落后了，应当发生适时的改变。最后闹到了六巷乡派出所，经过派出所和石牌后人的居中调停。吃狗肉的一家，在石牌后人的主持之下，在占理一家门口挂起了红布。经过举行了这个"挂红"仪式之后，吃狗肉一家又送上了赔罪的红包，双方又在占理一家家门口摆起了酒席，在请了全村人吃饭的情况下，邻居家这才认为吃狗肉的晦气算彻底祛除了。

小向调研报告中提到的这一事例我颇感兴趣，故 2023 年 4 月 11 日傍晚我一到温满乡即去派出所。天下蒙蒙细雨，派出所几位民警都在办公室，朱所长还清楚记得有因为吃狗肉而引起纠纷的这件事。他告诉我这件事大概发生在 2018 年 7 月、8 月份，修路的湖南老板租住在顺清村一户盘姓村民家，后将狗肉拿过来在房子里烧了吃，引起盘姓房东的不满，"你要吃狗肉可以，不要来我这里吃"，他认为不吉利，于是引起争吵。后盘姓村民将湖南老板汽车的轮胎扎了，老板便来派出所报案。朱所长考虑对此事以调解为主，损失也不算很大，处罚主家的话也不利于民族团结，且双方也愿意调解。我提出来能否看看调解协议，他马上叫两位民警到二楼去找。我在一楼等了大概 15 分钟，见他们还在二楼找，因急着去腾范村就与朱所长加了微信，等找到后发给我。之后，我一直微信、电话联系朱所长，到写作本篇时的 2023 年 5 月 5

日上午都没有能够联系上，故不知道具体调解的结果。

后来在去腾范村的路上，我与下顺清的茂华说起此事，他说他有印象，告诉我盘是上顺清人，大概60来岁；他没有听说外地老板为此请全村人吃饭事。茂华说年纪大的瑶胞一般不吃狗肉，他们年轻人也吃，观念不一样。[1]

不过，就我2023年4月11日实地了解到的情况看，与小向调研报告中的叙述至少有几方面不一致：（1）这不是顺清村民之间的纠纷，而是外地人与顺清瑶族村民之间的纠纷；（2）这不仅仅是单纯的吃狗肉纠纷，而是因为吃狗肉而引起了扎轮胎后果而导致纠纷。[2]（3）外地老板为此"挂红"、给赔罪红包、请全村人吃饭情况，至少请全村人吃饭存疑。[3]

作为"二手"材料，小向于2019年7月调查后撰写的调研报告提供了一些与瑶族习惯法当今作用相关的案件、事例，为我2023年4月的实地验证提供了线索，客观上为我的习惯法调查提供了一些方便。

不过，我实地验证后发现与他的调研报告有不同之处，可能有他当时的记录不准问题，有多人发言出现记录混记问题，可能有被访问对象现在的记忆不清问题。产生差异的原因很复杂，时间的流逝，记忆的模糊，主观的感受等，都会导致事实的误差。故法社会学田野调查时弄清事实贵在及时，在当地、当时就全面了解、准确掌握。如我2023年4月11日傍晚到温满乡派出所实地验证时就应该询问调解结果，而不是完全依赖文书，以至于现在还不清楚调解结果。为此调查者需要访问法官和调解人、几方当事人和旁证人，从不同角度听到各方的叙述，多方印证，尽可能地还原真相；同时调查者需要尽可能地搜集判决书、调解协议等文书，将多人访谈相印证、将访谈与文

---

〔1〕 小向："目前，不吃狗肉的观念在年轻一代中出现松动，多数年轻人也不再受此观念的约束。据当时的访谈记录来看，也进一步询问过吃狗肉的这个问题，如果年轻人要吃狗肉，家中又有传统的老人，那年轻人需要换个地方去吃，不要当着老人的面。"受社会发展的影响，瑶族不同年龄的人的观念、行为方式产生的差异。

〔2〕 小向："可能需要进一步了解是什么原因导致了扎轮胎，是因为吃狗肉还是因为阻塞家门口等其他原因？扎轮胎的原因是不是因为吃狗肉引起了强烈的忌讳，需要进一步了解。"从我了解来看，应该主要是吃狗肉引起的。

〔3〕 小向："挂红和后续吃饭的这个事情，我依稀记得不是朱所长本人所谈论，朱所长只介绍了案例。后续的吃饭应该是当时在那次事情中比较了解情况和做了调解工作的一位蓝老先生补充的。"瑶族固有习惯法上是存在通过挂红和请吃饭方式进行赔礼道歉的规范，在现实生活中也有一定的体现。这一事例中是否进行挂红和请吃饭，现有材料不能证实，需要进一步访问蓝老先生和盘姓当事人等。

书相结合，使事实更清晰和完整。[1]

在通常情况下，"二手"材料不宜直接运用，除非为非常具有田野调查经验的成熟学者和专家所提供。调查者宜尽可能地对"二手"材料进行实地验证确定其客观事实后再进行恰当运用。

2023 年 5 月 5 日记

**附记：**

此文写好后的当天，我发给小向（现已经毕业，参加工作），他阅读后当天下午有如下回复：

我把材料看完了，给我的两个最大感受是：

1. 传来证据和访谈材料确实欠缺稳定性，应当以书面材料为依据。

举个例子：就拿胡富贵书记这个例子来说，我真的印象很深刻。因为当时候访谈他作为一个农民，口才出奇的好，一直跟我们强调他的名字"富贵"，就是带领村民今后"富贵"的；但是至于为什么高老师的调查结果不一致，我想进一步地去了解调查清楚。

2. 我有一丝察觉在访谈过程中，被访谈对象可能会根据访谈者问题的出发点，而进行"艺术加工"回答访谈者心里想要的问题。

举个例子：温满乡政府（座谈会）吃狗肉这个例子，当时现场座谈的大概有 6 位各级排除（派出）机构负责人。当时在场几位都认同吃狗肉"挂红"然后请吃饭的情形，据说当时争吵让很多现场的村民都知道，因此村民觉得太多人知道"狗肉事件"有点丢脸，所以让请现场知晓此事件的村民吃饭。

其他的问题，我进一步确认之后再跟高老师回复。

---

[1] 小向："我也非常赞同田野调查的及时和准确，需要记录的内容应当当天记录总结，对于模糊的事情现场确认了解。我在形成调研报告的过程中，也存在着以下不足：其一，由于年纪较长的老人语言不通，在其他人翻译和我理解的过程中可能存在着遗漏和偏差；其二，应当借助技术设备录音，事后在进一步总结，对于有疑惑的问题应当及时确定；其三，当天的访谈内容当天应该总结，由于受访谈对象碎片化的回复，导致我在回忆聊天内容时会有偏差；其四，书面文书材料和口头材料相结合。书面材料的缺陷在于忽略了细节，而口头材料又不稳定，由于接收对象的不同传来的过程中信息可能会出现失真；其五，应该更细致和准确地考察信息来源，如果是案例更应接触到案件的第一当事人。"这五方面确实值得注意。

5日晚上，小向又回复我：

高老师发给我的这份材料，让我感受非常丰富。

我没想到之前我在调研的一些浅见引起了老师的好奇，让小向倍感荣幸和激动。在开心之余，老师治学的严谨也深深教育了我。田野调查是实践经验之学，应当足够认真深入扎实地了解那些看似微不足道的小事，而从这些小事当中发掘出我们正在寻找的答案，而只有认真和严谨才能发掘出常人没有发现的现象和我们要追寻的本源。

另外，田野调查需要经验质感。需要多次去体验和触摸来增强自己获取"灵感"的能力。看了老师的报告和思考，我清楚地认识到自己做的工作材料存在着哪些不足。我也知道自己的工作还是比较粗糙，田野调查明显缺乏必要经验。而法社会学应当回归到社会中、在田野上发现问题和分析问题，这点也是我应该多多加强和练习的。

对于田野调查我也有些自己的思考。田野调查的经验依然需要训练，从而丰富自己对社会的认识。一是要把握好整体经验，例如2019年的金秀调研，目的之一是了解习惯法的现状，我不应当只是简单地了解"习惯法"本身的对象，而应当更多地了解与"习惯法"有联系的文化、风俗、家庭等整体情况；二是，注重额外的经验。在情况允许的情况下尽可能地多方求证，例如在腾范村的"招郎入赘"的事情，我不应该只是简单地询问村支书；而花篮瑶有这样的习俗，我还可以进一步求证于其他村民。三是，注重意外经验。注重随口而出的细节，尤其是被访谈对象的新见解和新说法。例如，在调研中我遇到困惑的过程中想着是回去再次翻阅文献资料，而没有通过当场进一步求证。应该让经验和理论得到双向论证。

在交流中，我感到小向对田野调查是非常认真的，有自己的反思，这难能可贵。他提出的被调查者迎合调查者现象，比较有意思，值得关注。他提出的诸多疑惑需要时间进行进一步调查来解决。

通过这次对小向提供的"二手"材料的实地验证，我觉得法社会学田野调查关键需要时间保障，只有投入足够的时间、精力，才能运用各种调查方法来更全面地了解法事实、理解法情感、认识法秩序。

　　此外，相比个别访谈，"二手"材料中的座谈会上获得的材料更需要注意印证，运用时尤其要谨慎，特别需要排除相互影响。[1]法社会学田野调查始终在"去伪存真"的路上。

2023 年 5 月 6 日又记

---

　　〔1〕 小向："根据高老师在 2023 年 4 月调研和我 2019 年 7 月调研材料中的不同之处可以发现，对于采取座谈会的方式获取的材料需要有以下几点注意：其一，注意'话语权威'的发言，'话语权威'的发言能引领话题的走向，还需要注意'话语权威'的材料来源出处；（此处的'语言权威'包括不限于：现场职位最高的、家族中最有权威的、现场表达能力最强的。）其二，注意某个事件的先发言者，先发言者比后发言补充者可能更了解案情。后发言者可能是通过其他途径得知此事件，存在着高度的不稳定性；其三，注意在发言过程中多位发言者的'相互印证'，而这种情况会让在场的发言者，在发言的过程中彼此加强此事件的确信形成影响，可能导致事件朝着失真的方向发展。"确实，座谈会上的发言可能越来越全、越来越真，也可能被先发言者或者权威者等引至偏离事实的方向。调查者作为座谈会主持人需要及时判断并予以引导。

# 三、发现田野

　　调查者在进行法社会学田野调查时，需要全力以赴、全神贯注、竭尽全力，了解现实生活中相沿成习的如贵州锦屏相邻界线习惯法这一类的固有法，发现田野中民众创制的如江苏姜堰订婚《自愿书》中所体现的法规范，探知山东单县朱楼村专门为一个人订一条村规民约的法意义。通过田野调查，调查者感知现实的法人物，认识生动的法运行，理解具体的法秩序，思考民众的法智慧。

# 1

# 民间的创造

在田野进行法社会学调查，我越来越体会到高手在民间，民众具有无限的创造力。2007 年 10 月我们在江苏省姜堰市（今泰州市姜堰区，下同）的调查就再次让我印证了这一点。

那次调查时，姜堰市人民法院的法官给我们提供了两份《自愿书》。这两份《自愿书》内容基本一样，区别仅在于立自愿书人不同，一为苗某给金某，另一为金某给苗某。

《自愿书》文字不多，内容也比较简单、明白：

## 自　愿　书

立自愿书人苗某，住姜堰市南湖镇幸福村一组，经红娘牵线搭桥与康太市双河乡华元村四组金某，双方自愿同意订婚，订婚时，由男方给女方彩礼钱 8800 元，三金（指金戒指、金耳环、金手镯）折 3000 元，合计壹万壹仟捌佰元正（整）。如男方反悔，以上所用费用一切自负。如女方反悔，男方订婚所用费用一共壹万壹仟捌佰元正（整），由女方返还给男方。

立自愿书人：苗某

介绍人：李某、王某、张某

2000 年 10 月 3 日

## 自　愿　书

立自愿书人金某，住康太市双河乡华元村四组，经红娘牵线搭桥与姜堰市南湖镇幸福村一组苗某，双方自愿同意订婚，订婚时，由男方给女方彩礼钱8800元，三金（指金戒指、金耳环、金手镯）折3000元，合计壹万壹仟捌佰元正（整）。如男方反悔，以上所用费用一切自负。如女方反悔，男方订婚所用费用一共壹万壹仟捌佰元正（整），由女方返还给男方。

立自愿书人：金某

介绍人：李某、王某、张某

2000年10月3日

这两份《自愿书》用红纸于订婚当日书写，订婚当事人、介绍人签字后，由双方交换各执一份。

从实际内容来看，这两份《自愿书》为订婚时订立的婚书，但是同传统婚书中对订婚双方进行祝愿等存在明显的不同，主要是写入了"如男方反悔，以上所用费用一切自负。如女方反悔，男方订婚所用费用一共壹万壹仟捌佰元正（整），由女方返还给男方"这样的内容。

"男方反悔，男方订婚所用费用（聘礼）一切自负，女方无需返还给男方；如女方反悔，男方订婚所用费用（聘礼）由女方返还给男方"，这为我国社会长期存在的非国家法意义上订婚习惯法的规范。[1]现在被民间的订婚当事人明确写在名为"自愿书"的订婚婚书中，这是前所未见的。

姜堰法院的法官给我们介绍了他们所了解的背景。原来村民在订婚时都按照订婚习惯法行为，出现了退婚、毁约时也按照习惯法进行处理和解决。改革开放以后，特别是我国强调"依法治国，建设社会主义法治国家"后，国家法律的地位不断提高，村民的国家法律意识也明显增强。这样，在发生订婚后退婚和彩礼返还时，有的首先提出反悔的男方不甘心彩礼分文未得，于是舍固有订婚习惯法而选择国家婚姻法向国家法院提起诉讼。人民法院对这类纠纷通常首先进行调解，一般也通过各方面工作能够达成调解协议。法官调解时，主要根据国家法律，也适当参考民间习惯法。在调解协议中，一般情况下首先提出退婚、毁约的男方的诉讼请求能够得到一定的满足，多少总能够拿回一些彩礼钱。

---

〔1〕习惯法可从国家法与非国家法两方面进行理解。非国家法意义上的习惯法是独立于国家制定法之外，依据某种社会权威和社会组织，具有一定的强制性的行为规范的总和。参见高其才：《中国习惯法论》（第3版），北京，社会科学文献出版社2018年版，第3页。

于是，那些违反固有订婚习惯法的人却根据国家法律得到一定利益，这样自然会引起女方当事人的不满和社会民众的议论。为避免这一后果的发生，民间便有人想出上述以自愿书的形式预防不诚信者、毁约者在习惯法和国家法律这两种规范中钻空子，将固有习惯法的内容以双方自愿的形式进行确认。这样，即使日后有一方订婚后退婚、毁约，而诉到人民法院，人民法院在审查自愿书的合法、有效后就会按照自愿书的约定进行处理。显然，按照这样的自愿书，固有订婚习惯法通过合同的形式得到了国家法律的支持，确立了习惯法的有效性，民间的习惯法与国家法律得以协调一致，订婚秩序得以形成和保障。

自愿书这一形式通过国家法律将固有习惯法规范予以确认，有机地协调了国家制定法与习惯法可能存在的矛盾和冲突，为国家司法机关保障良善习惯法奠定了基础。

当然，国家法院对此的尊重也十分重要。自愿书这种形式也可以为其他良善习惯法规范在现代法治建设背景下的延续和发展提供参考和借鉴。

可见，自愿书这一想法、做法实在是妙。[1]我由此更确信高手在民间，民众具有无限的创造力。民众为了满足自己的生活需要，不断进行习惯法规范的创制，逐渐形成适应时代需要的内生秩序。

姜堰的这次田野调查再次证明"生活才是法的唯一源泉"。

**2017 年 8 月 18 日记**

---

[1] 《自愿书》现今的状况如何，我一直想再去姜堰进行调查，可惜一直未能成行。

**2**

# 公证过的养老协议

2017 年 8 月 25 日，在贵州省黔东南苗族侗族自治州锦屏县的一个侗族村里翻阅档案时，我看见了 2008 年的两份公证书，分别对一份赡养协议书和一份遗赠协议书进行了公证。

在少数民族村寨看见公证书较为少见，特别是涉及赡养和遗赠事宜。这引起了我的好奇。我仔细看了这些文书，并询问了村干部，大致了解了村民进行公证的来龙去脉，对村民通过国家法律保障习惯法上权益的新做法极表赞赏。

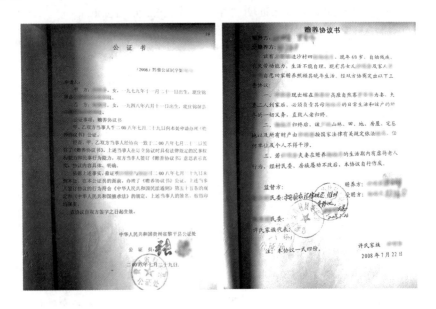

《赡养协议书》内容为已出嫁外村的女儿与其丈夫回村来照顾母亲，双方约定了养老送终和财产继承的权利义务，并在两个村委会和房族的监督下执行。《赡养协议书》还进行了公证。《赡养协议书》全文如下：

## 赡养协议书

赡养方：许××（签名）罗××（签名）

受赡养方：杨××（签名）

兹有××镇边×村四组杨××，现年60岁，自幼残疾，丧失劳动能力，生活不能自理。[1] 现有其女儿许××及其家人罗××自愿回家赡养照顾其晚年生活。经双方协商定出以下三条协议：

一、许××现出嫁在雄×村高×自然寨罗××为妻，夫妻二人到家后，必须负责其母杨××的日常生活和该户所尽的一切义务，直至人老归终。

二、杨××归终后，该户的山林、田、地、房屋、宅基地及所有财产由许××按国家法律有关规定依法继承，任何单位及个人不得干涉。

三、若许××夫妻在赡养杨××的生活期内有虐待老人行为，经村民委、房族屡劝不改后，本协议自行作废。

监督方：　　　　　　　　　　　　赡养方：许××（签名，按手印）

边×村民委：按规矩法律规定维护　　受养方：杨××（签名，按手印）
　　　　　本协议

边×村民委

2008年7月22日

雄×村民委：（雄×村民委员会章）

许氏家族代表：

　　　（公证处钢印）

注：本协议一式四份　　　　　　　　许氏家族：许××

　　　　　　　　　　　　　　　　　2008年7月22日

---

[1] 关于杨××的个人情况，2017年8月调查时我没有及时询问，2022年10月写作本书时联系原村书记和村文书，均已离职，未能了解杨××的婚姻、丈夫、子女等情况。从协议看，杨××应该当年已无丈夫可照顾，亦无儿子可养老送终。

　　另一份《遗赠协议书》与这份《赡养协议书》类似，内容为外村的本家堂侄来村做继子照顾年老的伯父，双方约定了养老送终和财产继承的权利义务，并在两个村委会的监督下执行。《遗赠协议书》也进行了公证。

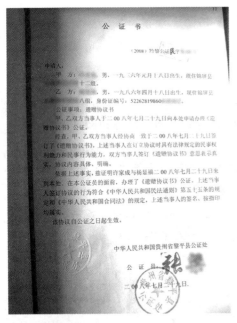

　　《遗赠协议书》于 2008 年 7 月 29 日签订并公证，全文如下：

## 遗赠协议书

甲方：许××（签名，按手印）

乙方：杨××（签名，按手印）

　　本着弘扬中华民族的传统美德，兹有××镇边×村十二组许××现年 73 岁，未婚，现年事已高，基本丧失自理生活能力。幸有本家堂侄杨××（××镇华×村八组）自愿到许××家照顾其晚年生活。[1]经双方协商定出以下三条协议：

---

　　〔1〕关于许××的个人情况，2017 年 8 月调查时我没有及时询问，2022 年 10 月写作本书时联系当时的村书记和村文书，均已离职，未能了解许××的本家堂侄姓杨不姓许的原因、许××未婚为何还有家人等情况。

一、杨××到许××家后，成为许××家继子，必须尊老爱幼，负责许××及家人的生活、死葬及全家的日常义务。

二、许××及其家人逝世后，该两户的田、地、房屋、宅基地及所有财产由杨××按国家相关法律依法继承。任何人及单位不得无理干涉。

三、若乙方在甲方家生活期内有虐待家人行为，经村民或村民委发现并且屡劝不改后，本协议自行作废。

四、本协议一式四份，许××一份，杨××一份，边×村民委一份，华×村民委一份，本协议从公证之日起生效。

遗赠人：许××（签名，按手印）　　受赠人：杨××（签名，按手印）

（公证处钢印）　　　　　　　　　　　　（华×村民委员会章）

2008 年 7 月 29 日

经村民委研究一致同意自行协商的遗赠协议必须严格遵守。

边×村民委（边×村民委员会章）

二〇〇八年七月二十一日

这两份《赡养协议书》和《遗赠协议书》均涉及养老送终及财产继承等方面的习惯法规范。[1]

根据《赡养协议书》的记载，我推测杨××已没有丈夫，没有儿子，仅有一女儿许××。根据当地的固有习惯法规范，儿子承担为父母亲养老送终的义务，出嫁的女儿没有为父母养老送终的义务。如果杨××已出嫁的女儿和女婿不负责杨××的生活，按照当地习惯法就应该由房族某一成员或者房族全体成员来承担，并享有其财产。

同样，《遗赠协议书》的许××没有家人照顾其生活，按照当地习惯法就应该由房族某一成员或者房族全体成员来承担。本家堂侄杨××作为房族成员自愿作为继子负责许××及家人的生活、死葬及全家的日常义务，并根据习惯法继承许××的全部财产。

村干部告诉我，传统上这样的《赡养协议书》《遗赠协议书》双方自愿协商后房族、宗族没有反对意见，且经过村委会的认可即可依此执行了。这

---

〔1〕 本部分所指的习惯法为非国家法意义上的习惯法，是指独立于国家制定法之外，依据某种社会权威和社会组织，具有一定的强制性的行为规范的总和。参见高其才：《中国习惯法论》（第3版），社会科学文献出版社 2018 年版，第 3 页。

次这两份《赡养协议书》和《遗赠协议书》都去公证处进行了公证，是依法治国过程中村民对国家法律知识了解和法律意识提高的体现；是在遵循固有习惯法的基础上，再通过国家法律保障养老送终和财产继承的行为。这主要是为更好地保障孤寡老人的晚年生活，保障照顾义务人的财产权益，防止房族个别成员的在财产继承时的干扰和妨害，也有利于房族和村民、村民委的监督。

按照《公证法》第2条，公证是公证机构根据自然人、法人或者其他组织的申请，依照法定程序对民事法律行为、有法律意义的事实和文书的真实性、合法性予以证明的活动。《公证法》第11条规定的公证机构办理下列公证事项中包括合同、继承、赠与、遗嘱、收养关系等。《赡养协议书》的公证事项应为赠与，《遗赠协议书》公证事项也为赠。但实际上两份协议涉及的远比赠与更为广泛和复杂。在法律效力方面，《公证法》第36条规定："经公证的民事法律行为、有法律意义的事实和文书，应当作为认定事实的根据，但有相反证据足以推翻该项公证的除外。"据此，经过公证后的《赡养协议书》和《遗赠协议书》，受到国家法律的确认，以后赡养或者遗赠过程中若发生争议引起诉讼，人民法院就会认可《赡养协议书》和《遗赠协议书》所达成的协议。

因此，这两份经过公证的《赡养协议书》和《遗赠协议书》就既受到习惯法的支持，又得到国家法的支持，具有双重保障。

我觉得对民间协议进行公证，这是固有习惯法与当今国家法的结合、传统规范与现代法治的有机融合，为具有时代特点和创新意义的行为。这应是懂我国公证法律的村民或者是公证处工作人员的建议，体现出村民在法治建设过程中的一个自发创新举措，反映了村民法律知识的丰富和法律意识的增强，能够将民间的习惯法与国家法律有机地结合。

可惜当时我调查的重点不在此，这方面只是忙于拍照片附带性地收集资料，也没有对资料及时进行消化理解，并对之进行深入的调查，以至于许多情况现在还不够完全清楚。这是法社会学田野调查的遗憾之所在，也存在敏感性不足的缺陷。如果有可能，应该对这一主题进行专门调查。

2022年10月24日记

# 3

# 婚姻成立仍需婚书

我国古有"三书六礼"之说，"三书"为在婚姻"六礼"（纳采、问名、纳吉、纳征、请期和亲迎）过程中所用的文书，包括聘书、礼书和迎书。通常而言，聘书为订亲之文书，在男女订立婚约时男方家交给女方家的书简，纳吉时下此聘书代表双方正式缔结婚约。礼书为过大礼时所用的文书，列明过大礼的物品和数量。迎书为迎娶新娘的文书，在接新娘过门时，男方送给女方的文书。"三书"为婚姻成立的文书，在习惯法上具有重要作用。

在现今，"三书"虽已随社会的发展而没有被完整地保留，但民间社会仍有一些传承，不少地方的婚姻成立仍需婚书。如浙东蒋村在订婚时，男方仍要按照习惯法向女方致送"日子帖""舅帖"等文书，作为订婚、结婚的书面凭证，满足习惯法上婚姻成立的形式要件。在田野调查时，我曾于2010年和2022年两次收集到这一类婚书。

如2010年11月13日王张订婚时，男方张家向蒋村的女方王家致送了"日子帖"和"舅帖"。我参与式观察调查期间，男方母亲给我看了随彩礼一起准备好并在下午由男方媒人送去女方家的这两件婚书。

▲日子帖

　　"日子帖"为载明结婚日子的帖。张家向女方王家致送的"日子帖"，为硬面，红色，外封有"缘定今生"字样，形状比"舅帖"为小，内文从右到左竖写：

谨詹公元二〇一二年农历三月十六日下午时刻洁杯茗奉迎

玉趾祗聆

雅叙伏祈

早临勿却幸甚

右　　啓

大道德王府诸位

舅

兄先生

台下

忝姻侍生张××敬礼

▲ 舅 帖

"舅帖"为男方家邀请新娘的兄弟即小舅子来喝喜酒之请帖，外封有"请束"字样，内文从右到左竖写：

　　　　　　　　　　　　　　　　　　　　　　　　　　　　　　谨

　　　　　闻

　　　　　　　　　　　　　　公
　　　　　　　　　　　　　　元
　　　　　　　　　　　　　　二
　　　　　　　　　　　　　　〇
　　　　　　　　　　　　　　一
　　　　　　　　　　　　　　二
　　　　　　　　　　　　　　年
　　　　　　　　　　　　　　农
　　　　　　　　　特　　　　历
　　　　　　　　　此　　　　三
　　　　　　预　　　　　　　月
　　　　　　　　　　　　　　十
　　　　　　　　　　　　　　六
　　　　　　　　　　　　　　日　　　　　　　选
　　　　　　　　　　　　　　下
　　　　　　　　　　　　　　午
　　　　　　　　　　　　　　四
　　　　　　　　　　　　　　时
　　　　　　　　　　　　　　举
　　　　　　　　　　　　　　行
　　　　　　　　　　　　　　婚
　　　　　　　　　　　　　　礼
　　　　　　忝
　　　　　　婚
　　　　　　眷
　　　　　　弟
　　　　　　张
　　　　　　××
　　　　　　敬
　　　　　　礼

　　王张订婚的"日子帖"与"舅帖"基本上沿袭传统的做法和写法,由亲戚中或者村中略懂古仪的人士写成。

　　而2022年的婚书则有一些变化。蒋村董家农历辛丑牛年十月十一(2021年11月15日)订婚时向女方王家致送了农历壬寅虎年四月十一(2022年5月11日)结婚的"吉日婚书""舅爷帖"和"岳父帖"。[1]

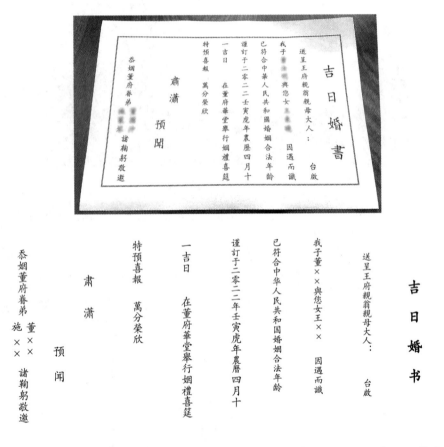

　　变化之一在内容方面增加了"岳父帖"。"岳父帖"为男方请岳父辈女方客人参加婚宴的请帖。结婚时,男方请女方一桌或二桌、三桌的岳父辈客人来男方家参加婚宴。这在蒋村已有十来年的历史了。

---

　　〔1〕 "吉日婚书"中有错别字,"姻礼喜筵"应为"婚礼喜筵","万分荣欣"应为"万分荣幸"。

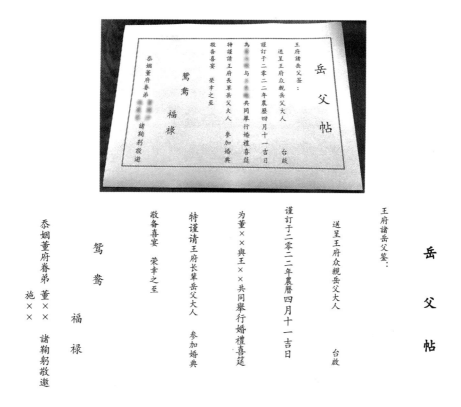

王府诸岳父鉴：

送呈王府众亲岳父大人

谨订于二零二二年农历四月十一吉日

为董××与王××共同举行婚礼喜筵

特谨请王府长辈岳父大人　参加婚典

敬备喜宴　荣幸之至

**岳　父　帖**

鸳　鸯

福　　禄

忝姻董府眷弟　董××

施××　诸鞠躬敬邀

变化之二在这些文书现多为打印件。现在的婚书多请打印店打印而成。这一方面是图方便，另一方面恐也与村中懂古礼旧规的老人难寻有关。

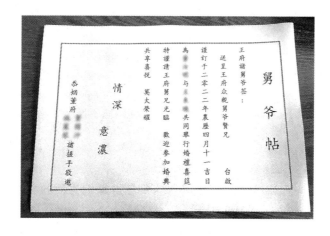

# 舅爷帖

王府诸舅爷鉴：

送呈王府众亲舅爷贤兄　台啟

谨订于二零二二年农历四月十一吉日

为董××与王××共同举行婚礼喜筵

特谨请王府舅兄光临　欢迎参加婚典

共享喜悦　莫大荣耀

情深　意浓

忝姻董府　董××　施××　诸握手敬邀

收集到这三份"吉日婚书""舅爷帖"和"岳父帖"，我非常开心。这对于了解现今婚姻成立的规范极为重要。

按照蒋村习惯法，"日子帖（吉日婚书）""舅帖（舅爷帖）"和"岳父帖"为订婚的文书、结婚的凭证。在蒋村，订婚时男方须向女方递送"日子帖（吉日婚书）"和"舅帖（舅爷帖）"，这是男方家庭尊重女方家庭的重要体现，表明男方家庭与女方家庭联姻的合法性、正式性、庄重性、有效性。这是男方家庭"正娶"即正式迎娶女方的习惯法表达，是男女双方家庭有情有面的主要呈现。

"日子帖（吉日婚书）"为有关结婚日子的一个文书，男方在订婚时送给女方的一个跟帖，内文明确载明选定哪一天甚至哪个时辰结婚。"舅帖（舅爷帖）"为结婚时请小舅子即女方兄弟来男方家喝酒的一个请帖。"岳父帖"为男方请岳父辈女方客人参加婚宴的请帖。"日子帖（吉日婚书）""舅帖（舅爷帖）"和"岳父帖"基本上沿袭传统的做法和写法，由亲戚中或者村中略懂古仪的人士写成或者请打印店打印而成。

"日子帖（吉日婚书）""舅帖（舅爷帖）"和"岳父帖"的落款为男方父亲或男方父母亲。递送"日子帖（吉日婚书）""舅帖（舅爷帖）"和"岳父帖"文书，避免了口说无凭的尴尬，满足了习惯法关于婚姻成立的形式要件，男方在给女方脸面的同时获得了情面。

在其他地区进行田野调查时，我也收集到过婚姻方面的文书。如 2018 年12 月 18 日，我在江西省赣州市会昌县人民法院周田人民法庭的一件 2018 年离婚案的案卷材料中，发现了所附的一份红纸手写的婚书"奁单"，也属于古礼"三书"之列。

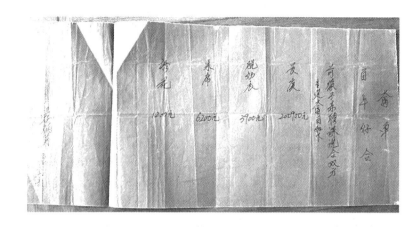

"奁单"为当地的女方出嫁时的聘金礼帖单，也称嫁奁单帖，主要标载"长庚"这一聘金的数目。这一"奁单"比较简单，内容如下：

**奁 单**

百 年 好 合

前蒙不弃聘媒说合双方

言定奁目如下

长庚 200 900 元

脱奶衣 3900 元

桌席 6200 元

绣花 1200 元

愚姻弟 饶×× 

根据有关判决书的内容，这一"奁单"是由会昌县周田镇的女方饶家致送给会昌县站塘乡的男方黄家。2018 年 3 月 3 日（正月十六）订婚时，男方黄家按照当地习惯法致送女方饶家"长庚"（聘金）200 900 元、"脱奶衣" 3900 元、"桌席" 6200 元、"绣花" 1200 元，女方饶家父亲依习惯给男方黄家这一"奁单"。"奁单"为双方按照习惯法联姻的书面凭证。

此后，3 月 3 日男方还向女方支付了"衣服款" 22 000 元，3 月 8 日男方为女方购买金戒指等"三金"花费 18 539 元。3 月 3 日订婚后，1998 年出生的女方即居住在 1993 年出生的男方家，后与男方同去广东打工。6 月 23 日女方不辞而别。双方没有办理结婚登记手续。男方起诉离婚后，法院于 2018 年 11 月 1 日判决返还婚约彩礼（聘金）即"长庚" 170 765 元，即 200 900 元的

85%，"脱奶衣""衣服款"等为赠与而不予返还。由此看来，这一根据习惯法而缔结的婚姻没有存在太长时间，这殊为令人可惜。

我看到一些新闻报道，广东潮汕地区现在还留存有迎娶"十二帖（十二版帖）"，包括下聘日子拜帖、婚书帖、请新娘上轿帖等。看文献介绍十二版帖用于请岳父母和舅父母，把请帖折成十二折，把请帖内容分十二段书写。以后有机会当去那里进行田野调查一下，看能否收集到这一类婚书，并实际了解一下"三书六礼"在现今潮汕地区的保留状况。

婚姻为人生大事，民间还是非常重视的，各式各样的婚书即为其中之一。我在田野调查中所搜集到的这些婚书表明，部分地区的婚姻成立仍然按照习惯法的要求致送婚书，婚姻"三书六礼"的古规仍在一定程度上规范着今天的婚姻缔结。只可惜我们对此现况的了解还是太少。

在田野调查中，搜集婚书这样的文书，基层法院的民庭、人民法庭和乡村人民调解委员会、村委会是值得打听、了解的组织，它们可能处理与婚姻有关的纠纷而有这方面文书或者可以提供有关线索。同时，近些年订婚、结婚、离婚或者老人过世的人家，可以去问一下，有的会有保存；有的比较仔细的人家，对契据比较看重，往往会好好收存；经常走南闯北的村民，做生意搞买卖就可能有合同之类的文书；村中舞文弄墨、精通礼规的老者、老师，他们往往代为拟写有关书契，也非常值得去拜访。

2022年4月26日记

2023年1月16日上午，我在潮州老城看见有几家婚庆用品商店，进去"老尾婚嫁"店看了一下。我发现确实有"十二版帖"，便买了一份以做参考。店主还提供有关婚姻习惯法规范的咨询。

▲店主在展示婚书（2023年1月16日摄）

2023年1月18日中午，我在潮安区庵埠镇文里村也看见了一家婚庆用品店，也有订婚、结婚的文书和红包封出售，我也购买了一些。下图为我所拍店主供购买人参照仿写的结婚文书。

▲婚书样板（2023年1月18日摄）

可惜由于时间关系，我没有在潮州的村（市）民家中搜集实际使用的婚姻文书，留待以后找机会进行全面的调查了解。

2023年2月2日又记

# 4

# "阻条"

在进行法社会学田野调查时，有时看到的不少物、文令我眼界大开、深感叹服，"阻条"即为其中之一。

2017 年 8 月 25 日，我在贵州省黔东南苗族侗族自治州锦屏县启蒙镇青山村阅看档案时，第一次看见名为"阻条"的文书，由于在其他地区没有见到过，因此颇感新奇，也格外关注。

我看到青山村民委员会还发了不少张"阻条"和"阻条申请书"，如下面这一张：

## 阻 条

杨××、杨××同志：

现你们所购买的地米塘山林，有权属纠纷，现青山村民委限你们停止砍伐，等上报政府协商处理妥帖之后再砍伐。若不听劝告，后果自负。

特此阻条。

青山村民委（章）

2009. 10. 5

▲ "阻条" （2017 年 8 月 25 日摄）

　　这是青山村村民委员会对本村村民就有权属纠纷山林上停止砍伐发的
"阻条"。我还看到青山村民委员会对位于本村境内的非本村村民或单位发的
"阻条"，如下面这一张对镇粮管所发的"阻条"：

## 阻　条

洪××管所：

　　现有我村临街空地（××村前）与贵所转让楼房比邻。该空地在贵所造房
子时已协（约）定不得占用。然而贵所在转让该栋楼房房产时误将我村该空
地占用，且已围上围墙。对此，我村村民强烈反应（映）要求贵所主动拆除
围墙且退出占用，还××村一个生机和空地一个空间及村民一个交待（代）。

　　特此拒占。

青山村民委（章）

2004．元．28

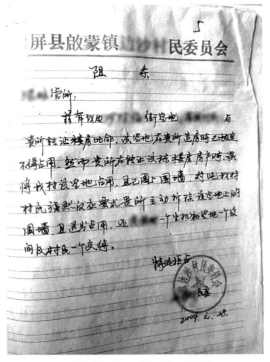

▲ "阻条"（2017 年 8 月 25 日摄）

××村为青山村民委的一个自然村。镇粮管所占用了高桐村的空地，为此青山村民委发"阻条"拒占，要求粮管所主动拆除围墙且退出占用。

有的"阻条"则是青山村民委自身无力阻止而请镇政府等前去阻止的请求书、申请书，如下面这一张：

# 阻 条

××镇政府：

我村归沙溪岭洪水渠是我村 4、5、6、8 等组的主要农业灌溉水渠，灌溉面积 200 余亩。据群众反映，油路工程老板在水渠下开采砂石，该地地势石块松动，石块经常从上面滑落。特别是雨季，一旦开采，今后必定造成大面积的塌方，水渠也因此被损坏。为保证我村农业水利设施和消防水渠不受破坏，水利站和村两委到实地核实并下发停止开采通知书，但该老板仍然在继续开采。为避免造成冲突，现要求镇政府出面给予解决此事。

此条。

青山村村（民）委员会（章）

2010 年 11 月 9 日

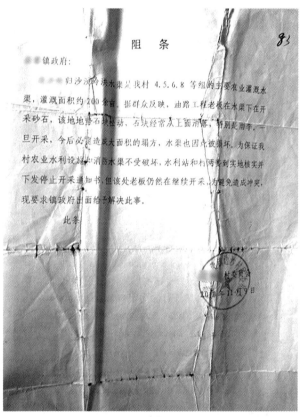

▲ "阻条"（2017 年 8 月 25 日摄）

油路工程老板在水渠下开采砂石，可能导致水渠的损坏。但是镇水利站和青山村"两委"到实地核实并下发停止开采通知书后，该处老板仍然在继续开采。为使农业水利设施和消防水渠不受破坏，并避免造成冲突，在无力解决的情况下，青山村民委只有发"阻条"请更有权威的基层政府出面解决此事。

与此类似的"阻条"，有的就直接称之为"阻条申请书"，如下面这一张青山村民委发给县林业派出所的：

## 阻条申请书

××县林业派出所：

　　启蒙镇××村于二〇〇八年十二月份期间将我村的山场林木权属出售给第三方，现已严重越界至我村的山场中。为保护我村群众的合法权益，根据《中华人民共和国森林法》之规定，属盗伐烂（滥）伐我村林木。为此特申请县林业派出所出面阻止解决，到我村"高岑"山场进行调查核实，要求严惩××村的这种不法行为。

　　特此申请。

青山村民委员会（章）

二〇〇九年元月二十一日

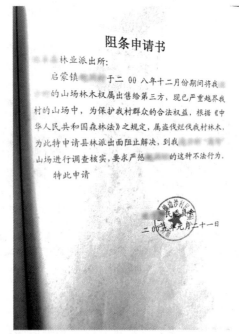

▲阻条申请书（2017 年 8 月 25 日摄）

　　青山村民委针对其他村将权属为青山村的山场林木出售给第三方之事，而发"阻条申请书"给县林业派出所，请派出所出面阻止解决。

　　就我所看到的"阻条"或"阻条申请书"，时间从 2004 年 1 月到 2010 年

11月，前后跨了六七年。这表明至少在青山村这是较为常用的一种文书。

"阻"有"阻止、阻隔、阻拦"之意。就上述"阻条"或"阻条申请书"来看，实际上为阻止某一行为或者要求阻止某一行为，内容明确，中心突出，其对象既有本村村民、本村境内的单位，也有与本村相关的政府和政府部门，目的为维护本村正常的财产所有、占有关系和社会秩序，保障本村的合法权益不受侵犯，推进乡村善治，实现村民自治。

从一定意义上说，对内的"阻条"或"阻条申请书"为一种通知书、告知书，对外的"阻条"或"阻条申请书"为一种要求书、请求书。究其性质为一种带有一定正式性的文书，明确传递青山村民委员会的意见、建议或要求。虽然为单方面的意思表达，没有法律上的强制力，但也在乡村社会中发挥通知、沟通、警告、要求、建议、报告、交流等作用，于处理步骤推进、事情完全解决、防止关系恶化还是有积极意义的。"阻条"或"阻条申请书"看似"软"，实有着相当程度的"硬"，软硬交织在一起，还是很有特质的。

限于了解范围，我不能说"阻条"或"阻条申请书"为青山村民委员会首创的一种文书，也许其他地方早就在用，或许古代就曾有见。但"阻条"或"阻条申请书"包含了青山村干部的智慧，体现了为解决问题而做出的创新性努力，我认为这还是能够成立的。

我这次能够看见"阻条"或"阻条申请书"，得益于锦屏县当地王局的陪同和安排，他联系了镇主要领导，镇主要领导指派一位镇领导陪同我们到青山村，这样青山村就完全向我们开放档案材料，我才能够一见这些文书。

可惜当时没有认识到"阻条"或"阻条申请书"的价值，敏感性不够，加上时间关系没有做更多的了解和交流。之后晚上没有及时整理白天所得的材料，仔细判断材料的意义。现在感觉颇为遗憾，或许放过了一个极好的研究主题。

法社会学的田野调查总有遗憾呀！

2017年9月17日记，2022年7月1日改

# 5

# 联防队的"处理决定"

　　2017 年 8 月 25 日，在贵州省黔东南苗族侗族自治州锦屏县启蒙镇的一个村里阅看档案时，我发现了一些以"村治安联防队"的名义出具的"处理决定"。

　　有的"处理决定"为针对村民偷砍木材行为的罚款。如下面这一 1995 年 5 月 2 日的"处理决定"是 30 岁的蔡姓村民偷砍了木材四根，被治安联防队根据村规民约第 12 条的规定罚款 284 元。

▲ "处理决定" 之一 （2017 年 8 月 25 日摄）

有的"处理决定"则涉及火警。如下面这一 1998 年 12 月 17 日的"处理决定",因杨姓村民引起火警而根据村规民约第 2 条的规定予以罚款 120 元的处理。

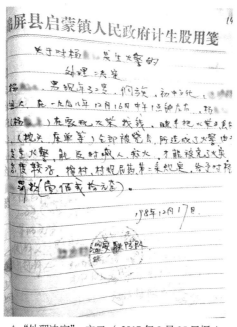

▲ "处理决定" 之二 （ 2017 年 8 月 25 日摄 ）

治安联防队的"处理决定"的对象不仅为本村村民,也包括租住在本村的外地人。下面即为此例。

## 关于对李××发生火警的处理决定

李××,男,湖南省邵东县人,现该人在启蒙镇××街上经商,租住××村二组罗××房屋。本人在 2012 年 11 月 12 日上午 8 时左右,因用电热管烧水不慎,发生山火警,因抢救及时,才避免重大火灾发生。情节较轻微,本人认错态度较好,根据××村"村规民约"的规定,对李××罚款 400 元（大写肆百元整）。

××村治安联防队

2012 年 11 月 13 日

我们还发现，治安联防队的"处理决定"不仅处理个人的违约问题，还解决村民小组之间的问题。如下面这一 1993 年 11 月 7 日的"处理决定"。

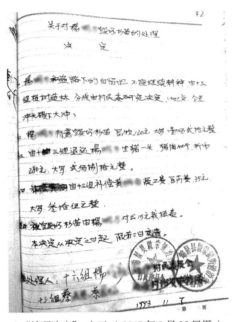

▲ "处理决定" 之三 （2017 年 8 月 25 日摄）

经询问当时在场的村干部，我们才明白这"处理决定"解决的是该村十三组与十六组两个村民小组因土地而发生纠纷。十六组杨姓村民的自留地为两个村民小组有争议的土地，十三组在有争议的土地上种植杉苗，十六组的杨姓村民便去毁坏树苗，十三组村民又去十六组杨姓村民家拉猪，在这一过程中十三组村民至十六组黄姓村民发生皮外伤。村治安联防队与村民委员会联合做出的"处理决定"，表面是对杨姓村民毁坏树苗的处理，实际上是解决土地使用、毁坏树苗、拉猪、伤人等围绕土地争议而引发的一系列冲突，整体解决两个村民小组之间的矛盾。

与此类似，我们也看到了不少由村民委员会和治安联防队共同作出的"处理决定"，对象大多为非本村人。如下面这两份有关火警的处理决定即属此类。

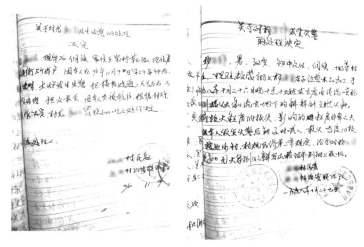

▲ “处理决定” 之四、 之五 （ 2017 年 8 月 25 日摄 ）

当时我们调查主要关注的是环境卫生方面村规民约的情况，故这些村治安联防队的“处理决定”仅为简单的资料搜集性了解，没有花时间进行深入调查。

从法社会学田野调查角度思考，我们当时的调查至少有三方面是欠缺的：一是没有了解这些“处理决定”的相关背景。如这些“处理决定”涉及的当事人情况、违约行为的前因后果、处理决定的执行等，没有能够将单薄的“处理决定”立体化。二是没有了解这些“处理决定”的依据，如村规民约规范等，仅在一般性搜集的材料中知悉部分，如该村村民委于 2014 年 9 月 28 日制定的《防火安全公约》（内容包括村寨消防、野外消防、奖惩机制）等，上述“处理决定”涉及较多的《村规民约》第 2 条等则并不了解。三是没有访问相关当事人，询问有关村民、干部也不多，基本没有了解各方态度和社会反映，不能完整呈现事实全貌。

而就治安联防队而言，我们也需要进一步了解其成立、活动的情况，搜集相关文书，观察其日常履职；也需要了解与治安联防队与村民委员会、村党组织的关系。这些均为理解“处理决定”来龙去脉所需要掌握的。

这些“处理决定”中还存在罚款问题，尤其需要全面认识。根据国家法律，村治安联防队是没有罚款权的，治安联防队进行罚款是缺乏法律依据的，但在实践中似乎又普遍存在。这就需要进一步地调查，理解治安联防队的用意和相关当事人的认知，从日常生活和具体情境下进行分析，思考如何在法治建设视角下对待这类现象。

村治安联防队的"处理决定"这一类现象具有地方特色，值得专门调查。现在这些文书作为基本资料留存，作为以后专门调查的线索。

2017 年 9 月 4 日记，2023 年 2 月 7 日补充

# 6

# 颇具古风的讣告

在贵州省黔东南苗族侗族自治州锦屏县进行田野调查时，我常在县城的布告栏和村里的张贴栏见到书写在黄纸或白纸上的讣告。

▲贴在丧家墙壁上的讣告（2017 年 11 月 22 日摄）

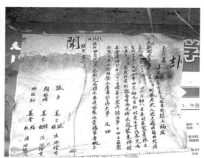

▲村宣传栏上的讣告（2018 年 9 月 21 日摄）

▲县城布告栏上的讣告 （2018 年 9 月 22 日摄）

▲锦屏县城布告栏上的讣告 （2018 年 11 月 2 日摄）

这些讣告以"讣""讣告""讣闻""讣书"等表达，将亡者的姓名、生卒年月、寿命、停丧时间、发引登山时间、孝子孙等项一一载明，告知众亲友戚族和社会。

我所见的这些讣告用词讲究，情真意切，体现传统，颇具古风，令人印象深刻。特别是，我感觉锦屏地区凡年龄大的长者正常去世均写、贴讣告，并不考虑其生前的职务、级别、职业、财富等因素，为当地一个极普遍的现象，至今仍为葬礼的一个组成部分。

这一印象在 2016 年 10 月 7 日我在锦屏县平秋镇某村阅看档案时又一次得到了印证。

当天我在村会计电脑的文档中看见有一个"讣告"的文件夹，请他打开后我看见共有 11 个文件，名称除一个为"讣闻"外，其余均为"讣告"，为村中去世者的讣告稿，时间从 2013 年 11 月 5 日至 2016 年 6 月 19 日。经询问村会计，这些讣告稿是他应死者亲属要求代为拟写的。讣告稿原文均为竖排。下面为我挑选的数则讣告稿。

其一：

## 讣　闻

不孝男等罪孽深重弗仗祸延

公元新逝故严考刘××魂下原命生于戊申年九月十六日戌时受生得年四十六岁殁于癸巳年十月初三日卯时去世以男等疾在侧虔备香汤洗体衣冠装束殡殓在侧衣制成服仗善于家修建开道明路指示生方

择取于本月初八日子时出宅午时家客同奠未时登山下圹为坟了终大事

亲

友　谊赐吊者概不敢烦存没均感谨以讣

戚

闻

讣书

孤子刘××泣血稽首

其二：

## 讣　告

寒门不幸勿自祸延

不孝<sup>男女孙</sup>等罪深孽重戴罪告曰：

公元仙寿故严考陆公<sup>讳</sup>××魂下原命生于一九四一年辛巳岁十二月二十二日午时大限没于公元二零一五年乙未岁六月一十九日亥时去世享年七十五岁当则有不孝等在侧具备香汤洗体衣衾装束遵礼成服盛殓停枢在堂以本月二十四日为始封斋启坛仗善于家修建

　　慈悲正教诵经礼忏炳燃香烛叩答天地开导应七作诸法事拔死利生迨至本月二十九日寅时出宅巳时发引未时登山下圹为坟了终大事凡我

族

亲　一切厚仪礼赐吊者概不敢当谨讣

友

闻

孤子　陆×× 　稽首泣血　承灵

侍服孙　陆×× 　　拭泪

讣书

其三：

## 讣　告

家门不幸勿自祸延

不孝男<sup>孙</sup>等罪深孽重戴罪告曰：

公元仙寿羽化亡师故严考刘××法派××魂下原命生于丁卯年十月初十日巳时受生殁于公元二零一四年甲午正月十六日酉时西归享年八十八岁当则有不孝等在侧具备香汤洗体衣衾装束尊礼成服停体在堂仗善修建

　　慈悲正教劈开天窗布架云梯开通天道驾赴仙宫圣镜遗体入殓盛枢停丧在堂以本月二十二日为始封斋请

佛证明修建

慈悲正教诵经礼忏炳燃香烛皈答天地三官观音请水净坛十王弥陀九转运灯追修报本贷还受生作诸法事于内并荐

昔故慈妣陆<sup>氏</sup>生团同登彼岸共赴乐邦迫至二月初一日扶柩出宅择时登山下圹为坟了终大事凡我

族

亲　一切厚仪礼赐吊者概不敢当谨讣

友

闻

玖

孤哀子　　刘×永

勇

期服孙　　刘×猛

樟

侍服曾孙　　××

讣书

其四:

## 讣　告

不孝<sup>男孙</sup>等罪深孽重戴罪告曰:

公元仙逝故严考吴××职号××魂下原命生于甲申年后四月二十一日子时受生享寿七十三岁盖为东宫果满西竺花开大限没于公元二零一六年丙申岁三月初七日卯时去世当则有<sup>男孙</sup>族眷等在侧受叮蒙嘱虔备香汤沐浴衣冠装束遵制成服当日谨遵

释范关升奏度取本月初八日晚俭斋洒扫凡居设立

东土梵坛请佛作证追修报本阴超阳泰作诸法事无上功因迫于本月十八日功隆吉时出宅吉时发引吉时登山下圹为坟了终大事凡我

亲
戚　谊赐吊厚仪概不敢当谨以讣
友
闻

　　　　　　　　　　妻　　　　运×
　　　　　　　孤　子　吴×宇　孙　贯×　　泣血稽颡
　　　　　　　　　　　锋　　　　贯×
　　　　　　　　　　　雄
　　　　　　　　　　　波　　　　经×
　　　　　　　期服侄　吴×荣　侄　孙×石　拭　　泪
　　　　　　　　　　　真　　　　贯×
　　　　　　　　　　　　　　　　讣书

（谢绝燃放烟花爆竹）

其五：

# 讣　告

寒门不幸勿自祸延

不孝男女孙等罪深孽重戴罪告曰：

公元仙寿故严考陆公讳××魂下原命生于一九四一年辛巳岁十二月二十二日午时大限没于公元二零一五年乙未岁六月一十九日亥时去世享年七十五岁当则有不孝等在侧具备香汤洗体衣衾装束遵礼成服盛殓停枢在堂以本月二十四日为始封斋启坛仗善于家修建

　　慈悲正教诵经礼忏炳燃香烛皈答天地开导应七作诸法事拔死利生迨至本月二十九日寅时出宅巳时发引未时登山下圹为坟了终大事凡我

族
亲　一切厚仪礼赐吊者概不敢当谨讣
友
闻

　　　　　　　　　孤子　陆×　　　　　　稽首泣血
　　　　　　　　　　　　　×灵
　　　　　　　　　侍服孙　陆×　　　　　拭泪
　　　　　　　　　　　　　×汇

讣书

从这些讣告可知，锦屏地区除了县城进行火化实现火葬外，侗寨苗村基本上还保留了传统的土葬习惯，死者亲属在老人去世后请道公等定日子，并按照习惯法具备香汤洗体衣裳装束遵礼成服盛殓停枢在堂，封斋启坛仗善于家修建慈悲正教诵经礼忏炳燃香烛皈答天地开导应七作诸法事拔死利生，发引登山下圹为坟了终大事。由讣告可见锦屏地区的丧葬程序完整、仪规严格。死者亲属在众族人、亲戚、村邻、朋友的帮助下遵循传统规范完成安葬死者这一人生的最后一件大事。[1]

人死为大。我国一直有尊老敬祖的传统，民众遵循丧葬仪规、办理丧事活动以表达对死者的悼念，追忆死者的一生，表达缅怀死者、安慰亲属的情感。虽然随着社会的发展，锦屏地区的丧葬规范也有一定的变化，如谢绝燃放烟花爆竹、赐吊厚仪概不敢当等，但从这些讣告来看，死者的入殓、出殡、安葬仍然谨遵古规，丧事活动庄严隆重，使死者有尊严、亲属有面子、文化得传承、道统得延续。

阅看这些讣告，"礼失求诸野"之感油然而生。地处我国西南地区的苗族、侗族民众至今仍然十分完整地保留了传统的丧葬习惯法，这令我十分感慨。

2022 年 12 月 30 日记

---

[1] 为此锦屏地区有些村寨设有长生会这一丧葬互助组织。详可参见高其才：《通过村规民约的乡村社会治理——当代锦屏苗侗地区村规民约功能研究》第十七章，湘潭大学出版社 2018 年版，第 380~396 页。

# 7

## "警告"

2017 年 8 月 28 日下午，在黔东南某苗寨调查时，我看见路边一木质房屋的墙上贴着一则 A4 纸大小、打印的"警告"：

### 警　告

你偷我的木材，你交到哪个厂，我已在监控器上调出来了，给你面子不识破你，请你把钱退给我，你以为你有三轮车随便偷，到时你要辈（倍）失的，全村都知道你专门偷木头，如果你再偷口口口你的命要被口口偷走。

警告人：姜泽奎

▲贴在墙上的"警告"（2017 年 8 月 28 日摄）

从痕迹看，贴了已有一阵子了。除了最后有几个字缺失而不详外，其他字都很清楚，缺的几个字，大概前面三个为"木材"，后面两个疑为"鬼神"或"恶人"之类的。

询问陪同我们的村支书，他说大约是 2016 年 4 月、5 月贴的。他说这个人也只是怀疑，没有什么证据，吓唬人的。有意思的是，他边说边将此"警告"撕下来。大概他认为这不是什么好东西、值得保留的东西。

在我理解，这实际上为一则带来有神判性质的告示，发出警告的姜泽奎对偷自己木材的人已有怀疑，从"有三轮车"等字看怀疑对象较为明确，但估计确凿证据缺乏，没有充分的理由去与被怀疑对象理论，或向村委会要求解决，或直接向派出所报案，所以只能采取这种"警告"方式，以神意来威吓他。

这则"警告"体现了苗族村民的因果报应、神灵裁判观念，发出警告人姜泽奎一是发泄自己的不满；二是人力无法解决，则指望神力来惩处；三是让其他村民知悉，让社会舆论来谴责。

在进行法社会学田野调查时，有时会遇到与此相似的事例。在无法证实的情况下，事出有因但查无实据的情况下，便基于神灵崇拜观念而采此方式。这在农村还是有一定的存在空间的，从某种角度看也有一定的保障私有财产、维持社会秩序的作用。可惜我没有对此进行专门调查，无法了解全部信息并理解真正的法规范意义。

由这个事例，我体会到我们下乡进村进行法社会学田野调查时，一定要在村子的角角落落都走一走，在田野现场多看一看，可能有新的发现，为进一步调查提供线索，为法社会学研究提供素材。

2017 年 9 月 12 日记

**8**

# 布告栏上的"昭告乡音"

　　2016 年 10 月 5 日,我们在贵州省黔东南苗族侗族自治州锦屏县平秋镇某村调查时,看见村里的布告栏上有一份新贴不久的写在大张红纸上的"昭告乡音"。

▲布告栏上的"昭告乡音"（2016 年 10 月 5 日摄）

"昭告乡音"（2016 年 10 月 5 日摄）

　　我们颇觉新鲜,便上前观看。"昭告乡音"写了满满的一大张纸,全文字数不少:

### 昭告乡音

　　张贴昭告系属,我母亲在廿年前在村斗牛场得盘爱稻田下坎,种有一幅菜地。在菜地坎边栽有一兜杉树,今约廿公分之大。一直以来长得非常茂盛。

狗勒（日）的那位短命死丧尽天良、卑鄙无耻的小人，在两至三个月前期，确（却）把这兜杉树（自留木）从根部剥去周围两尺多长的一层木皮如今快要干枯。

对你这无耻之徒，既做出卑躬屈膝、丧失节操的暴鬼，你将会像这兜树一样的下场干枯而亡。疾病缠身，天诛雷臂（辟），若有联体帮凶和你同流合污的，也同样如此迫尽人间。

为人之道坦坦荡荡，若要人不知，除非己莫为。对此我们更是得出充分的结论，怀疑取得可观对象了。但我们（绝）不跟你暗斗，你要想做个名副其实的对手，请站出来面对现实。背后捅刀子不像人为而是孬种。哪里有你不服的，我等愿洗耳恭听。

看过张贴的各位仁士、朋友们，您愿舍身投世道上、扶平安、助和谐的真君子们，若您有目视这些心术不正、作风不良、小肚鸡肠的（闹）茸（怂）者，你只需提供信息，面对举报，证实对应，在法制的锅铲里，揪出刽子手，自有办法应对此猥亵。我们兄弟四人愿对此事拜出 5000 元共（伍千元）愿对你的善意、酬劳之答谢。

　　笔落为据　　说话算数

新贴昭告：刘光华　光富

刘　诚　光耀

即日合启

这份"昭告乡音"没有具体落款，根据纸张和墨汁判断当刚贴没多久。后村干部证实了有此事，同去的学生还专门去看了这棵树。

在我的法社会学田野调查经历中，这样的文告很少见到。这实际上为一篇檄文，将私剥他人所有杉树皮致树干枯的缺德又违法的行为公之于众，是刘氏四兄弟向怀疑对象的公开挑战，是一种书面的"骂街"。

从习惯法角度认识，这份"昭告乡音"体现的是在没有明确的违法对象的情况下，按照纠纷解决习惯法处理的事实。刘氏四兄弟对故意毁坏树木的行为有怀疑对象但没有直接证据更没有现场抓住，不能直接进行处罚，或者要求村组或国家有关部门进行处理。但"树活一张皮，人活一口气"，故只能按照当地的习惯法进行。

"昭告乡音"寻求社会支持。刘氏四兄弟通过"昭告乡音"将事实公开于村民大众，提出"不跟暗斗"而明辨，彰显光明磊落、正气凛然。同时又出五千元公开悬赏"扶平安、助和谐的真君子"提供信息，依法"揪出刽子手"，期待社会民众的帮助和支持，共同保障财产权益和社会秩序，维护良善的社会风气。

"昭告乡音"激发社会谴责。通过"昭告乡音"这种形式，刘氏四兄弟不仅自己刘家发出谴责的声音，而且希望全村、十里八乡都来谴责"短命死丧尽天良、卑鄙无耻的小人""卑躬屈膝、丧失节操的暴鬼""心术不正、作风不良、小肚鸡肠的（闹）茸（怂）者"，形成"老鼠过街人人喊打"的状况，使村落呈现邪不压正的局面。

"昭告乡音"进行发誓神判。刘氏四兄弟在"昭告乡音"中发出毒誓："你将会像这兜树一样的下场干枯而亡。疾病缠身，天诛雷臂（辟）"。这是由神明来进行审判、由上天来进行惩罚。人力有限而无奈，神灵万能来伸张正义。

可惜由于行程安排关系，我们没有时间就此专门去访问刘氏四兄弟和周围村民，对此进行专门的调查。不过，这一"昭告乡音"再次表明在进行法社会学田野调查时，需要多方观察，广泛获取材料。

当然法社会学田野调查也需要一点运气，如果我们过几天抑或过几个月来村里，这份"昭告乡音"可能被人撕掉或者风吹雨淋自然毁掉，当然也就看不到了。

2017 年 3 月 12 日记，2023 年 2 月 6 日改定

# 9

# 一份 1974 年的工作调整通知

在进行法社会学田野调查时，我还比较留意发现一些具有时代特点的资料，觉得有历史感，也比较稀有。

2016 年 10 月 5 日我们到贵州省黔东南苗族侗族自治州某村调查时，在村委会办公室我翻阅到一份工作调整通知，感觉富有时代特点，特全文转录如下：

中共跃进公社委员会

通　知

红旗大队党支部、革委会：

关于报来调整二队领导班子负责人的报告，经公社党委、革委讨论研究，同意你们的意见，二队领导班子由龙爱军同志任队长，原队长王向阳同志，因不认真学习马列著作、毛泽东思想，资本主义思想严重，背离了毛主席的革命路线，群众对他已失信，为了帮助改正错误，调为队委委员，继续工作，其他队委同志按原通知不变。

特此

通知

中共跃进公社党委会

此通知请向队干和群众宣布

一九七四年五月十六日

由这一份工作调整通知，我们可以发现当时的几方面事实：

（1）当时红旗大队二队队长不是由村民即生产队社员选举决定的，而是由红旗大队党支部、革委会讨论后报告跃进公社，由跃进公社党委、革委会研究同意的。

（2）红旗大队二队原队长王向阳因不认真学习马列著作、毛泽东思想，资本主义思想严重，背离了毛主席的革命路线，而且群众对他已失信，因此不能继续担任队长，二队领导班子负责人需要调整。在当时，没有认真学习马列著作、毛泽东思想，致使资本主义思想严重，这是典型的政治不正确。

（3）为了帮助改正错误，王向阳调为队委委员，继续工作。不太清楚王向阳的"资本主义思想严重"具体表现在什么方面？这表明王向阳的错误并不严重，背离了毛主席的革命路线但估计还不太远；群众对他已失信但还不严重。

现在阅看这份工作调整通知，大概能够感受些许那个时代政治挂帅岁月的情形，约略了解当时的基层控制和社会管理状况。

2017 年 1 月 9 日晚记

**10**

# 拜寄

在贵州省黔东南苗族侗族自治州锦屏县调查时，我不时可见在桥边、树上、石旁等处的拜寄帖，感受到此地侗寨苗村较普遍的拜寄现象。

▲县城清水江河边石头上的拜寄帖（2018 年 11 月 2 日摄）

拜寄，各地说法不一，有叫寄拜、祭拜、记拜、认契、认寄、拜寄亲、寄干亲等，[1]主要为家中小孩体弱多病或其他缘由须"拜寄"于某人或某物

---

〔1〕 拜寄在桂西北地区称"认契"。这一习俗在桂西北地区长期且普遍存在，分为以人为对象、以树为对象、以石为对象三种具体表现形式，具有心理慰藉、抚育教化儿童的传统功能。参见张柳丹、段超：《桂西北地区"认契"习俗及其功能探究——以河池市都安永乐村为例》，载《长江师范学院学报》2019 年第 4 期。

以消灾解难、易养成人的一种民间习俗，民众遵循内生的习惯法规范进行拜祭活动。

关于锦屏的拜寄，锦屏侗寨人吴化松于 2022 年 10 月 17 日发在微信朋友圈的片段，比较清楚地对此进行了描述：

在黔东南，有祭拜古树、古桥、古碑、古祠、碾台、坚石、屠案，寄拜保爷等的习俗，这习俗源起何时，何时演变，有待考证。

前面写到指路碑对于人们路途的引指，今天过路看见祭拜古井，又不免记录一番。

祭拜，也称寄拜，亦记拜。首先是清算命理，命理缺啥，就对应寄拜什么。比如命理胆小，就拜当屠夫的能杀生的保爷；如命中弱小，就拜寄巨石，缺水就拜古井等等，都是相对应的寻找记拜的对象。

其实，从唯心论来说，心有所记，即情有所拜，心里找到依托，便能心安理得，健康成长。

从出发点，其实是劝导世人崇德向善，你祭拜古井，遇古井脏乱积污，你就要积极进行清理，让其冒出甘泉，源源不断；如此这般，凡此种种。

我小时候没有哪位先生算出需要祭拜对象，倒是青年时期，父母总觉得我时运不济，命身体欠，到处卜算，就总是说我如果小孩时候能寄拜哪样哪样就好了。言下之意是现在寄拜已经过时，没有作用了。

我不禁暗暗责怪起那些在我孩儿时候算不出我命理所欠的先生来。

走过这些年，看过人和景，蹚过江与湖，流过泪和血，到现在伤痕累累，还是没有悟出来生活的真正意义所在。

寄拜，到祭拜，是为了寻找依托，也许贴帖寄拜的他们根本不知道寄拜是为了行善，是为了彼此共生回响。

那些身陷囹圄之徒，他们也曾经在父母的惦记下，托了信物，但是自己的修为不正，伤了自身。

所以，修为自己，心向善念，并有舍有施，才能不断提高自己，方能精进。

吴化松的这一叙述涉及了拜寄原因、拜寄对象、拜寄仪规、拜寄效果等方面，基本上将拜寄的诸方面做了较全面的解释。

　　在拜寄原因方面，锦屏地区主要为小孩身体体弱多病通过拜寄以顺利成长，也有小孩命理缺失通过拜寄补全补强，还有少数为夫妻无子而拜寄求子等。拜寄基本上都与孩童的生育、养育有关。

　　民众期待通过拜寄"吉祥平安长命富贵容易养成人""保佑年头无灾年尾无难快长快大克（刻）苦用功好好学习天天向上""祈保信人年无三灾月无难身体康健易养成人""保无两（俩）小孩年头无灾年尾无难凶神退度吉星扶（附）身　身体健康高寿百年""土地公土地婆送个胖孩子"等。

▲苗寨古树上的拜寄帖（2018年9月21日摄）

　　在拜寄对象方面，锦屏地区除了拜寄人之外，更多的是拜寄物，包括树、石、桥、碑等，既有自然物也有人造物，以自然物为多。拜寄的自然物通常为生长几百年的红豆杉等古树，生存期长久，生命力旺盛。有的则明确是向土地公、土地婆拜寄。

　　民众期待从千年古树、生根岩、万年岩等有力量的自然之物和土地公公等神仙处获得护佑，祈求去灾化难、逢凶化吉、健康长大，解决面临的生育和保育难题，得以平和、顺心地生活。

▲县城桥边的拜寄帖 （2018年9月22日摄）

在拜寄仪规方面，锦屏地区通常为请一位懂的人如巫师、道公等算一下确定一个吉日，随后带着写好的拜寄帖（一般用红纸，竖写），带三支香，有的还带酒、肉等，到拜寄对象处点燃香边口中念叨边张贴拜寄帖。

通常拜寄者为未成年的小孩，两三岁、十来岁不等。由这些孩童的父母亲等长辈进行拜寄。成年人较少成为拜寄者。

拜寄帖的内容并不完全一致，大致包括地名、姓名、拜寄事项、谢意和时间等。下面为2017年11月23日我在锦屏县县城一大桥的桥栏杆旁边看到的拜寄帖的内文。其中"奇拜"的"奇"应属错别字，应为"寄"。

奇　　拜

兹有贵州省锦屏县偶里乡階阳村階

培也居住名叫龙名松夫妻二人成心成意特

陆小青

来请市桥头桥尾土地公土地婆送个胖孩子

我俩二人永远记得土地公土地婆意重如山

感谢土地公土地婆拿刀头敬酒永远受

受。　长命富贵易养成人。

公元二〇一七年九月二十二寄

另一张我于 2015 年 9 月 30 日在一个苗寨古树上看到的拜寄帖则较为简单，其内容为："投寄杨运鸿同缘所生女□命犯关煞无方解一心□拜千年古树易养　大运乙未年吉月寄。"拜寄帖中没有具体地名。因日晒雨淋，这一拜寄帖有两字已不可辨。乙未年为 2015 年。

在拜寄效果方面，锦屏地区的民众主要通过拜寄获得拜寄对象的加持，从所拜人、物中获得新的力量，达到保育孩童的目的，并得到一种心理慰藉。[1]通过拜寄，村寨的人与自然关系得以和谐、融洽，民众也形成保护树木、爱护生态、珍惜生命的观念；也养成修桥铺路、清井理沟的公益习惯，培育敬畏自然、积德行善的观念，维持村寨良好的居住环境、生活条件。

就拜寄性质而言，锦屏地区对物的拜寄体现了一种自然崇拜观念。在"万物有灵"的观念支撑下，民众由崇拜、敬畏，发展到用虔诚之心与之攀上亲缘关系，寄寓着民众通过拜寄借助、联合自然力量消灾避难、护佑弱小的生命健康成长的美好愿望。

---

〔1〕　明跃玲等认为作为民间信仰的土地神信仰在社会转型时期起到缓解民众焦虑心理，满足民众基本精神需求的作用。参见明跃玲、文乃斐：《民间信仰对社区秩序的整合与调适——以湘西浦市古镇土地神信仰为例》，载《青海民族研究》2019 年第 1 期。

▲路边石头上的拜寄帖 （2018 年 9 月 22 日摄）

　　从我的感觉来看，拜寄在锦屏地区有较深厚的社会土壤，民众多有拜寄观念，民间多有拜寄行为。这于基层社会治理有一定的裨益，有助于乡村社会秩序的建构和基层社会的和谐。我们当多了解和理解拜寄行为和拜寄规范，使其与现代治理机制相契洽，发挥其积极的治理功能。

　　可惜我对锦屏地区的拜寄仅有一些感性的观察，缺乏深入的调查和了解。今后若有可能，当对此进行专门的法社会学田野调查，实地观察拜寄过程，访问相关当事人，对当代的拜寄规范做一全面的探讨。

2023 年 1 月 30 日记

# 11

# 一个人与一条村规民约 *

在现今时代，对田野宜作较广的理解，如网络即为法社会学、法人类学调查的田野之一。我们通过网络搜集材料，同样是在感知田野。

## 一、独特的"村风民俗"第4条

根据网络媒体的报道，农民歌手"大衣哥"朱之文所在的山东省菏泽市单县郭村镇朱楼村最近新张贴的《村规民约》，[1]有一条直接与其相关。

从报道中看，这一张贴在朱楼村一条主干道上边墙壁上的新做的"郭村镇朱楼村红白理事会章程及村规民约"大幅宣传栏板内的内容包括三部分，从左到右分别为红白理事会成员名单、红白理事会章程和村规民约。

具体制订时间不详的村规民约包括村风民俗、邻里关系等五部分。其中村风民俗的第4条规定："因'大衣哥'朱之文名人效应，每天到朱楼休闲、旅游、拍录的人员较多，朱楼村群众要讲文明、树新风，不得随意拍录发布信息。"

---

\* 原载高其才主编：《当代中国村规民约》，中国政法大学出版社 2022 年版，第 15~21 页。本文有所修改。

[1] 朱之文，男，1969 年 11 月 27 日出生于山东菏泽单县。朱之文此前一直在家务农。他爱好唱歌，2011 年参加选秀类节目《我是大明星》济宁地区海选，穿着军大衣唱了首《滚滚长江东逝水》并夺得冠军，相关视频在网络热传后，人送外号"大衣哥"。2011 年 5 月 12 日，参加中央电视台真人秀节目《星光大道》获得月赛冠军；2011 年 12 月 19 日，参加中央电视台真人秀节目《星光大道》年度总决赛获得第五名；2012 年 1 月，在中央电视台举办的春节联欢晚会上演唱歌曲《我要回家》。"大衣哥"朱之文由此红遍中国大江南北。

这是非常独特的一条村规民约，因为一个人而指名道姓专门订立一条村规民约，这恐怕是首例，就我的认识范围是前无古人，也恐将后无来者。

## 二、一个人与一个村庄的秩序

我国《村民委员会组织法》第27条规定："村民会议可以制定和修改村民自治章程、村规民约，并报乡、民族乡、镇的人民政府备案。"这表明村规民约成为我国村民自治的重要方式。村规民约是村民自行制定的约束规范村民行为的一种规章制度，是基层民主政治发展的重要成果，体现了乡村的民主选举、民主决策、民主管理、民主监督，实现村民的自我管理、自我教育、自我服务、自我监督，促进农村民主法治建设。村规民约的规范涉及乡村治理的政治、经济、社会、文化诸领域，包括村民自治、农村治安、农村自然资源保护与利用、农村环境保护、农村公共事务、农民权益保护、农村纠纷解决等方面，较为全面地调整乡村社会关系，维护乡村生活秩序、促进乡村经济社会发展和农民生活水平提高。

而朱楼村这一村规民约虽然是在村风民俗部分面向全体村民进行约定的，但是实际上是针对"大衣哥"朱之文一个人的，是基于围绕着"大衣哥"朱之文的一些不良风气而有明确针对性的规范。

这从"郭村镇朱楼村红白理事会章程及村规民约"宣传栏板旁边的一份《郭村镇朱楼村安全管理告知书》（下称《告知书》）上可以得到印证。

这份落款单位为单县郭村镇政府和朱楼村村民委员会、落款时间为2020年5月的《告知书》的内容共有四条，其中第2条为："二、请所有新闻媒体记者，朱之文粉丝等各位朋友，要自觉遵守国家相关法律法规和朱楼村村规民约，自觉维护治安秩序和交通管理秩序，不得干扰他人健康及正常生活，不得损坏公共设施和他人财产，不得拍录、发布有损党和政府形象、声誉及他人利益的不健康、违法视频资料。"[1]这明确地提到朱之文粉丝。

相比村规民约的那一条，《告知书》这一条明确提出了三个"不得"，即不得干扰他人健康及正常生活，不得损坏公共设施和他人财产，不得拍录、发布有损党和政府形象、声誉及他人利益的不健康、违法视频资料。并且相比《村规民约》的针对村民，这一《告知书》是针对所有新闻媒体记者、朱之文粉丝等村外人士提出要求。

根据报道，郭村镇朱楼村村支书朱于成强调该《告知书》张贴至今已有两周时间，主要针对疫情防控期间村民的外出、进出等活动进行规定，是出于防疫需要才出台并张贴。对于《告知书》的内容是否与此前"朱之文家门被踹"一事有关，朱于成表示并无关系。

目前，由于"大衣哥"朱之文并不在家，村内聚集的人数已有明显下降。一位家住朱楼村的村民告诉记者，朱之文目前不在家，到5月6日已有12天左右的时间。村内不少村民已在网络平台上发布该消息提到了此事。也因为村民的"告知"，得知"大衣哥"朱之文不在家后，前来朱楼村的人少了很多，"大衣哥不在的话，来的人肯定少"。而他表示，对于《告知书》张贴的具体时间自己并不确定，也不知道是否在两周前。"至少有3天了，不管是出于什么原因，防控期间避免人员聚集，这个《告知书》还是很有必要的。"[2]

---

〔1〕 吴枫、段意茜：《"大衣哥"被围观风波后续　朱楼村张贴"叫停令"：记者和粉丝不得干扰他人正常生活》，载 https://baijiahao.baidu.com/s? id = 1665920939639867269&wfr = spider&for = pc，2020 年 5 月 7 日最后访问。

〔2〕 张羽：《朱楼村新规叫停围观"大衣哥"？村支书：为防疫需要》，载《新京报》2020 年 5 月 6 日。

可见，《村规民约》和《告知书》都强调不得随意拍录发布信息、不得干扰他人健康及正常生活，不得拍录、发布有损党和政府形象、声誉及他人利益的不健康、违法视频资料。这实际上都与"大衣哥"朱之文直接相关。

虽然朱楼村村支书强调出台这些规范是防疫需要，与"朱之文家门被踹"一事无关。不过，从时间上看，这一说法是不太有说服力的。防疫并不仅仅是5月才开始的，而"朱之文家门被踹"是4月15日，并且踹门事件发生后，引起了很大的社会反响，连《人民日报》都两次发文，"力挺"草根明星朱之文。

关于踹门事件，可从单县警方4月18日的回应明了大概。警情通告称，4月15日16时许，单县公安局郭村派出所接报警称，朱之文家中大门被人强踹。值班民警立即出警，到达现场时嫌疑人已离开。朱之文表示因理解其是粉丝，虽行为不当，不建议追究责任。鉴于违法事实存在，单县公安局立即展开调查。经查，董某伦酒后慕名欲见朱之文。到后，见朱之文家中大门关闭，便与同在现场的周某鲁用脚踹开大门。董、周两人非朱之文同乡，且互不相识。目前，两名涉嫌寻衅滋事的嫌疑人董某伦、周某鲁均已抓获归案，分别被公安机关依法行政拘留十日。[1]

朱楼村针对朱之文的这种不良风气并非2020年4月才发生。出名以后，"大衣哥"朱之文在村内投资修建了长廊、凉亭等景点，丰富大家的休闲娱乐。但是朱之文原本安静的家变得"热闹"了，很多人慕名而来朱楼村，要求与朱之文合影的、拜师学艺的、求助的、看病的，还有打官司的，天天都有很多人。不仅如此，被围观似乎已经成了他生活的常态。此前有报道称，朱之文家一度每天涌入几十人，拍视频、做直播，他上个厕所都有人要挤进去。[2]

许多村民俨然将其当成了"摇钱树"，每天不务正业，通过手机直播或拍短视频获利。朱之文每天面对最多的就是手机镜头，即便内心非常地反感和不适，但非常重感情的朱之文，为了照顾同村人和粉丝的感受，选择一忍再忍，哪怕实在不方便，也要时刻忍让着对方。俗话说得好，惹不起但躲得起，

---

〔1〕《朱之文家大门被强踹，单县公安：两名涉嫌寻衅滋事嫌疑人分别被拘十日》，载 https：// news. china. com/socialgd/10000169/20200418/38100780. html，2020 年 5 月 7 日最后访问。

〔2〕《朱之文家门被踹开！两名涉嫌寻衅滋事被拘留十天！》，载 https：//www. sohu. com/a/ 389265981_175406，2020 年 5 月 7 日最后访问。

为了不被人打扰，朱之文特意换了大门，又在围墙上装了铁刺。[1]

这种严重干扰他人健康及正常生活、随意拍录发布信息的现象不仅严重影响了"大衣哥"朱之文一家的正常生活，更影响了朱楼村、郭村镇、单县的形象。为此，按照有关方面的要求，朱楼村4月19日开始了全面封村，不管是外村的还是粉丝都要求离开；同时村子里建设的网红桥、大气城堡等娱乐设施也都被拆除。新修订或新张贴《村规民约》和发布《告知书》显然也与此密切相关。

朱楼村《村规民约》的这一规定，可能会让"大衣哥"朱之文一家清净一些，让他们的正常生活少受点影响。不过，毕竟是网络时代重在蹭流量、拉热度，要让直播者、好奇者真正遵守村规，还需要进一步观察。

## 三、余思

朱楼村《村规民约》的这一规范引发我的许多思考：村规民约如何规范村民的行为？如何平衡村民之间的经济利益追求与尊重隐私权、安宁权？村民发家致富与公序良俗之间的矛盾如何化解？如何处理外来人员所带来的人气、影响与维护村庄秩序、形象？[2]

为求得答案，非常值得对山东省菏泽市单县郭村镇朱楼村《村规民约》中针对"大衣哥"朱之文的这一约定进行专门的田野调查，看今后有无可能专门去一趟朱楼村实地观察和访问一下，与村"两委"、村民、镇干部进行交流，深入了解这一村规民约规范的出台和实施情况，对这一独特的村规民约

---

〔1〕《朱之文大门被踹事出有因，村民想拍段子挣钱，他不出来就断了财路》，载 https://www. sohu. com/a/389131006＿117381？ scm ＝ 1002.44003c. fe017c. PC ＿ ARTICLE ＿ REC&spm ＝ smpc. content. fd-d. 2. 1588816465355KiF8LoO&_f＝index_pagerecom_2，2020年5月7日最后访问。

〔2〕朱之文50多万把以前的土路修成了水泥路，取名"之文路"，刚开始，乡里乡亲都夸朱之文是好人，但慢慢地村里人又开始挑毛病了。有人就嫌他修的路太短，没有修到自己家门前。结果，村委会为他立的功德碑，也就是"之文路"这个功德碑被砸了！大衣哥出名之后，四面八方的亲戚朋友、左邻右舍、乡里乡亲都来找他借钱。据大衣哥透露，某一年他就借出去100万元！大衣哥把钱借出去之后，很多人只借不还。一位大爷评价朱之文是这样说的："他就修了这一点路，修得太少了，还到处夸自己说大话。"很多人认为，朱之文不仅要修路，还应该要给全村每人买一辆小轿车。有村民还要求朱之文每人再发一块钱。据传，有人专门看着朱之文骑三轮车过来躺在地上碰瓷讹钱，32块钱医药费张口就要三万五万。一斗米是恩人，一担米是仇人。正所谓"马善被人骑，人善被人欺"，这才是朱之文屡屡被欺负的症结所在。参见《"大衣哥"功德碑遭村民怒砸 为什么？》，载 http://www. leawo. cn/space-51314-do-thread-id-68292. html，2020年5月7日最后访问。

做一下专门研究。毕竟网络这一田野具有某种虚拟性，网络上获得的材料为二手材料，需要实地的田野调查进行验证、补充和扩展，需要到实地了解这一村规民约条款的实施情况。

2020 年 5 月 7 日上午记

附：

## 郭村镇朱楼村安全管理告知书

朱楼村广大游客朋友：

为维护朱楼村公共安全秩序，创造和谐稳定的村庄环境，保障广大游客的健康安全，根据朱楼村实际，特告知如下：

一、各住宿、餐饮、娱乐、销售等个体经营户必须守法经营、规范经营，统一在指定的区域内从事经营活动，不得乱摆摊点、违规经营。

二、请所有新闻媒体记者，朱之文粉丝等各位朋友，要自觉遵守国家相关法律法规和朱楼村村规民约，自觉维护治安秩序和交通管理秩序，不得干扰他人健康及正常生活，不得损坏公共设施和他人财产，不得拍录、发布有损党和政府形象、声誉及他人利益的不健康、违法视频资料。

三、疫情期间，所有外来人员及本村村民都要自觉佩戴口罩，自觉配合朱楼村党员、群众志愿者测量体温。

四、根据省委、市委疫情防控指挥部要求，所有在山东省内活动人员必须人人持有电子健康通行码。故要求到朱楼村的所有人员必须按照要求申领出示电子健康通行码（后附二维码及办理流程）。

单县郭村镇人民政府<br>郭村镇朱楼村村民委员会<br>二〇二〇年五月

# 12

# 村民小组公约中确认的相邻界线习惯法

2017 年 8 月 25 日，在贵州省黔东南苗族侗族自治州锦屏县启蒙镇边沙村进行田野调查翻看档案时，我发现了一份 2007 年 7 月 23 日通过的十二组公约。

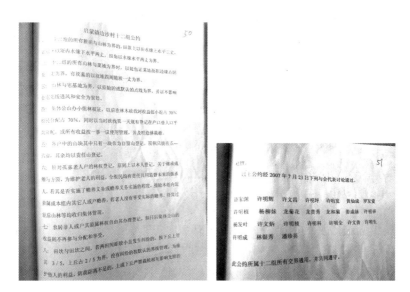

这份"启蒙镇边沙村十二组公约"字数不多，全文如下：

## 启蒙镇边沙村十二组公约

一、十二组的所有耕田与山林为界的，田坎上以田水缘上水平三丈，田坎下以埂内水缘下水平两丈，田角以水缘水平两丈为界。

二、十二组的所有山林与菜地为界时，以延包证菜地面积边缘点随坡一丈为界，有坟墓的以坟堆四周随坡一丈为界。

三、山林与宅基地为界，以原始的或默认的点线为界，并以不影响住宅光线通风和安全为宗旨。

四、集体公山办小组林权证，以后在林木砍伐时收益按小组占30%组民分配占70%，同时以当时砍伐第一天现有登记在户口册人口平均分配，或所有收益按一事一议使用管理，并及时造林栽填。

五、各户中的山块其中只有一块作为自留山登记，面积只能在五—六亩，其余均以责任山登记。

六、针对孤寡老人户的林权登记，原则上以本人登记，关于继承或赠与方面，为维护老人的利益，全组民均有责任共同监督未来的继承人，看其是否实施了赡养义务或赡养义务实施的程度，鼓励本组内近亲属或本组内其他人或户赡养，若老人没有享受实际的赡养，待其过世后山林等均收归集体管理。

七、农转非人或户其原属林权自由其办理登记，但日后集体公山的收益则不再参与分配和享受。

八、田坎与田坎之间，若两田间距较小且发生纠纷的，按下丘上管其3/5，上丘占2/5为界，没有纠纷的按默认的界线管理，为维护他人的利益，防荫距离不足的，上或下丘严禁栽植相互影响光照的植物。

以上公约经2007年7月23日下列与会代表讨论通过。

（与会代表姓名略）

此公约所属十二组所有交界通用，并共同遵守。

十二组为边沙村的一个村民小组，有20多户人家。[1]这份村民小组的村规民约内容并不多，主要涉及山林的权属、界线及其纠纷处理等。从专业视角考量，我对公约中的习惯法规范格外感兴趣。

公约中的这些习惯法涉及第一、第二、第三、第六、第八等条，内容主

---

[1] 边沙村位于锦屏县城西南部，距县城40公里，是启蒙镇人民政府所在地，为古婆洞十寨之一；辖边沙、岑教、岑阳、归教、盘妹、共架、顿亚、坪岑8个自然寨，17个村民小组，500户，2200多人，全为侗族。全村土地总面积21 045亩，其中农田1370.7亩，旱地60.45亩，有林地面积14671.5亩，森林覆盖率67.04%。边沙地处上下两片田坝之间，南北青山对列，村内玉带穿过。过去古树密茂，树间喜鹊成群，四时鸣叫不绝，人们遂称之"便夏"，侗语意为喜鹊坝，后音译为"边沙"。现后龙山古树参天，有合抱大的枫、松、楠、荷、樟香、红豆杉、猴栗等古树数百株，郁郁葱葱，遮天蔽日。

要为与山林相关的相邻地界规范、相邻光照规范、孤寡老人赡养和财产继承规范等。

边沙村地处丘陵地区，有林地面积 14 671.5 亩，森林覆盖率 67.04%。十二组也有不少的山林区域，因此历史上就形成、约定了不少行之有效的包括相邻地界规范等在内的与山林相关的习惯法，并流传至今。

公约有关相邻地界习惯法规范具体有四条：（1）耕田与山林为界的，田坎上以田水缘上水平三丈，田坎下以埂内水缘下水平两丈，田角以水缘水平两丈为界。（2）山林与菜地为界时，以延包证菜地面积边缘点随坡一丈为界，[1] 有坟墓的以坟堆四周随坡一丈为界。（3）山林与宅基地为界，以原始的或默认的点线为界，并以不影响住宅光线通风和安全为宗旨。（4）田坎与田坎之间，若两田间距较小且发生纠纷的，按下丘上管其 3/5，上丘占 2/5 为界，没有纠纷的按默认的界线管理。这些习惯法规范对山林与耕田、菜地、坟墓、宅基地及田坎与田坎之间的界线进行了明确的规范，有的方面则约定按照"默认的点线、默认的界线"为界。

在田坎与田坎之间的相邻光照方面，公约约定"为维护他人的利益，防荫距离不足的，上或下丘严禁栽植相互影响光照的植物"。这就要求相邻田坎的村民在相互尊重、相互理解的基础上尽到注意义务，互不妨害。

在乡村地区，土地、山林为主要的不动产，村民极为重视，相邻方也容易发生纠纷。为此我国《民法典》第 288 条规定了处理相邻关系的原则，不动产的相邻权利人应当按照有利生产、方便生活、团结互助、公平合理的原则，正确处理相邻关系。同时，第 289 条进一步规定了处理相邻关系的法律依据："法律、法规对处理相邻关系有规定的，依照其规定；法律、法规没有规定的，可以按照当地习惯。"十二组这一公约的相关规范即为我国《民法典》规定的具体化。村民代表经过讨论，针对当地实际情况，将本地相邻地界、相邻光照方面的习惯法规范进一步予以明确，有利于不动产的所有权或使用权人行使权利。

同时，十二组这一公约还就孤寡老人户的林权和赡养及其财产继承进行了规范："针对孤寡老人户的林权登记，原则上以本人登记，关于继承或赠与

---

〔1〕 "延包证"实为"土地承包经营权证"，系第二轮土地承包所发证书的俗称。第二轮土地承包的期限为 1997 年 1 月 1 日至 2026 年 12 月 31 日。

方面，为维护老人的利益，全组民均有责任共同监督未来的继承人，看其是否实施了赡养义务或赡养义务实施的程度，鼓励本组内近亲属或本组内其他人或户赡养，若老人没有享受实际的赡养，待其过世后山林等均收归集体管理。"这一规定了孤寡老人户的山林属其本人所有、本组内近亲属或本组内其他人或户有孤寡老人户山林权益的优先继承权、继承人须赡养孤寡老人、全组民均有责任共同监督未来的继承人赡养孤寡老人情况、孤寡老人没有享受实际的赡养待其过世后山林等均收归集体管理等规范。这是尊重传统的体现，表达了村民对孤寡老人的关爱，对保障孤寡老人的权益是有必要的。

2007年的这份十二组公约中的这些习惯法应该是历史上就存在，成为村民的共识并一直发挥作用的，现在通过村规民约形式予以确认而进一步传承。村民小组村规民约确认的这些固有习惯法有利于村民妥善处理山林、地田界线，保障村民的土地权益，维护正常的生产和生活秩序，促进经济发展。

由于这次田野调查较为匆忙，没有就公约中的这些习惯法规范进一步询问村组干部和十二组的村民，进行进一步的全面了解。这是较为遗憾的。

2022年10月20日记

# 13

## 尝新节的民歌对唱比赛

在锦屏调查时，王局和其他朋友、村民经常会向我表达"我们锦屏人的生活最幸福了"之意，而幸福的主要体现为月月过节，这个月这个村过节，邀请亲朋好友一起来热闹，下个月隔壁村过节，又欢迎大家来做客。锦屏的节多，这我有所耳闻，我第一次去锦屏就是参加 2015 年 9 月 30 日的首届"中国·锦屏文书文化节"。

除了我国传统的春节、元宵节、清明节、端午节、中秋节、重阳节等之外，锦屏各民族有不少节庆如苗族"三月三"、青山界四十八苗寨歌会等。同时，锦屏各地乡村还有承继本地风俗、文化、传统而确立的节日，如瑶白摆古节、平秋鞍瓦节、石引嘎佤节、高坝赶 7·20 歌节、启蒙嘎溜节等，而黄门村则有尝新节。

农历六月，稻田里的秧苗已经开始结苞抽穗，蔬菜、水果也已成熟，于是可以尝新了。黄门村的尝新节由来已久，在早稻即将成熟时的农历六月举行。尝新节，又名"吃新节"，古意为请"祖先"来吃。在早稻成熟时，家家摘取新谷，尝新米饭，用鸡、鸭、鱼来供奉祖先，感恩祖先。尝新米是中华传统农耕文化的一种古风礼俗。《礼记·月令》云："孟秋之月……农乃登谷，天子尝新，先荐寝庙。"《淮南子·时则训》亦云："孟秋之月……农始升谷，天子尝新，先荐寝庙。"历代文人墨客在诗词中也多有吟咏。如唐代杜甫《茅堂检校收稻二首》："御夹侵寒气，尝新破旅颜"；白居易《自咏老身示诸家属》："粥美尝新米，袍温换故绵"；宋代辛弃疾《浣溪沙·常山道中即事》："北陇田高踏水频，西溪禾早已尝新"；魏岘《它山堰次永嘉薛叔振韵》："四时人饮碧，六月稻尝新"；陆游《新秋晚归》："玉粒尝新稻，金风作好秋";清代张英《尝新》:"早禾初刈立秋前,稬香风满一川。白粲河鱼新荐庙,乞归欣得遇丰年。"这些诗词都抒发了农人在稻谷丰收时的喜悦之情。

黄门系古代九寨之一,原称黄闷,以其地势高、雾罩多,令人窒闷得名,侗名"更王",其意不详,也有说意为侗族之最的。全村总面积 2265.6 公顷,稻田 78 公顷。辖登步、塘伦、归旁、归架、老权、西六、十二塘、黄门 8 个自然寨;有 17 个村民小组,535 户,2700 多人。全村有王、龙等十一姓,黄、吴二姓率先入居,而王姓人口最多。黄门人善作诗撰联唱大歌,全村很有文气。

2016 年 7 月,我应王局邀请到黄门参加了尝新节,本次活动的主题为"六月尝新·神桥祭典"。这是我第一次参加一个村举办的活动,看见村民穿上侗族的盛装,邀亲请朋,全村一派喜气洋洋的景象,领略了村民的热情好客,见识了村民的多才多艺,既出乎意料也很受感染。尝新节从 20 日开始到 22 日结束,前后持续三天,内容包括文艺汇演、拦路迎宾、服饰展游、神桥祭典、品尝美食、话传歌书、金鸡角逐、牛王争霸、民歌对唱、行歌坐月、文艺晚会、篮球比赛等。而从傍晚四时多开始持续经过一通宵至次日上午十时连续进行 18 小时的民歌对唱比赛令我印象极为深刻。

九寨侗胞能歌善舞,因此民歌对唱比赛成为尝新节的重要活动。为圆满办好民歌对唱比赛,黄门村专门成立了以村民歌协会为主体的"黄门村二零一六年尝新节民歌对唱组委会",确定了组织人员及岗位职责。

## 黄门村二零一六年尝新节民歌大赛
## 组织人员及岗位职责

一、组织人员

组　长:王远禄

副组长:王远寿　王光柱

成　员:王道然　王桂金　林泽林　王定宇　王远才　王远标　林泽妍
　　　　袁垂洲　姜明华　王良院　龙桂英　龙桂姬　王远安　杨代梅
　　　　王桂凤　陈细荷　王锦先　谭锡胞

二、工作人员

歌台主持人:林泽　王桂金

评委：王运寿　王光柱　林泽妍　姜明华　龙桂英　平秋村2人　九勺村2人

统分员：谭锡胞　袁垂洲　王定宇

后勤保障：王锦先　王远安

歌台布置：王光柱　王良院

音响、灯光：王良院

书写：王远才　谭锡胞

黄门村二零一六年尝新节民歌对唱组委会

值得注意的是，为公平起见，民歌对唱比赛的评委除了黄门本村有5位之外，还有平秋村和九勺村的2位村民。

为顺利进行比赛，组委会制定并公布了"黄门村二零一六年尝新节民歌对唱比赛规则及设奖方案"。

## 黄门村二零一六年尝新节民歌对唱
## 比赛规则及设奖方案

### 一、比赛规则

1. 本次大赛，均以自愿报名为主，不限区域不限腔调，腔调相同者男女歌手优先组合对唱。

2. 本次大赛，仍以男女歌手登台对唱的方式进行，第一轮初赛实行男女歌手自由组合对唱，如出现单数歌手由组委会指定人员陪赛，但只评参赛人的分数，陪赛人不记分，复赛和决赛男女歌手实行抽签搭配进行比赛。

3. 比赛分三轮进行，即"初赛——复赛——决赛"。初赛报名人数达50名以上，实行淘汰制从高分到低分选48名歌手进入复赛（男女歌手各24名）。复赛用同样的方法选24名歌手进入决赛（男女歌手各12名）。初赛报名人数如不达48人，则直接进入复赛，同样实行淘汰制从高分到低分选24名歌手进入决赛（男女歌手各12名）。同时，产生歌手男女各6名，三等奖歌手男女各3名，二等奖歌手男女各2名，一等奖歌手男女各1名。

4. 初赛：每对歌手共表演民歌4首（即男女各2首）。复赛：每对歌手共表演民歌6首（即男女各3首）。决赛：每对歌手共表演民歌8首（即男女各

4首)。初赛报名人数如不达48人,初赛:每对歌手共表演民歌8首(即男女各4首)。决赛:每对歌手共表演民歌10首(即男女各5首)。

5. 评分以十分制计算,按九个评委去掉一个最高分和去掉一个最低分然后取七个评委中的平均值为比赛歌手的得分(注:取值保留至小数点后两位数)。

6. 每轮比赛,主席台点参赛歌手名字后五分钟未到者视为弃权。

二、设奖办法

一等奖:男女各一名,奖金各880元;

二等奖:男女各二名,奖金各580元;

三等奖:男女各三名,奖金各380元;

鼓励奖:男女各六名,奖金各50元。

7. 除获奖歌手外报名参赛歌手均有红包一个。

三、未尽事宜,由临场评委讨论决定。

黄门村二零一六年尝新节民歌对唱组委会

在评委席,我看到了以下这样打印的包含评分标准的统分表。民歌对唱比赛的评分标准包括五方面:(1)作(着)装干净整洁1分、民族服装加1分;(2)仪表端庄1分;(3)歌词有韵1分、吐词清楚1分、歌声清脆1分;(4)歌词健康2分;(5)歌词问答一至(致)、对答如流,无答非所问,2分。

### 黄门村2016尝新节民歌对唱统分册

| 序号 | 姓名 | 评分标准 | 作(着)装干净整洁1分、民族服装加1分 | 仪表端庄 | 歌词有韵1分、吐词清楚1分、歌声清脆1分 | 歌词健康 | 歌词问答一至(致)、对答如流,无答非所问 |
|---|---|---|---|---|---|---|---|
| | | 分值 | 2分 | 1分 | 3分 | 2分 | 2分 |
| 1 | | | | | | | |
| 2 | | | | | | | |
| 3 | | | | | | | |
| 4 | | | | | | | |

续表

| 序号 | 姓名 | 评分标准 | 作（着）装干净整洁1分、民族服装加1分 | 仪表端庄 | 歌词有韵1分、吐词清楚1分、歌声清脆1分 | 歌词健康 | 歌词问答一至（致）、对答如流，无答非所问 |
|---|---|---|---|---|---|---|---|
|  |  | 分值 | 2分 | 1分 | 3分 | 2分 | 2分 |
| 5 |  |  |  |  |  |  |  |
| 6 |  |  |  |  |  |  |  |
| 7 |  |  |  |  |  |  |  |
| 8 |  |  |  |  |  |  |  |
| 9 |  |  |  |  |  |  |  |

民歌对唱比赛的地点是在黄门村学校旁边的一个有坟墓的小山坡下临时搭建的台子，歌手在台中间演唱，评委在两侧评审和打分。村内外的观众在有坟墓的山坡上居高临下地坐着观看。

民歌对唱比赛从7月20日傍晚4时开始持续经过一通宵至21日上午10时连续进行了18小时，歌手精神抖擞，观众兴致勃勃，现场不时出现一阵阵的笑声，气氛热闹、愉快。

报名参加这次比赛的歌手不少，超过了48人，共有60多位。因此，按

照比赛规则，初赛时每对歌手共表演民歌4首（即男女各2首），复赛时每对歌手共表演民歌6首（即男女各3首），决赛时每对歌手共表演民歌8首（即男女各4首）。这对每位歌手无论是唱功还是体力都是个不小的考验。

歌手基本上为十里八乡的民歌爱好者，平时多相互认识，有的还是朋友；有穿民族服装的，也有穿便装的；所唱的歌以情歌为主，有一些老歌，也有

歌手即兴现编的。大家都以参加为乐，一展歌喉，尽情表现自己。

　　观众以中老年村民为主，看得出都喜欢当地的民歌，尤其是男女对唱一唱一和、一对一答，较有趣味性，颇有观赏性。大家三三两两坐在山坡上，晚上冷了大家就披件衣服，困了就打一会盹，醒来仍然继续听。我感觉村民听民歌对唱比赛的瘾还是很大的，民歌对唱比赛的群众基础比较厚实。

　　黄门村尝新节的民歌对唱比赛最后按原定方案决出了一等奖男女各 1 名，二等奖男女各 2 名，三等奖男女各 3 名，鼓励奖男女各 6 名，组委会按照原先的约定颁发了奖金。唯一有变化的是，一等奖原定奖金各 880 元，后有一王姓老板赞助了 240 元，一等奖两位男女歌手最后实各得 1000 元，有点意外之喜。

　　我没有由始至终全程参加民歌对唱比赛，20 日晚上 10 点多就离开了比赛现场，21 日早上又来看了一会，后到其他地方参加尝新节的其他活动了。就我有限的观察所见，黄门村尝新节期间成功举办的民歌对唱比赛为民歌爱好者提供了展现自我的平台，为节庆活动增添了欢乐气氛，对保护、弘扬和传承北侗民族民歌文化很有意义。

观看民歌对唱比赛、参加尝新节，这都给我带来了惊喜，大大地增长了我的见识，令我了解了锦屏乡村的实际状况和村民的具体生活样貌，再次感受到田野的丰富性。

从法社会学田野调查角度看，由黄门村民歌协会为主具体组织民歌对唱比赛，显示出乡村社会组织良好的组织能力、乡村活动的规范有据、乡村社会的有序运行。黄门村民歌协会自主组成组委会、制定规则、发出邀请、接受报名、安排比赛、维持秩序，顺利举办了一次比赛，反映了乡村社会组织规范的顺畅运行、乡村社会活动的依规有序进行，表明了乡村社会规范的详细有效、乡村多元组织的勃勃生机和十足活力、村民自治的健康实现。黄门村尝新节期间，村民歌协会负责民歌对唱比赛，村斗牛协会负责斗牛比赛，村篮球协会负责篮球比赛，各协会在村党组织和村民委的统一领导下各司其职，共同举办了一次喜庆、热闹的尝新节。对村民歌协会等进行专门调查是有价值的，村民自主、村民自治应该是法社会学田野调查的一个重要主题。

由于我没有将重点放在民歌对唱比赛规范和黄门村民歌协会上，因而这方面的田野调查就不够深入，现场观察不够全面，没有对村民歌协会会长等组织者和一些歌手、观众等进行访谈，无法对之进行全面而深入的描述。这是留有遗憾的，需要在以后的法社会学田野调查中尽力予以避免。

2022 年 10 月 18 日记

# 14

# 村支书蔡书记印象

2017 年 8 月 25 日下午，在贵州田野调查时我遇到了一位村支书——蔡书记。与他半天接触下来，与我同岁的他给我留下了深刻的印象。

他做了 4 届 12 年村主任，今年 1 月做了村支书。他对村务的热心、为村民服务的奉献精神令我极为钦佩。1993 年时，他看到村里太脏太乱，自发联合其他五位普通村民组织了"街道治安联防队"，在村民委与村党支部之外，另组一套组织，聘请人员进行保洁，令村民比较满意。这样以民间人士身份组织，维持了六年的实际村务，后由镇人民政府收回，使他中止了这一为村民服务的机会。

我感觉他极爱思考，尤其关注农村的发展。他认为村党支部书记、村民委员会主任、村文书这三人应该是国家的公务员，由政府派年轻的大学生担任，而他们这样的本村村民则做副书记、副主任辅助他们。他认为这些大学生是外来的，处理事情可以不顾及房族宗派，也不怕得罪人。这些人有农村基层的经历，以后逐级上去就能更全面地考虑问题而不脱离实际。他认为现在村干部上下受气，乡镇和农民都对他们有意见，除了城郊的村干部，其他地方的村干部日子都不好过。他现在每月有 160 元的补贴，这根本不能使他安心服务村民。

在他看来，现在的扶贫问题太多，一头本地购买三四百元的小猪崽，给贫困户却算上千元，还远从广西购来。这其中让人非常想不明白，产生许多联想，村民自然对你的扶贫方式产生怀疑。他向县有关部门反映，别人都冷眼看他。

他告诉我，他担任这么多年村干部，肯定会得罪一些村民。现在你在台上还坐着别人只能暗中不满，不能对你怎么样，而一旦你下台不做村干部了，那别人得机会就可能对你会做点什么，甚至连累你的下一代。故他要他的两个孩子都考大学出去并在外地工作，以免被别人欺负。他觉得你在外面了，别人奈何不了你；而且别人真的无理对你时，你的下一代还有可能有能力反击。他这一说，我觉得他考虑真长远。这个想法表明他有很深远的忧患意识，远非一般人所能比。

蔡书记告诉我，因为他们村在镇政府所在地，他们村建设环卫、维稳等工作量比一般村大许多，需要投入的资金方面也特别多。但他不愿意到处求人，故上面下来的项目很少，影响了村里的发展。他说我这个年纪了还去求你？犯不着。但现实是你不去跑，项目自然不太考虑你，这是他现在比较苦恼的，也有些无奈。

他常常为在政府信访部门工作的儿子解答疑问，曾经跟儿子开玩笑说："你给你领导说一下，让我到你们单位做个门卫，顺便可以应对来上访的人，回答他们的问题。"他儿子曾经向他请教承包时按亩产现在征用土地时农民要求按面积补偿的事，他说应该是这样，承包时因土地好坏、产量不一而分配，而现在政府征用是按土地面积补偿，不按亩产补偿。

在各地进行法社会学田野调查，总会遇到一些印象深刻的人，蔡书记即为其中之一。我感觉，像蔡书记这样爱思考、有追求、肯奉献的村干部太少了。[1]

2017 年 9 月 12 日记

---

[1] 2022 年 10 月 24 日校订本部分时没有联系上蔡书记，仅从侧面了解到他已没有担任村支书了。

# 15

# 心细的老人

    2017 年 8 月 29 日上午在贵州黔东南州某村了解长生会规约时，[1]因去年年底长生会刚换届，我想与新、老会长见面，了解一下换届情况。结果村干部联系后，两位会长均没在家。后来有一位女村干部提议去找一位老人，说他可能知道有关情况。

    于是，她马上带我去找这位家在村委办公楼附近的老人。

    老人在家，正在门口坐着与妻子、大儿媳等几人聊天。他姓龙，今年 78 岁，是一位退休教师。

    当我问及来意后，他说我记性不好，记不大清楚了，要找一找。说完他进屋去了。

    很快，他拿着一本手掌大的年历本出来。这种年历本左页为日期，含五行、宜、忌等内容，右边为记事栏。他翻到长生会换届的 12 月 16 日那页，指着给我看，哪些人当选，他清清楚楚地记在上面。

    我对他的这一本子产生好奇，随手翻了一下其他几页，发现老人家心真细，将自己生活中的一些主要事情都记在每一日内，为一微型日记。

---

    〔1〕 长生会（又称老人会）为协助孝家从俭办丧事的一个民间群众性组织。该寨长生会（又称老人会）于 1981 年恢复成立并一直运行至今。根据 1987 年 5 月 12 日修改通过的《某寨长生会会章》，"本会宗旨"为："根据我地乡土风俗，本会乃群众自觉组织——长生会，它的宗旨是：'一户有难，亲邻相邦'，解除'老无所终'后顾之忧，做到破旧立新，移风易俗，增强团结，互相支持，方便群众，全心全意为亡考安息，协助孝家办理丧事。本会坚持'群言堂'反对'一言堂'；坚持'民主集中制'，反对'大民主'；坚持'办丧从简'，反对'铺张浪费'。坚持把本会巩固、完善、健全下去，使人人安心'四化建设'加强社会主义精神文明建设。"由此可见长生会秉持群众性、互助性、民主性、节俭性的原则。

如 2016 年 3 月 16 日至 31 日这一页，他记有：

16 日　俊李返凯，东梅也去

17 日　姚兰去小卖部

18 日　开学典礼

20 日　打保福，天柱口口阳俊口子去吃晚

21 日　姚子和奶去县城玩

23 日　姚兰体检放假，今天中午又回凯里

25 日　黎永华女儿结婚，凤去礼 200 元

26 日　凤从黎返回

28 日　晚回明桂众亲口口去旅游

30 日　康锦母下午 4：30 逝世二十五上山，4.2 日

31 日　帮忙

又如 12 月 16—31 日页记载：

16　老人会换局结束

19　族开扩大会，二次加工香肠炕肉。

21　二次炕肉和香肠

24　东去排侗吃酒，去黄土坡林场就餐

27　叶问挑

29　凯职院放假，姚兰回到家

▲小记事本之两页 （2017 年 8 月 29 日摄）

　　我觉得这是一个很好的乡村生活记录，记载了乡村的些微细事，反映了一位居住在乡村的老者的日常活动。对此本做一全面地整理，对于理解乡民的日常生活及人际交往、认识民众的社会关系和社会规范当大有益处。进行法社会学田野调查，需要注意寻访村中这类有文化又仔细的人士。他们能够提供诸多有价值的材料。

　　以后如有可能，当再来访问龙老师，在取得他的支持、配合后做做这个工作。

2017 年 9 月 12 日记

# 四、回馈田野

　　调查者在进行法社会学田野调查时，会面临向被调查者和协助者表示感谢、被调查者的经济困难、调查事项的费用筹集等问题，宜本着客观、真诚、费用自负的态度应对，适当表达心意，不让对方增加负担，以认真做好本身的田野调查、全面地表述法事实为核心，并在自己能力范围内为被调查对象做些事情、尽量维护被调查方的利益，以回馈田野。

# 1

# 给钱不成而送烟

在进行法社会学的田野调查时，经常遇到对帮助我们的村民等如何表示感谢的事情。2017年6月，我就碰到这样的一件事。

6月3日下午，我跟随共和村的赵书记到了在村委会办公楼旁边他办的茶厂。简单参观了他的茶厂、大概了解了他这几年的发展后，我先跟他与早已等候的修村道的两位建筑公司经理去准备修路的现场察看。

共和村位于金秀县中南部的大瑶山腹地，土地面积64 565亩，辖19个自然屯，416户1669人，全村经济主要以农业为主。这两年政府扶贫进行脱贫攻坚，安排项目进行屯级道路硬化。共和村六坪屯到坤林屯的4.96公里路2016年已经基本修好，采用水泥混凝土路面，路面宽3.5米，路基宽度4.5米，村民进出方便多了。我们去看的是往田坪屯的屯级道路硬化项目，施工队伍现在准备进场，施工方想看料场放在哪里。因为料场可能占用一些山地，施工方需要村里配合、做做村民工作，就叫上赵书记一起去商量、决定。

回来之后，因我想去坤林屯了解村规民约情况，赵书记联系村民小组长后就骑摩托车带我去了不远处的六坪屯到坤林屯路旁的一处砍树处，将我介绍给了正在砍树的坤林村民小组赵组长，说他们很快就砍完回去了，让我随他们一起去坤林。我在路边看了一会他们砍树后，一个小伙子骑摩托车回坤林，赵组长叫我坐他的车先去村里，他过一会就回村去。因他的摩托车要带工具，无法带人。于是，我就坐这个小伙子的摩托车去了坤林。

一路上聊天得知小伙子姓黄，今年23岁，家有一辆卡车，主要帮人拉木材等出山。昨天还跑了一趟平南刚回来。他说坤林有两辆卡车、30来辆微型面包车（当地人俗称"高顶篷"）。根据之后村民小组赵组长的介绍，坤林屯为金秀最大的盘瑶村寨，现有 98 户、386 人。户均面包车的比例不算低。

除了快进村处有一桥梁还没修好完工外，十来里路非常平坦、很好走，我们一路聊天很快就到坤林了。下车时，我要给点油钱给他，黄姓阿弟坚决不收，说"顺路的、顺便的"。我也就没有坚持了。

之后，我随黄姓阿弟到他家坐了一会。他家楼房已经盖好，爷爷奶奶住在旁边房里，父母亲也在家，门前种有不少花木，院子里晒了一些绞股蓝和其他药材。

随后，我就在坤林屯里各处转了一下。全村房屋建在坡度很大的山腰上，前后极为紧密；我看见有六七家村民正在盖房，房屋设计很有特色。

随后我就到赵组长家等他。他家还是盘瑶传统民居的老房子。过了一会，赵组长就回来了。他告诉我他已经干了七届了，不想干了。经过一番找寻，赵组长找到了 1992 年 5 月 4 日制定的共有 11 条的《坤林村村规民约》。意外地，我还看见了他现在还保存着他爷爷 1958 年 2 月 2 日当选为大瑶山县共和乡第三届人民代表大会代表的《代表当选证书》，这是个有历史价值的文书。

访问完后已经有晚七点半了，赵组长一家留我吃晚饭和住下来。我考虑明天一早想去其他屯调查，就谢绝了。考虑到赵组长干了一天重活，不好打扰他送我出去。我就想到黄姓阿弟，想请他骑摩托车送我去共和村委会办公楼旁赵书记的茶厂处。

我到黄姓阿弟家时他们一家正在吃晚饭。我向黄姓阿弟说明了我的想法，表示请他慢慢吃，吃完以后再辛苦他。他一口答应。他们家的三位都问我吃饭了没有。我答还没有吃准备回去赵书记处吃。他们说那么晚了，你回去肯定他们已经吃过了。他们一定要我吃饭。我却不过他们一家人的热情，就吃了一碗。

之后，黄姓阿弟带我步行出村，走过没完工的桥梁后，他来到一辆微型面包车边开门上车。原来他不骑摩托车而开车送我出去。我连说"太麻烦了""太麻烦了"。他表示"这是一样的、没有关系"。

很快，我们没聊几句话就到六坪路口了。下车前，我拿出 20 元钱，说："阿弟，麻烦你了。我给点油钱。"他连忙推辞，连说："不要、不要。"我说："不多的，一点点，就是一个意思。"他还是坚决拒绝。

我看没有办法给油钱了，包里也没有香烟了。看到车外路边小商店还开着，就跟黄姓阿弟说："你慢一点，等我一会。"我马上下车，跑到商店，叫老板娘先拿十块一包的两包"真龙"香烟给我，一会再给钱。这时，黄姓阿弟已经将车调好头，准备返回。我立刻跑过去，将香烟塞到他的手里。他还要拒绝，我坚决不肯，说"一点心意"，他也只好随我而接受了。

我挥手向他告别，叫他开慢一点。他按响喇叭回应，很快消失在夜空里。

目送他离去，我到小商店付完烟钱。走去赵书记茶厂的路上，我非常感激黄姓阿弟的帮助。如果我自己走出来，黑灯瞎火的十来里路恐怕需要一个多小时。他帮我节省了时间，减轻了辛劳。我给点油钱完全是应该的，本身给的也不多，他却坚决不要。幸亏有个小商店有烟买，略微表达一下我的心意。

我想，黄姓阿弟可能认为我是友情帮帮忙，不是做生意的，因此不能收钱。香烟，一是我硬塞给他的；二是"烟酒不分家"，帮忙之后给包烟也正常；三我是真心实意的。故他最后接受了。

至于为什么买十块一包的"真龙"香烟，我是这样考虑的：一方面"真龙"香烟为广西的本地香烟，吸的村民比较多；二是我观察当地村民平时大多吸低于这个价钱的香烟，十块一包算还不错的香烟。当然，稍微贵一点的香烟也可以，但是我以为太高价格的香烟由于太超过当地的生活水平而不建议准备和赠送。

也许黄姓阿弟自己不抽烟，但是香烟为日常生活用品、交际用品，他或给父亲等抽烟的亲人，或用于办事，总体比较好处理，不会浪费。而其他物品，如水果什么的，可能比较麻烦一些，也不容易随身携带。

由此，我再次认识到，在进行法社会学田野调查时，准备一些香烟等物品非常必要，有时候真有不小的用处。

2017 年 8 月 19 日记

# 2

# 捐或不捐*

在广西金秀进行田野调查期间，瑶胞淳朴善良，没有要遇到多少次需要我这样的调查者捐款的情况，一般出点钱是我自己参加活动吃饭的份子钱。如2004年参加郎庞做社、2009年帮家众节等即为此类，因为参加者每人要交若干元钱作为买菜的费用。也有几次是遇上古陈的修庙、建学校等公益活动，修庙、建学校费用不少，需要大家集资，我便拿出100元以作支持的意思表示，这些都是我自愿拿出的，没有人明示或者暗示我。

这些年，我碰到的有人向我明示或者暗示捐款的大概只有两次。

一次是在下古陈，武哥与某家村民关系较为密切，经常带我去他家做客，好像也在他家吃过早饭。武哥也不时介绍一下他家的情况，男主人身体不太好，不能干重活，家里的收入来源单一，家里有两个女儿，读书不错，学习上费用压力较大。武哥曾向我提及，有无可能在北京找一找人，替他家女儿结对帮助。2011年8月我去下古陈时，他家大女儿考上了广西民族大学，专业似为柬埔寨语。我一直没有接话，也没有答应，每次听后没有什么表示。我是这样考虑的：田野调查期间会碰到各种各样的情况，生病的、家庭经济困难的也会遇到，一则我能力不大，稍微表示几百、一千没有问题，但也不太能解决问题；二则主要是怕影响调查，出现由此迎合我、讨好我的情况，影响田野调查的客观性、真实性。我认为，我主要是通过调查瑶族习惯法而为瑶族民众做些事，这是最根本的。

---

* 原载宋颖、陈进国主编：《鹤鸣九皋：民俗学人的村落故事》，商务印书馆2017年版，第180～181页。

另一次是 2012 年 10 月 25 日，我随某镇司法所王所长去旁观某村调解纠纷。在村委会办公室旁的农户家吃过午饭后，我又回村委会办公室请村支书赵书记帮我再找些材料。赵书记找出一些，我征得赵书记的同意在村委会的复印机上复印。这时，王所长说："村委会资金很紧张的，要给他们一些钱做复印费。"我满口回答，忙拿出 200 元钱给赵书记。赵书记不肯收。王所长说你要收，复印要纸张的，到街上每张要五毛、一块呢。这样，赵书记有点不好意思的就收下了。

那天稍早时，赵书记比较明确地给我说：高老师，你看能不能帮我们想想办法，让我们村委会的电脑通上网络。他说我们这里不通网络，还很不方便。这个我没有敢接活，听听而已。

在下楼准备上车离开时，中午喝得有点多的镇综合办小韦搭着我的肩，有点醉醺醺地说：高老师，你看到那学校没有？他指了指对面的村小学，那是广西武警部队援建的。小韦对我说：高老师，怎么样？山区里的孩子很困难的，你捐点钱？要不要很多，一千、两千就可以了。我听后也没有搭腔，他也没有再多说了。

这天，另有一件比较有意思的事情。王所长对赵书记说：今天高老师来访的情况应该记录下来，也作为你们的一个工作，赵书记听后在村值班本上记录了一下。王所长又对赵书记说：你应该复印一下，高老师的身份证、工作证的。我听后虽有点不悦，但也将身份证拿出来要赵书记复印。赵书记又问我要工作证，我因没有带在身上经再三解释后才作罢。我留下了电话等联系方式给赵书记。

也是在这天，王所长对我说：高老师，你在你的书的前言中必须写上感谢我们的话，某某某、某某某，说在调查时得到某某某、某某某的大力帮助，否则的话我们不答应的，我们要到北京去找你的。我忙表示，这没有问题，一定的，我也是这样想的。王所长说：这是需要的，我们要不提供材料，你就没有办法调查，也不知道的。这是我进行田野调查以来第一次碰到有调查对象明确这样对我表示。

王所长还说：下次你来时，应该带点北京的特产来。这也是这些年来第一次听到金秀调查对象的这样要求。其实，这样的要求、建议是比较合理的，我也曾不时有这样的想法。

不过，每次或因从深圳过来金秀，或因其他原因，一直没有这样做过，这是有些脸红的。除了给武哥带过一些茶叶什么的东西之外，我多为在深圳买条烟带过来，其他多为在金秀本地买烟或肉、菜去调查对象家，或是付食宿费。确实，带些北京特产或者学校的纪念品的意义应是不一样的。

可惜的是，王所长大概于 2017 年因病去世，英年早逝。在他患病离岗治疗期间，我 2016 年曾去其办公室，委托其同事将一本我在后记中专门致谢王所长等人的书转交给他。之后再去时，他同事告诉我书给他了，人后来走了。我听后非常难过。我想他应该看到后记中表达的我对他的感谢了。

这些年，像王所长这样在田野调查中结识并给予我很大支持的朋友已经离世了好几位，这令我百感交集、叹息不已。

2017 年 8 月 18 日记

# 3

# 表个心意

在进行法社会学田野调查时，尤其在乡村进行调查时，调查者可能会碰到被调查村落正在进行某一公益项目或者民间活动，而这项目或活动又主要依赖村民自己投工投劳或者自筹经费。此时，调查者就通常需要为项目或活动赞助一点、表个心意。

就我个人三十多年的田野调查经历看，这些公益项目有建学校、修庙宇、建祠堂、修路等，民间活动有办节庆、做社（祭社）、祭神等。除了没有进行赞助或者不接受赞助之外，我通常都略表心意。

赞助一点是对这个项目或者活动的支持，也是对被调查的村和村民的一种尊重，有利于与被调查者搞好关系而配合、支持调查，顺利进入田野现场并完成调查。就我个人的体会，绝大多数被调查村民对我这个调查者赞助一点都非常高兴的。特别是我 1997 年 12 月到清华大学工作以后，以"清华大学教授"名义进行赞助更能令他们引以为豪。

关于赞助金额，我觉得不宜太多。调查者主要为高校教师和学生，教师的收入一般，学生没有收入，赞助金额需要与调查者个人收入情况相一致。特别是，赞助金额过高可能产生金钱效应，影响法社会学田野调查的客观性，这与法社会学田野调查的伦理要求和科学要求不相符合。赞助金额不在多少，关键是表达调查者的一个心意、一种态度。

我印象深的一次赞助是 2007 年 11 月 29 日，广西金秀的下古陈屯建学校。下古陈是个自然村，为六巷村民委员会的一个村民小组。下古陈设立的学校有一位老师、十几个学生，为一至三年级学生。学校房子年久失修成为危房，为迎接"两基检查",〔1〕就先拆掉了,学生暂借农家房子上课。对此情况,下古陈全村村民开了几次会商量,决定向政府要求盖新校舍。盘振武等村民跑县里有关部门做工作,县教育局答应投材料,给了一些水泥、砖头等建筑材料,要村民投工投劳建设。村民商量的结果要在原来校舍基础上建得更大一些,最后定建筑面积130平方米的五间房,其中两间为教室、两间为教师宿舍、一间为厨房,前面建一个体育活动场地。为此地基需要挖土方600多方、填运土方500多方。全村村民商量的结果为建学校全村每人出5元钱,每人需要出15个工,一个工需要付30元。具体动工是从2007年农历九月十九(10月29日)开始,大概前后需要两个多月才能够建好。我是2007年11月28日到下古陈武哥家的,知道他们村正在建学校后29日就参加了一天建校劳动。当时正在削山坡挖地基,用挖下来的土运去修路。看见贴着的捐款《光荣榜》后,我通过武哥捐了100元,表示一下对他们建学校的支持。

▲建校(2007年11月29日摄)

---

〔1〕 "两基"是20世纪90年代"基本普及九年义务教育和基本扫除青壮年文盲"的简称。1993年,原国家教委建立了"两基"督导检查和评估验收制度。从1993年起,全国开始开展对"两基"县(市、区)的评估验收工作。1993年3月8日国家教委下发了《普及九年义务教育评估验收办法(试行)》《县级扫除青壮年文盲单位检查评估办法(试行)》《关于1993年普及九年义务教育县(市、区)和扫除青壮年文盲县(市、区)评估验收工作的通知》。1994年9月24日,国家教委下发了《普及义务教育评估验收暂行办法》(教基〔1994〕19号),修订下发了《普及义务教育评估验收暂行办法》。此办法成为20世纪90年代,一直到今天全国"普九"评估验收工作的文件依据。

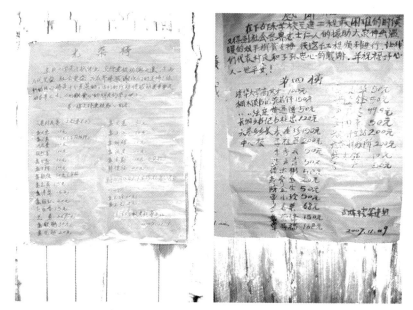

▲贴在板上的光荣榜和感谢信（2007年11月30日摄）

再如2016年7月19日到贵州锦屏的黄门村调查"尝新节"时，我和同去的学生也分别捐款，表达我们的一点心意。

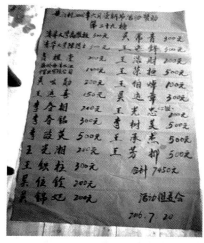

▲放在地板上待张贴的捐款公示榜（2016年7月20日摄）

当然，法社会学田野调查者是学者不是慈善家，目的也不是解决被调查者的困难，需要坚持学术调查和研究的本心。做好田野调查和学术研究，这是对被调查者最大的支持和帮助。赞助一点时仅就事论事，不涉及其他方面，以免产生连锁反应。调查者谨记在进行田野调查时，适当赞助一点为田野调查的附带情形，不能本末倒置。

2022 年 9 月 1 日中小学开学日下午记

# 4

# 为镇志编纂出点力

2019 年 11 月 19 日，我到蒋村村委会进行习惯法方面的调查。回来北京以后的某一天，我接到了一个显示来电地为宁波的手机打来的陌生电话。他自我介绍为王老师，说正在编写镇志，希望我提供相关的一些文章。

我不太清楚他是如何知道我的手机号的。估计是他到蒋村村委会时，聊起来时村干部告诉他的。

之后，我加了王主编的微信，我们通过微信进行交流，知悉了有关情况。

蒋村所在的市比较重视修志，除了纂修县（市）志、地名志民政志农业志公安志等专门志和部门志（已出版九部），还编纂乡镇志、村志。已经出版了《横河镇志》（方志出版社 2007 年版）、《周巷镇志》（浙江古籍出版社 2013 年版）、《庵东镇志》（中国文史出版社 2020 年版）等三部乡镇志，出版了《海星村志》（浙江人民出版社 2014 年版）等一部村志。

按照市里安排，蒋村所在的镇专门成立编纂机构和工作专班。王主编作为退休的镇老领导，发挥余热，受镇里的聘请具体进行镇志的纂修。

镇志是地方志诸多种类中的一种，记载一乡一镇范围内自然和社会诸方面的历史和现状的综合性资料性著述，全面反映一乡一镇的政治、经济、文化、社会、历史、风俗、人物等方面的变革发展情况，为一乡一镇的百科全书。镇志在总结地方经济社会特点、传承和发展地域文化、优秀传统方面具有积极的意义。

蒋村所在的镇编纂镇志自然先需要广泛搜集各方面资料。我因为就蒋村的捐会习惯法、订婚习惯法进行过专门的田野调查，并整理成文在刊物上发表了。王主编于是要我将这两篇文章发给他做镇志编纂的参考资料。我遵嘱将两文发给他，有多少参考价值不好说，算是为镇志编纂出了一点力。

与此类似，在蒋村调查时，蒋村村委会有干部也说以后蒋村的文化礼堂建好后需要设村史馆时，希望我提提意见。

在进行法社会学田野调查时，我到过的不少单位特别是村组大都表达出对其发展提些建议的愿望。我是非常愿意为被调查单位和村组做点事情的，但涉及经济发展、招商引资等方面事宜就有点为难，毕竟非我所长。如属于乡村治理、法治建设、社会文化等方面的内容，那我还能够一起进行讨论，谈点自己的看法。

其实，真正地为被调查单位出力，是把法社会学田野调查扎扎实实做好，将调查所得材料吃透、分析好，并通过撰文、著书、教学、演讲等方式表达出来，通过学术的方式引起社会的关注，让更多的人知悉。

这才是一位法社会学调查者、一位学人的本分！

2022 年 8 月 4 日星期四上午记

# 5

# 可否出版问题

2020年11月26日，经过前期的商议，我作为课题负责人与某市委政法委签订了"'某市村居法治样本'研究"横向课题合同。某市委政法委委托我们组建专家学者的调研团队，结合学习贯彻落实习近平法治思想的要求，围绕该市村居的良法善治，深入农村基层单位现场开展调研、开展对话，重点调研某县某村等几个村居，把脉村居法治现状，系统梳理该市村居法治治理亮点工作，提炼实践性操作性强的路径与方法，找出存在问题难点，分析原因，探寻提升村居法治的质量、效率、公信力的途径与方法，总结法治对乡村治理的引领、规范、保障作用，为乡村弘扬社会主义法治精神、增强全民法治观念、完善公共法律服务体系、夯实依法治市基层基础提供决策参考依据。

由于疫情防控的影响，我们去该市进行田野调查的次数不多，仅于2021年4月、10月到该市进行了实地调查。在广泛通过网络收集新闻等材料的基础上，我们根据田野调查所得资料于2021年12月7日按照约定提交了有14万字的专题调研报告。某市委政法委还是很满意这一成果的。

当初没有约定需要出版。后来为课题组成员发展考虑，征求他们两位意见后他们希望出版，愿意不拿劳务费而用作出版资助。我觉得在现有调研报告基础上加一些附录，出版还是有价值的。

特别是从另外一个角度考虑，出版田野调查成果是我们回馈田野的一种方式。通过发表和出版，使更多的人了解田野、理解田野，让更多的人感受到田野的发展、变化和民众的努力。我们作为高校师生，能为法社会学田野做的事情本就不多，将田野调查成果发表和出版应该属于最主要的回报。出版这一专题调研报告能够将该市村居依法治理的事实在更大范围得以知悉和传播。

从展现村居法治建设的样貌考虑，除了收入村规民约、居民自治章程等材料之外，我们想在附录中收入一些该市委政法委或市、县区有关部门关于村居法治建设方面的一些规范性文件，如"一村一法律顾问"制度、"一村一法制副主任"制度、"一村一警"制度等。希望市委政法委能够提供一些这方面的规范性文件。

2022年1月11日下午，负责联系该市委政法委的课题组成员告诉我：政法委领导不太希望村居法治调研报告出版，主要原因：现在的领导认为调研报告涉及工作内容，不合适公开出版，而且若把政策文件放在附件中，更加不适合公开出版。虽然有些新闻报道中涉及文件，但也只是提及文件名，一般不涉及具体内容。所以他们建议不出版。

我知道后即与该市委政法委的一位科长微信电话联系，了解具体情况。她告诉我，由于市委政法委主要领导变化了，现在的领导有其自己的认识，因此有这样的意见。她说对附录有关某县新乡贤张总那篇到省里的杂志发，领导还有点不以为然，觉得怎么我们还没有用你们就自己先处理了。

我谈了个人的一些想法：（1）该市在村居法治建设方面有自己的亮点，在全国是领先的，值得让其他地区参考、借鉴、复制，从理论方面也有学术研究的价值；（2）我们这样肯定该市的工作，谈问题很少，也不尖锐，应当是增加该市的声誉，不会有负面影响；（3）我们的材料基本上来自公开的材料，如有个别涉及内部资料，我们可以删除；（4）如考虑利用，我们可以在2022年晚些时候出版，让该市委政法委先利用。

我还告诉她，原来该市司法局委托一个律师事务所的课题，后来也以《软法之治的乡土实践》为名出版了，附录中收入了该市市委办公室、该市人民政府办公室关于印发《某市推行村（居）委"法制副主任"工作制度方案》通知、某市推行村（居）委"法制副主任"工作制度方案等规范性文件，并拍照通过微信给她。我想表明，他们领导考虑的其实没有必要。

我也讲道，合同中约定"甲方依据本合同委托乙方咨询调研所形成的研究成果（包括但不限于纸质版、电子版的专题调研报告）知识产权归甲方所有，乙方享有在相关研究成果上的署名权，乙方不得在向甲方交付研究开发成果之前，自行将研究成果转让给第三人"。这没有明确表明不能出版。当然，出版需要征得甲方该市委政法委的同意。

不过，我对她说，我们尊重委托方、尊重领导意见，只是想尽量沟通，表达我们希望出版的意愿。这是对双方都有利的事情。

我还建议我可以与该市委政法委有关领导通电话沟通一下，我们也可以简要写个书面材料给她们。

她说理解我们的意思，她会向领导如实汇报。

过了十分钟，她给我电话，希望我们写一页纸的东西，她们给领导汇报好一些。我当即答应。

马上，我联系课题组的一位成员，向他口述了几点意思，叫他起草一下给我。

晚上9点我收到草稿后修改了一下，发给这位该市委政法委的科长。

## 关于调研报告《走向村居良法善治》出版的说明

尊敬的市委政法委领导：

关于调研报告出版事宜，我向贵单位做以下几点说明：

（1）调研报告公开出版有利于展现市村居法治建设工作的显著成效和主要经验。我们课题组在田野调查、资料收集、座谈交流的过程中感受到，市村居法治建设工作抓得早、做得实、成效好、亮点多，所以得到了中央和省有关部门的肯定，取得了良好的社会效果。市村居法治建设工作既有对其他地区的借鉴价值，同时也为法治国家、法治社会、区域法治建设提供了模范样本，对于学习贯彻落实习近平法治思想、弘扬社会主义法治精神、推进市域社会治理现代化、提升社会治理法治化水平具有重要的理论意义和实践价值。所以，我们课题组希望能够将调研报告出版，进一步为市村居法治事业宣传呼吁，让更多的人能够了解、关注市的村居法治建设。

（2）调研报告公开出版对市的政法工作、综治工作等相关工作有利无弊。调研报告的内容是对市村居法治建设工作的充分肯定和全面展示，能够较为充分地展现市、县、乡、村等各级村居法治建设机构、干部、人员在市村居法治建设工作中的努力和成果。对于市村居法治建设的问题方面，我们也将会客观地进行分析、适当提及，对市的形象有正面价值，不会产生负面影响。

（3）调研报告出版工作将会充分尊重市委政法委的意见建议，对于市委政法委认为不适合披露的内容，课题组将会对之进行删减或匿名处理。从报告实际内容来看，现有报告所涉及的资料绝大多数是已公开的资料，例如2014年已公开出版的《软法之治的乡土实践——市村（居）委"法制副主任"制度的源流与嬗变》，只涉及极少数内部资料。对于报告中所涉及的资料，课题组将会充分尊重市委政法委的意见，删改不宜公开的内容。

（4）考虑到市委政法委需要充分利用这个报告，课题组可以将出版时间往后推迟，在2022年底或更晚的合适时间出版。

基于上述考虑，我们课题组希望能够将调研报告进行出版，更好地讲好本市故事，弘扬本市经验，传播本市声音。

《某市"村居法治样本"调研》课题组 负责人：高其才

2022年1月11日

同时我也提出"另外，我想，为尊重你们甲方，可在书前面列一编委会名单，主任为你们主要领导，副主任我列最后根据你们需要列几位，成员可广泛一些。你觉得需要，可给领导建议。"

次日即12日下午，科长联系我，说她拿信向分管领导汇报了一下，分管领导说不向常务副书记汇报了，我们该出还是出版，他们就当作不知道；他认为如汇报了，常务副书记可能就有什么意见，就比较麻烦了，干脆就不向他讲了。

科长为我们清华大学法学院的毕业生，分管领导是中南财经政法大学的毕业生，他们是理解我们的想法，尽力支持的。现在这样做，分管领导实际上是承担了责任，为我们解决了难题。我非常感谢他们的善意和理解。没有他们的担当，这一田野调查成果的出版就不太可能了。

这个事情主要是由于甲方市委政法委主要领导换了的缘故，前面领导委托我们做调研，后面来的领导有自己的考虑，就认为专题调研报告的后续利用没有什么意思，也可能是害怕担责任，想多一事不如少一事，因为判断不准而不想出版以避免麻烦。

法社会学田野调查如与地方党政机关合作，就会存在这样的问题。前后领导有不同的认识，可能合作就会有不同的状况，需要增加沟通的成本，有时候甚至直接导致合作的终止。

当然，有熟人资源，情况就可能顺利多了，容易沟通，较易理解。因此，法社会学田野调查需要广泛利用熟人资源、善于运用熟人资源。

这次的出版问题就涉及熟人、人员变动、沟通等因素。法社会学的田野可能会发生变化，需要及时应对、及时沟通。回馈田野本是好事，需要将之办好，尽最大可能满足调查对象方的想法。[1]

2022 年 1 月 13 日记，11 月 1 日补充

---

[1] 书出版后，我于 2022 年 10 月 17 日告知科长，她表示如可以寄 5 本书给她并向现任领导汇报。11 月 8 日我与科长进行了沟通，提醒她当时领导的态度。她觉得应该没有什么问题，这是宣传、传播该市的好事，况且领导不同意放入的一些规范性文件也删除了。于是当日我寄出了书。

# 6

# 唯有长叹息

我在进行法社会学田野调查时，有时会遇到调查对象提出一些要求，希望能够提供一些帮助。这些要求有的仅为出出主意，提供一点建议，如孩子的高考、中考的志愿填报等，我可以根据自己的经验和认识谈点看法，供调查对象参考，相对比较好办。有的要求则力所不及，我虽有相助之心也人微言轻而无能为力，常常无法面对调查对象充满期待的眼神，内心极为不安甚至自责，唯有长叹息。

2015 年 9 月开始调查的 2015 年 5 月 6 日发生在广西壮族自治区来宾市桃河县新谷镇平望水库的械斗事件即属后一种。我至今仍是十分同情荆兰屯村民而爱莫能助，只有一叹又叹再一叹，唯有长叹息！

我是 2015 年 9 月 23 日下午在桃河镇司法所向王所长了解村规民约时才知道 5 月 6 日平望水库械斗事件的。王所长告诉我打架死了几个人，这是"新谷荆兰屯由人畜饮水引起的"。我一听比较吃惊，于是改变了原定的调查计划，想专门了解一下这次械斗事件。

9 月 24 日上午我先去了新谷镇办公楼，找到原在蒲枝乡现任新谷纪检委员的小张了解这个事件的情况。他口风比较紧，说当时他管后勤，"前面的事不清楚"，不愿意谈论具体案情。他告诉我"他们村里人来要求放人，我们也没办法，只好给他们宣传按国家法律来，等法院判决以后再说"。他感觉事件发生后，村民觉得没有心思生活似的。

离开小张后，我坐了一辆营运"三马车"（电三轮车）到平望水库。"三马车"师傅的母亲为上荆兰屯人，现还有老表在村里。他说打架的事"我不问的，不懂啦"。我在大坝处看了一下，10 点先与水库放水员妻子后与放水员聊了一会。他们是上荆兰屯人。他们告诉我上、下荆兰两个村约有 80 户、400 人左右，刚开始抓了 50 多个，现在还关着 27 人，分别在桃河、武宣、来宾、象州等地。村里决定每人每半月送 400 元做被关押人的生活补贴，以后判刑后初步决定每判一年给 1 万元，钱由 27 户家庭以外的家庭出。放水员表示"我们是没有办法的，他们一次次欺负我们"。他告诉我上荆兰屯的李清涛兄弟处有材料。

大概 11 点，我下来到上荆兰屯。我看见村民就上前聊，想了解点械斗事件的情况，但都像小张、"三马车"师傅、放水员妻子、放水员一样，大都回答"不知道"。一位 40 来岁的韦姓被关押在桃河村民的妻子说家有孩子没钱读书，问我能否帮助点读书钱。一位 60 来岁的妇女问我是不是记者、能帮到我们否、能帮我们请律师不。

12 点 15 分左右，我与正在下荆兰屯一户门前埋水管的三男二女聊天时，房主女儿女婿送老妈回来了。他们听了我的来意后打电话给下荆兰屯的人来介绍情况。下午 1 点来钟，我见到了陈建强，后来李清涛也过来了。他们比较详细地介绍了械斗事件的来龙去脉，令我对整个事件有了较完整的了解。他们强调水库承包后影响了他们两个村人的吃水，一直没有解决，有承诺也没有兑现，说政府有一定的责任，拖来拖去没有解决。他们说"我们是正当防卫，他们先动手，有砍刀、有枪，拉这么多人来"。他们强调"我们最不服公安给我们聚众斗殴罪名，我们是被逼上梁山的，我们就是要求放人，不接受被判刑"。

陈建强原在广东省中山市小榄镇开了 12 年的快餐店，是个见过世面的人。械斗事件后他与另外 4 人代表两村去北京上访了 3 天，到了国务院信访局等处，材料收了后又被转到桃河，没有达到他们的目的。

下午 4 点左右离开时，陈建强给了我《两村关于 5·6 事件的说明》等材料。他们希望我能够替他们发发声、说说话，如果能够找到县、市、自治区有关方面的领导反映他们的意见就最好不过了。他们觉得自己村没有出什么人，这次吃亏太大了。言谈之中，陈建强他们都流露出委屈、无奈与无助，他们迫切需要外界舆论上的声援、同情和实际的支持、帮助。[1]

---

〔1〕 陈建强认为《南风窗》的文章比较真实，记者是事件发生三天后从网上看到过来采访的。械斗事件发生后，桃河县官方向社会进行了通报，广西新闻网、中新网、《南方都市报》等有一些新闻报道。如 2015 年 5 月 8 日罗煜明的"承包人污染水库，村民饮水困难引发冲突"（《南方都市报》2015 年 5 月 8 日，http://jiangsu.china.com.cn/html/law/case/1466332_1.html，2022 年 10 月 27 日最后访问）。南风窗记者韦星于《南风窗》2015 年第 11 期发表了"大瑶山里的枪声———宗水库纠纷引起

这起械斗事件的相关人员分别由来宾市中级人民法院和来宾市武宣县人民法院审理。关于械斗事件的基本情况，广西壮族自治区来宾市中级人民法院［2016］桂13刑初23号故意杀人案一审刑事判决书与广西壮族自治区武宣县人民法院［2016］桂1323刑初203号聚众斗殴案一审刑事判决书的表述基本一致，来宾市中级人民法院［2016］桂13刑初23号一审刑事判决书是这样叙述的：

经审理查明，长期以来，广西壮族自治区桃河瑶族自治县新谷镇平望村上、下荆兰屯两个村屯群众的生活用水均取自平望水库。2001年3月，桃河瑶族自治县凉亭坝水利工程管理所将平望水库发包给李某5等人经营水产养殖，承包期限至2020年12月25日，并约定承包方如投放鱼料，不得影响人畜饮水；造成水质污染的，由承包方负责治理。期间，平望水库的承包经营权多次转让。2005年，亚某2（以亚某1的名义）开始入股参与经营水库；至2011年，水库的其他承包者退股并将承包经营权全部转让给亚某2，后亚某2雇请亚某1（另案处理）管理水库。

2013年以来，因承包方往水库中投放鱼料（滤泥等）导致水质变差，影响上、下荆兰屯村民生活用水。为此，两屯村民不断向镇（县）政府及有关部门反映并要求解决饮水问题。镇政府等有关部门多次召集村民代表、水库承包方及相关职能部门召开协调会解决饮水问题。在2014年6月12日的协调会上，与会人员形成决议即在未打好井之前仍由承包方负责给村民供水并不得再投放污染水质的鱼料。后因承包方违约，两屯村民的饮水困难问题未能得到有效解决。2015年3月，亚某2与张某3（殁年48岁）、梁某4（殁年42岁）等人商量，将水库承包经营权转让给张某3等人。2015年4月以来，承包方两次欲捕鱼均被上、下荆兰屯村民以不解决饮水问题不能捕鱼为由毁坏渔网阻拦。

2015年5月初，亚某1、梁某3（另案处理）、张某3、梁某4商定到平望水库捕鱼出售，后亚某1借来渔网请来捕鱼师傅，确定放网捕鱼时间为5月6日。5月6日上午，梁某4、张某3、梁某3等人担心会遭到上、下荆兰屯的群众阻拦、扯走渔网，便纠集象州县大乐镇的李某4（另案处理）、廖某1

---

（接上页）的群体械斗事件"，较详细地介绍了这次械斗事件。此文对白村村民的处境较为同情。

（殁年 38 岁）、李某 1（殁年 39 岁）、水晶乡的彭某 1 及桃河县的韦某 32 等社会闲散人员持刀枪前来帮忙，意在阻拦村民前来干涉捕鱼。当天中午，受邀前来帮忙护渔的人员李某 4 等陆续到达后，张某洪、巫某 1 分别用身份证到镇上的毛家宾馆开房给护渔人员休息。当晚，巫某 1、张某 3、梁某 4、梁某 3 及受邀持械来护渔的人员在水库厂房用餐时，梁某 4、梁某 3 分别扬言要与村民打架，梁某 4 还称其与张某 3 对后果负责。

当晚，上、下荆兰屯的村民得知水库承包方准备放网捕鱼后，被告人韦某刚（上荆兰屯时任队长）、被告人韦某昌（下荆兰屯时任队长）以及韦某 2（下荆兰屯时任副队长，另案处理）便分别通知本屯村民到上荆兰屯开会商量对策。21 时许，经与会村民讨论后决定：共同前往水库与承包方协商，待解决好村民的饮水问题后才能放网捕鱼。随后，与会村民便赤手前往水库，欲与水库承包方协商。

22 时许，梁某 4 等人看见村民们过来，便组织护渔人员持械堵在水库排洪道附近。待村民们走到排洪道坡底时，梁某 4 等人朝天开两枪，并出言威胁。村民们即被吓退。返途中，有村民提议两屯群众团结起来与承包方对抗，同时，还有人提出"换鞋拿棍来跟他们搞（打）"。后村民们各自回家换鞋持棍棒到小村集中后一起前往水库。22 时 21 分，桃河县公安局新谷派出所接到双方准备斗殴的警情报告后，指派民警赶往现场处置。22 时 50 分，村民在前往水库途中不听民警劝阻仍执意前行。民警劝阻未果后便驾车前往水库厂房处继续处置。得知警车准备到达水库厂房时，梁某 4 等人便指挥在场人员持刀枪躲往厂房后的山岭。张某 3 则留下与民警交涉，巫某 1 一同留下。当村民持械准备到达水库时，民警为避免双方发生冲突，一再要求张、巫离开，巫某 1、张某 3 才撤退与梁某 3 等人汇合。23 时 10 分，村民陆续到达水库厂房寻找梁某 4 等人未果，被告人李清涛、洪明亮等人提议：见车砸车，见人打人。后被告人李清涛、韦某明、洪明亮、韦某高等人便持械打砸水库承包方人员停放在厂房附近的两辆五菱牌小客车、一辆长城牌轿车、一辆吉利英伦牌轿车及两辆二轮摩托车。村民不顾在场民警的劝阻，分头寻找梁某 4 等水库承包方人员。韦某财等村民到三岔路口拦截，韦某强、韦某文积极追撵，韦某高指着厂房背后的古圆岭大喊"往那边围过去，寻找他们殴打。"韦某 3、韦某 18 等村民即持棍棒、钢筋、锄头等械具冲上古圆岭。在山岭顶部，村民发现水库承包方人员在岭脚的花生地内。梁某 4 等人见村民人少，边喊

"谁过来就打死谁"边朝村民冲过去并开了几枪。村民见状即稍往后撤。李清涛说"打就打",村民便冲锋追打水库承包方人员。在打斗过程中,韦某强、韦某财、韦某文等人在韦某财的鱼塘附近遇上对方梁某4等人,被对方持刀、枪伤害后呼救,其他村民闻讯赶来鱼塘附近会合。韦某刚高呼村民赶快到水库边追撵承包方人员,并持锄头把打了梁某4右腹部、大腿外侧各一棍。李清涛高呼对方有人跑下山了叫村民在岭脚拦截,并持螺纹钢筋在花生地打了廖某1肩膀一下;打了李某1头部一下;打了张某3上身部位一下;也打了倒在地上的梁某4。韦某明持锄头打了廖某1,并打了梁某4头部、后颈部等部位。李清涛持木棍在岭脚下高呼对方打着本方的人了不让对方跑掉并打对方,进而与村民围打梁某4等两名水库承包方人员。韦某玉持木棍打了廖某1。韦某高持六角钢筋呼喊村民朝厂房后背的山岭围打承包方人员,并打了张某3、廖某1。韦某昌持木棍参与追撵水库承包方人员。

本次械斗造成水库承包方人员张某3、梁某4、李某1、廖某1共4人死亡,村民韦某强、韦某财、韦某文受伤,停放在现场的车辆损坏的严重后果。经鉴定,廖某1、张某3、李某1、梁某4系头部受钝器作用后致颅脑损伤而死亡,韦某文左手损伤程度为轻伤一级,韦某强左胸背部的损伤程度为轻伤二级及其头顶部为轻微伤,韦某财右胸部的损伤程度为轻微伤。经桃河县价格认证中心鉴定,被打砸的车辆受损价值共计 11 485 元。[1]

由判决书可见,这次因不满水库承包方污染水库、无水可用引起的六七十名村民与水库承包方近 20 人发生械斗事件导致水库承包方 4 名人员死亡、村民一方 3 人受伤的严重后果。

对于这次审判的情况,我 2017 年 6 月 1 日下午到陈建强家时,陈建强、李清涛、洪明亮等村民进行了介绍。来宾市中级人民法院是 2016 年 12 月 17 日借兴宾区人民法院开庭,武宣县人民法院是 2017 年 1 月 4 日开庭,他们两个村旁听去了 70 来人。陈建强说在兴宾主审的是个女审判员,他与她沟通过几次,她也觉得政府不作为,说纪委处分了几人,但是不归法院管,表示些同情和无奈。[2]陈建强他们向我表示"我们想不通啊,要拖这么久

---

[1] 判决书中涉及的人名进行了一定的化名处理,特此说明。

[2] 判决书中有这样的表述,"淳朴的人们""倍感耻辱的村民"等说法隐约表现了主审者的某些内心认知:"上、下荆兰屯群众一直以平望水库水作为饮用水源,淳朴的人们在这里安居乐业。作为水

呀；这么多人，你该判也就判呀"。他们一直说"我们农民没有办法呀"。他们经受了两年的煎熬，始终感觉无助。听完他们的介绍、诉说，我也没有太好的回应，只能安慰他们应该快判了、应该会公正判决的，除此以外也只能徒呼奈何。

具体的审判结果，我是 2019 年 8 月 27 日上午在陈建强家知道的。在村民的焦急等待中，两年多后最终的处理为：

（1）2017 年 7 月 7 日来宾市中级人民法院［2016］桂 13 刑初 23 号一审刑事判决书共判处上、下荆兰屯村民 7 人：被告人韦某刚犯故意杀人罪，判处无期徒刑，剥夺政治权利终身；被告人李清涛犯故意杀人罪，判处无期徒刑，剥夺政治权利终身；犯故意毁坏财物罪，判处拘役 5 个月；数罪并罚，决定执行无期徒刑，剥夺政治权利终身；被告人李清涛犯故意杀人罪，判处有期徒刑 12 年，剥夺政治权利 2 年；犯故意毁坏财物罪，判处拘役 5 个月；数罪并罚，决定执行有期徒刑 12 年，剥夺政治权利 2 年；被告人洪明亮犯故意杀人罪，判处有期徒刑 11 年，剥夺政治权利 1 年；犯故意毁坏财物罪，判处拘役五个月；数罪并罚，决定执行有期徒刑 11 年，剥夺政治权利 1 年；被告人韦某玉犯故意杀人罪，判处有期徒刑 10 年，剥夺政治权利 1 年；被告人韦某高犯故意杀人罪，判处有期徒刑 10 年，剥夺政治权利 1 年；犯故意毁坏财物罪，判处拘役五个月；数罪并罚，决定执行有期徒刑 10 年，剥夺政治权利 1 年；被告人韦某昌犯聚众斗殴罪，判处有期徒刑 6 年；与原犯滥伐林木罪判处有期徒刑 3 年，并处罚金 1000 元合并。决定执行有期徒刑 8 年，并处罚金 1000 元。同时，法院判处被告人韦某刚、李清涛、韦某明、洪明亮、韦某

---

（接上页）库的所有人，桃河县水利局在发包水库时不忘告诫承包人：承包方如投料喂养，不得影响人畜饮水，造成水质污染的，一切治理费用均由承包方负责。初始时，守约的经营者与村民和睦相处。此后几经辗转，巫某 2 人主经营。为获取更大利益，巫某 2 雇人往水库投放脏臭的滤泥、人畜粪便等，其脏水渗透甚至直接流入村民的饮用水源里。水源受污染后，倍感用水不便的村民多次找承包方协商及政府部门协调，经营者也承诺不再投放污染水源的鱼料，保证群众正常用水。但此后，经营者未能如约向村民正常供水。因鱼儿长大，经营者几次欲捕捞出售均被村民以未解决饮水问题阻拦而未果。为捕鱼，案发当日，经营者纠集二十余名社会人员持刀枪以护水库。村民前往论理时，遭枪击威胁及挑衅，倍感耻辱的村民决定持械还击。此为案件的起因，亦即承包方的过错所致。当晚，警方接报后即派员赶赴现场，并在械斗一触即发之际，极力劝阻。但此时的村民已丧失理智，打砸车辆后分头围猎躲藏于山地间的承包方人员。械斗在村民还击及承包方迎击中落幕，最终酿成承包方四人死亡、村民方某受伤、财物受损的严重后果。此为斗殴的过程及严重后果。"

玉、韦某高、韦某昌赔偿附带民事诉讼原告人覃某 1 经济损失 19 594.40 元，[1]并互负连带责任；被告人李清涛、韦某刚、韦某玉、洪明亮、韦某高、韦某昌赔偿附带民事诉讼原告人覃某 2、韦某 33、韦某 1 经济损失 19 830.96 元，[2]并互负连带责任。

（2）2017 年 6 月 9 日武宣县人民法院［2016］桂 1323 刑初 203 号一审刑事判决书共以聚众斗殴罪或聚众斗殴罪和故意毁坏财物罪判处上、下荆兰屯村民共 20 人，分别被判处有期徒刑 4 年、3 年 6 个月、2 年（14 人）、2 年 8 个月（4 人）等。其中 14 人被判缓刑。

（3）2017 年 6 月 9 日武宣县人民法院［2016］桂 1323 刑初 203 号一审刑事判决书判处水库方被告人巫某雄犯聚众斗殴罪，判处有期徒刑 2 年 2 个月。判决书指出："被告人巫某雄经营管理平望水库多年，知道水库承包方与村民之间存在较大矛盾，应当预料到去水库捕鱼会受到村民的阻止，且其明知张某、梁某 3、梁某 2 组织相关人员携带器械到水库打鱼，为聚众斗殴准备了工具，仍为他们提供住宿和后勤保障，其本人也亲自到了斗殴中心现场，其行为已构成聚众斗殴罪。"[3]

那天，李清涛给我看了两份判决书的复印件，我对这个结果有点意外，觉得村民这边被判的人多了一点、重了一点。[4]

---

〔1〕 附带民事诉讼原告人覃某 1 系被害人李某 1（在械斗中被打死）的母亲。

〔2〕 附带民事诉讼原告人覃某 2、韦某 33、韦某 1 被害人廖某 1（在械斗中被打死）的母亲、女儿、妻子。

〔3〕 判决书指出："指控巫某雄参与聚众斗殴的事实清楚、证据确实充分，本院予以确认，但指控巫某雄是组织者或指挥者的事实不清，证据不足，指控巫宝雄犯故意杀人罪的罪名不成立，本院予以纠正。""巫某雄为他人聚众斗殴提供帮助，起辅助作用，是从犯，应当从轻或者减轻处罚；案发后，其主动到公安机关投案并如实供述主要犯罪事实，属自首，可以从轻或者减轻处罚；综合考量两种量刑情节，本院决定对巫宝雄减轻处罚。"需要说明的是，此中的人名我进行了化名处理。

〔4〕 武宣县人民法院［2016］桂 1323 刑初 203 号一审刑事判决书指出："本案水库承包方在承包平望水库养鱼过程中，投放的鱼料污染了村民的饮用水水源，造成村民饮水困难，水库承包方未能有效解决村民的饮水问题，导致双方矛盾激化，且案发当日村民第一次空手去水库，没有聚众斗殴的犯意和准备，但水库承包方却开枪威胁村民，进一步激化了双方的矛盾，才导致本案的发生，因此承包方对本案造成后果存在重大过错，可酌情减轻村民一方的被告人李清涛、洪明亮、罗某武、罗某明、韦某强、梁某传、韦某金、韦某规、韦某语、韦某贵、韦某平、韦某仁、韦某龙的刑事责任。本案造成四人死亡，三人受轻伤的严重后果，可酌情对 21 名被告人从重处罚。希望今后双方吸取教训，采取合法有效的途径协商解决水库承包及饮用水源相关事宜，共同创建美好和谐的社会环境。"需要说明的是，此中的人名我进行了化名处理。

陈建强、李清涛、洪明亮等村民的反应自然是不服气。他们向我表示水库承包方"老板一点事也没有，拿柴刀的判2年2个月"，村民极不理解。他们说上诉了，但区高院没有开庭，也没下"维持原判"之类，应该是被驳回了，具体情况不清楚，因是律师在处理的。

从微信上看到来宾市中级人民法院院长谭某8月5日因涉嫌严重违纪违法，接受纪律审查和监察调查；来宾市中级人民法院副院长吕某8月6日被开除党籍、开除公职处分，将其涉嫌犯罪问题移送检察机关依法审查起诉；还有几个法官被处理，陈建强他们认为来宾市中级人民法院最乱套了。言下之意，他们对法院的判决是不满意的，认为不公正。他们都强调"我们没有后台，没有人帮助我们，我们没有办法"。他们几个都说到现在吃水问题还没有解决，政府干部推来推去。

但是，结果是无法改变的。上、下荆兰屯的村民只能接受这个事实，虽然非常有怨气。

从我的调查来看，上、下荆兰屯的村民一怪水库承包方的黑心、利欲熏心，要钱不管他人吃水、不管他人死活；二怨有关政府和工作人员责任心差，推三阻四，消极不作为，不管老百姓生活，且官官相护；三恨社会上的烂崽心狠手辣，胆大妄为，终酿成大祸；四叹自身势单力薄，被人欺负又无力还击，出事后无人可求助。

就我调查了解所知，地方政府的有些人士觉得上、下荆兰屯民风较为彪悍，不太听话，因而不愿意与这两村人多来往，而持多一事不如少一事态度，导致在水库承包方与村民在吃水问题上协调不够积极，措施不够有力。这种工作态度、工作作风显然放任了这次械斗事件的最终发生。

这次械斗事件导致4人死亡、28人被判刑，这显然是个令人非常伤痛的悲剧。知悉这一事件的前因后果，我一声长叹；面对村民一次次求助的目光，我无能为力，唯有不住地叹息；想想村民的权益保护、社会的治理状况和法治建设的实际进程，我着实觉得任重道远。

2022年11月4日记

# 五、体悟田野

　　法社会学的田野是一个场域，也是一种方法，还是一种思维。法社会学田野调查的目的在"实"，即了解法事实、理解法事实、分析法事实、解释法事实。法社会学田野调查的基础在人、时、钱即人力、精力、财力，需要有合适的人选、足够的时间、适当的经费。法社会学田野调查的困难主要表现在进入田野的困难、融入田野的艰难、发现田野的磨难、表述田野的犯难、反思田野的疑难、总结调查的为难。法社会学田野调查常采用实地观察法、深度访谈法、座谈了解法、书面材料搜集法等调查方法和技术。进行法社会学田野调查，需要思考空间与时间的关系、他者与自我的关系、国家与社会的关系、表达与放弃的关系、理解与改造的关系，确立田野调查的沉浸论、主体论、民众论、适当论、克制论等认识。进行法社会学田野调查，调查者需要关心田野、树立信心、真心待人、用心观察、耐心说服、具有恒心，全面体悟田野。

# 1

# 何为法社会学的田野

　　"野"指"田地"，"野"指"野外"。"田野"，《现代汉语词典》释为"田地和原野"。[1]如《周礼·地官·遂师》载："载经牧其田野，辨其可食者。"《孟子·离娄上》也载："田野不辟，货财不聚，非国之害也。"唐代曹邺的《对酒》曾提及"田野"："爱酒知是僻，难与性相舍。未必独醒人，便是不饮者。晚岁无此物，何由住田野。"唐代皇甫冉的《福先寺寻湛然寺主不见》诗也有提到"田野"："寂然空伫立，往往报疏钟。高馆谁留客，东南二室峰。川原通雾色，田野变春容。惆怅层城暮，犹言归路逢。"

　　田野通常为大片的种庄稼的田地，由此引申为乡间、农村。《国语·齐语》载："处商，就市井；处农，就田野。"《后汉书·卷六六·陈蕃传》也载："田野空、朝廷空、仓库空，是谓三空。"

　　在农耕文明时代，田野为人类生产、生活的唯一区域或者是主要区域，为人类生活世界的基础，呈现了村民的生存样态，展示了民众的发展状况，集中体现了人类的智慧积淀和文明累积。

　　对"田野"从学术研究角度进行探讨始自人类学，"田野工作"（field-work）被视为人类学的学科特征。参与田野工作意味着受过训练的学者走出书斋进行科学的实证调研。19 世纪出版的《人类学观察与询问：在未开化土地上居住与旅行须知》被誉为人类学田野的经典指南。虽然当时的定位是"在未开化土地上居住与旅行须知"，但该书仍代表了人类学田野工作的基本

---

　　〔1〕　中国社会科学院语言研究所词典编辑室编：《现代汉语词典》（第 5 版），商务印书馆 2005 年，第 1349、1588、1350 页。

界定。〔1〕在该书作者看来，作为人类学考察对象的田野为体质的人+活态的社会+逝去的遗存。

　　社会学也非常突出田野。田野调查是社会学研究的重要手段，在中国社会学发展史上居于核心位置；田野调查"扎根到中国社会现实的水土之中，摸清中国社会现实中各种力量跃动的脉搏"。〔2〕

　　政治学等其他社会科学，也越来越重视田野。如政治学基于田野而构建了田野政治学这一新兴分支学科，田野政治学为主要建基于田野调查方法而构建的政治学分支学科，是田野调查方法学科化的结果。〔3〕

　　运用社会学的理论和方法研究法的法社会学也十分突出田野的地位，重视田野调查在法社会学中的重要意义。在我看来，除了以探讨法社会学中的法等为对象的理论法社会学之外，应用法社会学的讨论都直接或者间接与田野相关，无论国家法律的具体实施还是非国家法的运行都需要从田野角度进行探讨。法社会学中"活法""行动中的法"等概念都是田野中的产物，"实有法""实效法"均是从田野实践提炼而成。〔4〕

---

　　〔1〕　徐新建：《人类学的多田野：从传统村落到虚拟世界（上）》，载《思想战线》2022年第2期。《人类学观察与询问：在未开化土地上居住与旅行须知》（1844年版）及《民族学调查》（1851年版）后来被合并为一，最终形成了在欧洲人类学界不断再版、规范使用并被汉译引进的《田野调查技术手册》[英国皇家人类学会编：《田野调查技术手册》（修订本），何国强等译，复旦大学出版社2016年版]。

　　〔2〕　周飞舟：《将心比心：论中国社会学的田野调查》，载《中国社会科学》2021年第12期。

　　〔3〕　白利友：《政治学的田野：概念、场域及价值》，载《华中师范大学学报（人文社会科学版）》2022年第4期。关于田野政治学，徐勇的《田野政治学的构建》（中国社会科学出版社2021年版）可供参考。

　　〔4〕　不过，对法社会学田野调查进行专门探讨的作品并不多见。王启梁的《法学研究的"田野"——兼对法律理论有效性与实践性的反思》（《法制与社会发展》2017年第2期）是为数不多的讨论法律研究的"田野"的作品。该文认为法律存在、运作或产生影响的所到之处就是法学研究的"田野"。进入"田野"对于建构有效的、实践性的法律理论具有重要价值。有效的法律理论指向法律实践，但并非法律实务的操作方案。其有效性来自对法律实践、制度运行逻辑等的解释，以及对法律在社会中的位置进行深入考察。其实践性则是基于对问题的理论解释、反思，为改善法制提出理论性或政策性指导，提供对法律及其运作的评估。"田野"所具有的开放性使多元的研究方法、理论、视角可以运用到具体研究中，并通过系列个案的比较来发展一般性理论。同时，田野研究使研究者之间有了可具体讨论的对象，有助于有效地进行理论辩论以实现理论的融合、建构和创新。因此，法学研究的"田野"进路并非简单的经验获得或感性体验，更不是反理论的，而是一种发展法律理论的立场。2022年10月10日17时，在"中国知网"上，我以"法社会学　田野调查"为主题进行检索，没有搜到一篇符合要求的作品；以"法社会学　田野调查"为关键词进行检索，没有搜到一篇作品；以"法社会学　田野调查"为篇名进行检索，没有搜到一篇符合要求的作品。仅有陈虎的《法社会学

我以为对法社会学的田野需要做广义的理解，田野是一个场域，也是一种方法，还是一种思维。

法社会学的田野是一个调查和研究的空间、场域。田野首先是指与文本相对的实地，即强调与法条、书本、文献相区别，可通过经验式接触而参与观察的实际场域。田野是民众生存的物理空间，是民众生产、生活的实际处所。法社会学意义上的田野为法发挥功能而形成有序社会状态的社会实在，包括具体呈现法功能的国家机构、创制习惯法的组织、展示法运行的村居、遵循法行为的民众等。

法社会学的田野是一种方法。田野意味着到实地进行调查的一种实证研究方法，即到法院、乡村等田野实地，对客观法实在进行观察，通过对研究对象的实际接触和调查，获取客观材料，发现法事实，并从个别到一般，揭示客观的法现象的内在构成因素及因素的普遍联系，归纳出社会中的法的本质属性和发展规律。

法社会学的田野是一种思维。田野同时表明了一种求实思维，即尊重客观实际，坚持一切从实际出发，而不是从书本或观念出发。法社会学强调理性思考，避免感性用事。法社会学的研究以事实为中心，重在描述、揭示客观法事实。法社会学的思考突出求真务实，不尚空谈，讲求实效。法社会学的探索强调善于透过法现象，追寻法本质，在探究法事实的基础上理解法的发展趋势和规律。

可以说，有人的地方就有法社会学的田野，法社会学的田野无处不在。法社会学的田野并不仅仅为"远方""异地"。与国家法律制定、遵守、执行、适用等相关的机构、行为、活动、事项，如法院、盗窃行为、立法征求意见会、行人按红绿灯过马路等，都包括在法社会学田野范围内。而与非国家法形成、运行相关的乡村、企业、学校、社会团体等及其施行非国家法的行

（接上页）实证研究之初步反思——以学术规范化与本土化为背景》（《法制与社会发展》2007 年第 2 期）、梁洪明的《实证主义之脉：从哲学到法社会学——一个方法论的检视》（《中国政法大学学报》2013 年第 6 期）、宋维志的《新中国法社会学研究 70 年》（《天府新论》2020 年第 4 期）、郭星华、郑日强的《中国法律社会学研究的进程与展望（2006—2015）》（《社会学评论》2016 年第 2 期）、郭星华、秦红增的《从中国经验走向中国理论：法社会学（法人类学）再思考》（《广西民族大学学报（哲学社会科学版）》2012 年第 5 期）、丁卫的《法律社会学在当代中国的兴起》（《法律科学（西北政法大学学报）2010 年第 3 期）等从实证研究、学科发展角度的一些讨论。

为、与非国家法有关的活动，亦均为法社会学的田野。法社会学的田野涉及亚国家法、国家法、超国家法的世界。法社会学调查、研究到田野去，也即下乡、往镇、赶集、进城、入厂、串店、走户、听庭，调查者处处留心即田野。

法社会学的田野存在于民众的日常法生活中，民众的婚丧嫁娶、物的往来、债权债务、互助共帮无一不是田野；法社会学的田野存在于国家的法律运行过程中，国家立法机关的立法过程、法院的审判、行政机关的执法、公民和法人等组织的守法状态、违法犯罪行为均属田野范畴；法社会学的田野存在于社会的秩序维持中，公司制定规章制度、社会团体的内部奖励、村落组织的选举和展开活动、宗族的建设祠堂等皆为田野。法社会学的田野既在"庙堂"，也在"江湖"；既在"野"，也在"市"；既在"乡"，也在"城"。

同时，随着社会的发展，法社会学的田野也在不断地拓展，从现实世界发展到网络世界、虚拟世界。网络世界、虚拟世界中法的生长、运行和效果，成为法社会学新兴的田野，法社会学的田野调查面临全新的挑战。

总体上看，法社会学的田野与法社会学的法概念密切相关，不同的法概念下就会有不同的田野范围，不同的法概念下的法事实即法行为与法观念有所差异。法社会学的田野以多元法为基础而呈现，涉及法机构、法对象、法运行、法行为、法心理等广泛的层面。

法社会学的田野在现场，具有鲜活性，呈现法的生动性和复杂性，彰显法生活的烟火味，突出法的实际状态、实然样貌。

需要注意的是，法社会学的田野的某些领域如监狱，由于其性质的特殊和功能的特别，具有一定的独特之处，需要调查者特别关注。

# 2

## 一实：法社会学田野调查的目的

维特根斯坦在《逻辑哲学论》中曾经指出世界是事实的总体。事实为事情的真实情况、实际情形，为客观存在的一切物体和现象，提出包括事物、事务、事迹、事件、事情、事态。如《韩非子·存韩》曰："听奸臣之浮说，不权事实。"《史记·老子韩非列传》载："《畏累虚》《亢桑子》之属，皆空语，无事实。"作为法关系中的法事实为由法规范的、具有法权利义务的、能够引起法关系产生、变更和消灭的行为或者事件。法事实是一种自然事实、生活事实，也是一种社会事实或者制度事实，法社会学田野调查的目的在"实"，即了解法事实、理解法事实、分析法事实、解释法事实、完善法事实，改变法事实。法社会学的田野调查重在法事实描述，突出法实情表达，饱含法现实关怀，相助法实践推进。

法社会学田野调查重在法事实描述。法社会学田野调查主要为发现法事实，将法事实的七要素即何时、何地、何人、何事、何因、怎样和意义等全面、完整的表述出来，通过法社会学田野调查者的实地调查的所见所察将社会生活中的法状态表达出来。法事实描述非为简单的各种现象的罗列堆积，而是既要描述现象，也要描述意义，将事实之间的联系、事实的现象和本质之间的联系揭示出来，描述完整的法事实、整体的法事实。法社会学田野调查的法事实描述往往还采用深描方式，即对所观察或研究的法现象作细致入微的、深入内层的描写和解释。[1]法事实描述是一个过程，包括陈述和分析。

---

[1] 美国人类学家克利福德·格尔茨在其《文化的解释》第一章讨论了深描，认为深描具有亲历性、文化转译性、解释性、微观性。参见 [美] 克利福德·格尔茨：《文化的解释》，韩莉译，译林

法社会学田野调查突出法实情表达。在法事实描述的基础上，法社会学的田野调查强调与法相关实际情况的呈现，客观、系统地表达民众的法生活、社会的法秩序、国家的法运行。法社会学的田野调查要揭示法现象的全面真相，展示法运行的实际状况，表露法秩序的本来面目。

法社会学田野调查饱含法现实关怀。文章合为时而作，法社会学的田野调查者应当密切关注我国法律、法治的当代进展，跟踪生气勃勃的立法进展、司法改革、执法实践，探寻社会成员的法需要和法满足，深切理解民众实际法生活的意义，对法社会学田野呈现的法事实抱有同情的关注。这是法社会学田野调查者一定价值取向的体现。

法社会学田野调查相助法实践推进。通过法社会学田野调查，调查者努力把握法运行的客观规律、探寻法秩序的根本特性，在此基础上可以提出一定的建议，有的放矢地进行法规范完善、法制度健全，提升法的内涵和气质，更好地发挥法的社会功能，以保障民众的法权益、满足民众的法需要，实现国家和社会的良法善治。

探讨法社会学田野调查的目的，提升法社会学田野调查的科学水平，推进法社会学田野调查的发展，这对我国法社会学发展和成熟至关重要。通过法社会学田野调查，对中国法运行、法功能等法事实进行描述、总结和分析，有助于解释中国法现象，提出中国的法社会学概念和理论，建设中国的法社会学，[1]并对世界的法社会学发展做出中国的贡献。

法社会学田野调查的目的在"实"，因而在田野调查时调查者要力戒"虚"，不能虚语高论、虚谈高论，而应踏踏实实进田野、扎扎实实做调查；要避免"假"，既不夸大也不缩小，不夸张不掩饰，不能造假作伪；要防止"空"，不能无病呻吟、言之无物；要消除"浮"，不能高高在上、浮光掠影、跑马观花、敷衍了事，进行快餐式调查、宾馆式调查；要警惕"躁"，不能大干快上、火急火燎、急躁行事、焦躁应付。

---

（接上页）出版社 2014 年版，第 11~27 页；［美］克利福德·格尔茨：《地方知识：阐释人类学论文集》，杨德睿译，商务印书馆 2016 年版，第 14、50、87、155 页。

〔1〕 中国的法社会学需要中国化的努力，以养成我国法社会学的独立品性，形成法社会学的本土风格，促进中国法社会学的成熟。详可参见高其才：《法社会学中国化思考》，载《甘肃政法学院学报》2017 年第 1 期。

# 3

# 二性：法社会学田野调查的特点

为求"实"，调查者进行法社会学田野调查有其自身的特点，既面临极大的挑战性，同时也有不可名状的愉悦性。

离开书斋，离开课堂，调查者来到法社会学的田野，这无疑不是一段轻而易举的旅程，非为一项一蹴而就的工作，会遇到各种各样的困难，面临形形色色的挑战。法社会学田野调查的挑战性主要表现在进入田野的困难、融入田野的艰难、发现田野的磨难、表述田野的犯难、反思田野的疑难、总结调查的为难。

进入田野的困难。万事开头难，田野调查首先难就难在进入。田野无处不在，但是找到一个合适的田野调查点并顺利进入且长期维系却颇为不易，需要天时地利人和，需要被调查者的理解，需要得到有关方面的支持，需要社会相关组织的配合。进入田野的困难，难就难在如何破门而入、怎么样才能破门而入。

融入田野的艰难。在田野调查时，法社会学田野调查者得到被调查者及相关方的信任，这对于田野调查的圆满完成至关重要。能够参与观察被调查者的日常法生活的全部领域，能够到达一切有关的现场，能够无障碍地访谈所有相关人士，能够阅看完整的案卷文件，这是调查者的理想状态，但实在不容易实现。

发现田野的磨难。在田野调查中，法社会学调查者看见什么、发现什么、收获什么，这既与调查者的法学功底、综合素养有关，也与国家政策、社会支持、文化传统等因素相关，有时还要碰运气、看机遇。在田野调查中发现法运行之实态、法秩序之形成，这可能非常费时、费力、费工，可能经历曲折和磨难，极需要调查者敏锐的感觉、极大的耐心、百倍的努力。

表述田野的犯难。客观的田野需要通过语言、文字来予以表述，表述什么、如何表述、哪些不能表述，这是一项非常为难的工作，颇为考验法社会学调查者。表述田野需要考虑种种因素，有的情况下表述可能觉得对不起被调查对象，不表述又觉得对不住自己，往往左右为难。很多法社会学田野调查成果是勉为其难的结果。同时，恰如其分的表述又需要相当功力的文字水平。

反思田野的疑难。田野调查完成后总结调查、审视调查、反思调查时，仍然会有诸多的不明白之处，存有不少疑难待解。法社会学田野调查是个留有遗憾的学术活动，每次调查总是有缺憾，往往后悔当时的忽视和不周全。这种疑难往往永远无法获解，这种遗憾往往再无机会弥补。

总结调查的为难。学术研究的使命在于发现新问题、真问题并在科学分析的基础上提出新概念、新理论，以此指导实践。法社会学田野调查的调查者如何在调查基础上把握我国法运行和发展的内在规律，对我国的法实践、法现象进行学术解释和理论分析，总结出新的命题，提炼出新的概念，形成为新的思想，生发出新的思想，进行有启发性的学术创新，为中国经验、中国道路做出贡献，这是任务也是极大的挑战，颇为不易，具有相当的难度。

针对这些困难，法社会学田野调查的调查者需要努力打基础、增经验、讲方法、明认识、抓关键、练内功、强实力，不断提升自身应对困难、解决困难的能力。

当然，一分耕耘一分收获。在克服种种困难后，调查者在法社会学田野调查的整个过程中也不时有愉快和喜悦。

法社会学田野调查是一个不时变换场域的过程。南国的风花雪月，北疆的辽阔大地，乡村的早春桃花，山区的雨后云雾，静夜的满天星斗，街角的浅吟低唱，这一切都令调查者赏心悦目。热闹的红白喜事，红火的过节赶集，山民的能歌善舞，乡人的喝酒猜拳，诉争的你吵我骂，调解的说和劝息，这一切都让调查者印象深刻。

法社会学田野调查是一个真切了解民众法生活的过程。法现象的多姿多彩、法行为的生动鲜活，这常常给调查者带来新奇和惊喜。在调查中，法世界呈现的烟火味令调查者感受生活的多样性，为调查中的所见所闻而感动不已、而短叹长吁，进一步体味生活的甜酸苦辣，深入地思考社会的真谛，全面地理解人性的复杂。

法社会学田野调查是一个不断有新发现的过程。调查者参加了一次新奇的活动，旁听了一场少见的开庭审判，观察了一次难得的合同签订过程，见到了一件内容独特的村规民约，发现了一份有特色的协议，顺利完成了一次调查，这都让人有喜出望外之感，有欣喜若狂之乐，有如获至宝之喜。

法社会学田野调查是一个逐渐理解被调查者并慢慢走入其内心的过程。在与法官、警察、律师、原告被告以及村民、官员等不同职业、不同经历的人访谈等接触中，逐渐理解他们的所作所为、所思所想，渐渐得到他们的信任，成为他们的朋友，得到他们的支持，受到他们的相助，分享他们的人生心得，感受他们给予的温暖，有的甚至成为终身挚友。这种敞开心扉的交流、交往实属人生的一大幸事。

# 4

# 三力：法社会学田野调查的基础

法社会学田野调查是以法现场为核心的学术活动，基础在人、时、钱即人力、精力、财力"三力"，即需要有合适的人选、足够的时间、适当的经费。合适的人选是法社会学田野调查的人力保障，足够的时间是法社会学田野调查的过程支撑，适当的经费是法社会学田野调查的物质条件。

合适的人选即人力是法社会学田野调查的人力保障。除了身体健康、有扎实的法学功底和相当的社会学素养之外，法社会学田野调查者应该是耐寂寞、能吃苦、脑子灵、脸皮厚、嘴巴甜、手脚快的人，能够很快适应环境，与被调查对象打成一片。进行法社会学田野调查，综合素质要求比较高。

由个人还是团队进行法社会学田野调查则不一而论，单个人进行调查无须沟通和协调成本，自主决定调查时间、方法和进程，但缺乏商量，有时候分身无术，可能遗漏某些情景，在安全方面也有一定风险。由几个人组成团队共同进行调查，能够从事较大规模的调查，但易出现意见分歧，在形成共识方面会有难度。

女性参加法社会学田野调查需要克服更多的困难、做出更大的努力，但也有其独特的作用，尤其是与女性被调查者交流时或者涉及两性关系、婚姻家庭等主题时更有优势。女性调查者在团队内部也会产生一定的凝聚力。

博士生、硕士生甚至本科生参加法社会学田野调查团队，主要是学习，实质贡献可能有限，且需要防止出现人身、财产等安全事故。学生在田野现场一定要听团队负责人的安排，多汇报，一般情况下不宜擅自行动。有时吸纳来自被调查地区的学生有一定的有利性。

是否吸收当地人士参加法社会学田野调查团队需要看具体情况而定。除了调查做向导、负责联系等之外，必须在调查思路确定、调查具体参与、后期写作等方面能有实质性参与者才可以做正式成员。

足够的时间及精力是法社会学田野调查的过程支撑。法社会学田野调查需要投入一定的时间，调查者需要足够的精力进行前期调查设计、现场调查和后期总结，具体视调查主题、目标、区域等而定。法社会学田野调查的时间包括现场调查时间和前期准备、后期总结等非现场调查时间。法社会学田野调查者如果是高校教师，面临完成日常教学任务的职责要求，在现场调查时间方面更显局促，需要进行统筹协调。

法社会学的田野调查，有的可以由调查者确定时间，根据自己的工作安排、精力确定具体进程；有的则有固定的时间，需要在特定时间进行调查，错过了需要等待下一次；有的则为突发性事件，调查时间极不确定，需要随时进行。基此，法社会学田野调查者需要针对不同类型的调查安排合适的时间。

不少法社会学田野调查需要进行持续数日的现场观察，要求调查者投入相当的精力，不中断、不半途而废。有的法社会学田野调查需要进行连续多年的现场调查，要求调查者合理评估自己的时间、精力，适当安排好工作，有恒心有毅力完成跟踪调查。

适当的经费即财力是法社会学田野调查的物质条件。相比法哲学研究、法解释学研究，法社会学调查和研究是较为费钱的学术活动，需要更多的经费支持，在财力方面有更多的要求。田野调查的费用支出除了购买书籍等参考资料、出版资助费用等外，更多的费用用于现场调查所需的设备、人员等方面。法社会学田野调查需要照相机、摄像机、录音笔等记录设备，需要交通费、住宿费等在现场的费用，有时还要支付被调查者一定的误工费等费用。

由于田野现场特别是乡村现场的特点，法社会学田野调查可能由于地广人稀，交通来往需要包车，交通费用就会有更高的支出。如果连续多日进行调查，住宿费也是一笔不小的开支。田野调查可能会存在意外伤害等情况。在可能的情况下，特别是团队调查时，应当购买人身意外伤害保险等。

需要注意的是，法社会学田野调查所支出的一些费用没有正规发票，不能正常报销，需要调查者自己支付。调查者应该树立合法合规观念，不能在报销问题上违反有关规定而弄虚作假。

为此，调查者需要端正心态，积极申请有关方面的经费资助，保障法社会学田野调查的顺利开展。在申请时需要针对不同项目发布方的要求特别考虑主题的确定，并说明田野调查的意义，以尽可能得到有关评审专家和相关组织的认可和肯定。在可能的情况下，通过积极沟通以争取承担横向课题。当然，出于热爱和兴趣，即使没有资助，调查者同样能够进行法社会学田野调查。

# 5

# 四术：法社会学田野调查的方法

为了解法的具体运行状况和实际功能，法社会学田野调查常采用实地观察法、深度访谈法、座谈了解法、书面材料搜集法等四种调查方法和技术。[1]

田野调查重在了解真情实感，实地观察法为法社会学调查者身在实地、亲身观察调查现场的具体过程的一种调查方法和技术。[2]调查者用眼睛看、用嘴巴问、用耳朵听，全面了解有关法社会学事件的进程、结果和各方态度，得到规范实施、纠纷解决等法运作、法秩序的真相。[3]在进行实地观察时，调查者要避免成为"火星人"（想象自己被送到火星上去观察新生命体的生活，存在某种程度的隔离）和"皈依者"（观察者越来越陷入研究情境，形

---

〔1〕 赵旭东将人类学田野研究方法总结为心存异趣、扎实描记、留心古旧、知微知彰、知柔知刚、神游冥想、克己宽容以及文字天下八个方面，即"田野八式"，也就是田野工作的八种程式或方法，并在此基础上加以拓展，延伸出"点线结合、特征追溯、线面统一、微观聚焦"的田野工作思路。参见赵旭东：《田野八式：人类学的田野研究方法》，载《民族学刊》2015年第1期。梁洪明认为通过对社会学方法的借鉴，法社会学也逐渐形成了自己的一些研究方法，包括调查法、实验法、观察法、统计分析法、比较分析法、二次分析法（文献法）等，它们既是实证社会学方法的法学应用，又是实证社会学方法的进一步丰富和发展。参见梁洪明：《实证主义之脉：从哲学到法社会学——一个方法论的检视》，载《中国政法大学学报》2013年第6期。

〔2〕 在社会学家孔德看来，实证主义的观察是在一定预备性理论指导下的合理观察，而合理观察是将社会现象和事实联系起来进行的研究活动，包括对社会的静态观察、动态观察以及通过史料、古迹文物的分析而形成的间接观察等。参见何景熙、王建敏主编：《西方社会学说史纲》，四川大学出版社1995年版，第54页。

〔3〕 赵震江等认为观察法为一种调查者亲自深入被调查者的现场并与被调查者直接接触，在这一过程中通过耳闻目睹或借助于工具来收集和积累关于被调查者的具体、生动的感性资料的方法。参见赵震江主编：《法律社会学》，北京大学出版社1998年版，第67页。

成了现场化）。[1]实地观察法有助于实现研究的深度，但不太能就规模较大的群体做比较精确的统计性陈述。

在法社会学田野调查时，调查者通过面对面方式，向被调查者进行提问，记录被调查者的应答，这一深度访问访谈法有助于深入了解有关法社会学的现象、事件和观念。在必要的情况下，深度访问访谈法也可通过电话、视频等方式进行。运用深度访问访谈法，调查者可以向被调查者进行追问，也需要随时观察访谈中被观察者的反应和神态，但是需要保持中立，不能因自己的好恶影响被调查者的回答。

座谈了解法为较有中国特色的调查技术和方法，法社会学田野调查的调查者通过召集若干人在同一空间进行有主题的交流，能够高效获得相关信息，但也存在相互影响、比较肤浅等局限。座谈了解法对于了解年代较早的相关案件、事件有一定作用，与会者通过相互回忆，逐渐还原相关法社会学方面的事实。调查者在主持座谈会时需要及时引导发言，避免有的发言者发言时间冗长，也要防止出现冷场情形。

为了解法运行的实际状况，法社会学田野调查者需要到法院、派出所、司法所、乡镇人民政府等政府机构和村民委员会、村民小组、调解委员会、宗族、庙宇、村民等处搜集裁判文书、调解协议、契约和协议等书面材料。书面材料清楚记载了有关事件、行为的基本信息，调查者应当十分重视文字材料的意义。这些书面材料可能为电子版，也可能需要复印甚至手抄获得。搜集书面材料需要注意完整性，不应缺漏，也需要真伪甄别。调查者尽量在现场对书面材料的内容向相关人士进行核对，弄清有关事实。

此外，法社会学田野调查还可采用问卷调查法等田野调查技术和方法。

同时，调查者也需要重视个案调查，强化典型研究；重视田野调查点的建设，本着"十年磨一剑"的心态，在一个合适的田野调查点进行持续的调查。

---

[1] 参见［美］艾尔·巴比：《社会研究方法》（第13版），邱泽奇译，清华大学出版社2020年，第290~291页。

# 6

## 五论：法社会学田野调查的认识

　　进行法社会学田野调查，需要思考调查中空间与时间的关系、他者与自我的关系、国家与社会的关系、表达与放弃的关系、理解与改造的关系，确立田野调查的沉浸论、主体论、民众论、适当论、克制论等认识。

　　法社会学田野调查是在一定的空间和时间中进行的，空间和时间是指事物之间的一种次序。空间用以描述物体的位形；时间用以描述事件之间的顺序。空间是物质的广延性和并存的秩序，时间是物质的持续性和接续的秩序。哲学上，空间和时间的依存关系表达着事物的演化秩序。法社会学田野调查需要调查者沉浸在具体的空间与时间中感受法秩序，获得可触及、可感观的真实沉浸体验和在场感。田野调查要求调查者完全处于特定空间和时间中的某种法秩序情景中，全神贯注于某种法运行现象，观察其客观状态，分析其内在联系。调查者需要注意法社会学田野调查时间的变迁与空间的位移，注意时间与空间的交织、接合、重叠关系。

　　在田野调查时，法社会学田野调查者需要对他者与自我关系进行认真思考，确立他者中心论、主体论的观念。就田野调查而言，被调查者为他者；相对于作为自我的调查者，被调查者为法社会学田野调查的中心，是田野调查的主体而非客体。法社会学田野调查者应当尊重他者，不干预、不影响他者的正常生活。调查者需要注意"自我"与在场"他者"的互动，"自我"信任"他者"、接纳"他者"，不过"自我"认同"他者"与"他者"影响"自我"之间存在界限。在法社会学调查过程中，"他者"与"自我"可能发展为"说者"与"听者"关系，进行一定的转化。需要注意的是，他者与自我虽有区别，但在某种程度上是为我所认识、所感受的客体的主观印象，是自我的主观世界的一部分，在一定情境下可能被纳入自我的认知中，法社会学田野调查中的"他者"在不同社会场合常被"自我"赋予不同的意义和含义。

国家主要指政府，社会是全体人民组成的整体。法社会学田野调查涉及国家与社会之间的关系，调查者需要理解两者的联系与不同，确立民众为上的观念。从某种角度理解，国家与社会的关系为国家政权的治理与社会组织自治的关系。国家与社会的关系大致包括社会制衡国家、社会对抗国家、社会参与国家、社会与国家合作互补、社会与国家共生共强等类型。法社会学田野调查者需要注意国家与社会各自的特点及其相互之间的动态平衡关系，理解社会的功能及其在法运行、法秩序方面的意义，全面认识多元社会制度安排的价值，思考个人、家庭等社会组织在人的全面发展中的地位，以社会为基点、以民众为上展开田野调查。

面对田野调查结果，法社会学田野调查者需要思考表达与放弃的关系，持有限论、适当论的观念。调查者在法社会学田野调查的调查主题、调查内容、调查对象等方面均可能面临可否调查问题，需要考虑放弃调查；面临田野调查结果可否公开表达、公开传播问题，需要考虑放弃表达。在田野调查开始前，调查者需要向被调查者详细介绍调查的目的、思路、方法和具体目标，认真听取被调查者的意见，全面考虑其顾虑和要求；调查者需要尊重被调查对象的意见，如不同意调查就必须无条件终止。调查者需要向被调查者交流调查结果，或者将调查结果的文字稿给被调查者过目，听取其可否公开传播的意见。法社会学田野调查者不能完全考虑自己的想法任性而为，需要全面衡量各种因素特别是被调查者的态度而定。

田野调查具有描述、解释和完善等诸方面使命。法社会学田野调查者需要思考理解与改造的关系，秉承尊重、理解、谦抑的态度，重在描述和解释，而在完善、改造、设计、重塑方面予以克制。法社会学田野调查并非不能以制度完善为目标，恰恰相反制度完善需要建立在田野调查的基础之上，但法社会学田野调查总体上应该以事实描述为核心目标，重点在揭示法运行、法秩序的实际状况，并进行适当分析和解释，不宜过度在改造现有法规范、法制度、法组织方面。调查者不应太有强烈的社会使命，以解决问题为调查的第一追求，以至失去法社会学田野调查应有的客观、中立、理性的立场。

# 7

# 六心：法社会学田野调查的关键

法社会学田野调查是一项需要花心思、细思虑、详谋划、投感情、显性情的工作，需要调查者矢志不渝，殚精竭虑，倾情投入。在进行法社会学田野调查时，调查者需要关心田野、树立信心、真心待人、用心观察、耐心说服、具有恒心，这成为法社会学田野调查成功的关键。

法社会学田野调查的目的为描述法运行的事实，解释法秩序的形成，推进法制度的完善。为此，调查者首先需要热爱田野、关心田野，极为关注民众的法生活，极为关注社会的法发展，极为关注我国的法治建设实践。法社会学田野调查者应十分喜欢田野工作，对走向田野怀有浓厚兴趣，对田野调查情有独钟，愿为这一学术志向投入足够的时间、精力，并含辛茹苦、风餐露宿、披星戴月、披荆斩棘。

对法社会学田野调查，调查者要树立必胜的信心。相比单纯的法律条款分析、法律哲理探究，法社会学以法现象的田野调查为重点展开探讨，有其独特的研究环境和条件要求。通过努力，调查者要树立"事在人为""有志者事竟成"观念，相信依靠自身的禀赋、知识、经验、技能、习惯等因素，自己能够克服困难，通过自觉发挥主观能动性和积极利用客观资源，达到预期的目的，圆满完成既定的任务。

田野调查的顺利进行需要得到被调查者的充分理解和大力支持，为此法社会学田野调查者应当真心对待被调查者，与他们交朋友、做亲戚，赤诚相待，坦诚交往，"披露腹心"，心意真实恳切，行动真诚有礼。调查者要不猎奇、不浮躁、不卖弄，扎扎实实调查而获得被调查者的接受，双方精诚合作，齐心合力。

　　进行法社会学田野调查，调查者需要集中注意力用心观察，专心致志。调查中，调查者要"心无二用"，运用洞察入微的观察力、及时精确的判断力、全心全意的执行力，使调查按照计划推进。调查者需要全神贯注，事事用心，处处用心，时时用心，认真观察各种法现象，发现有意义的法问题，尽全力去分析和寻找解决办法。

　　在田野调查过程中，调查者会面对各式各样的被调查者，他们经历不同、个性各异、秉赋有别，对法社会学田野调查主题的理解各不相同，支持和配合的程度也有差异，因此调查者需要有耐心、不急躁、不厌烦，抱有"精诚所至，金石为开"和"锲而不舍，金石可镂"的态度，耐心向他们进行解释和说服，让被调查者明白配合调查的意义和帮助调查者的重要性，得到他们的合作，使调查顺利进行。

　　法社会学田野调查是一项十分复杂的工作，可能面临时间长等诸多困难，调查者要有恒心。在调查过程中，调查者要明确目标，意志坚定，咬定青山不放松，不达目标不罢休；要持之以恒，久久为功，坚持不懈，善始善终，不可半途而废。法社会学田野调查者应抱有"板凳甘坐十年冷"的心态，克服"毕其功于一役"念想，不能急于求成，而以坚忍不拔的态度连续、持续的进行调查。

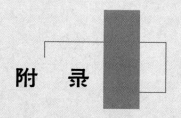

附　录

# 1

# 田野求实：我的法人类学调查和研究*

侯猛教授邀请我在"法人类学在中国"专号上书面谈谈自己的研究经历。虽然我认为自己主要进行的是法社会学的调查和思考，不过根据我对法人类学的研究对象和范围的认知，我的一些调查和思考可以纳入法人类学的范围，故我很乐意接受邀约。

需要说明的是，我使用"法人类学"而非"法律人类学"概念。我认为"法"的涵括面更广泛，由之"法人类学"可能更符合这一学科的研究对象和范围。

侯猛教授和伟臣博士拟定了五方面的题目，下面我就按此从下列五方面做一交流。

## 一、自己从事法人类学｜习惯法研究的简要经历

在法人类学调查和研究方面，我主要在广西金秀瑶族地区进行瑶族习惯法的调查和研究。[1]在学习费孝通、王同惠、徐益棠等前辈学人的成果后受到这些前辈学人调查、研究启发的基础上，从接续学术传统、弘扬良善规范出发，从 2004 年 5 月开始，我在金秀瑶山进行围绕习惯法的法人类学调查、研究，以典型地区为样本，以当代时段为视域，以个案活动为对象，以连续观察为基础，以理论分析为目标，以形成范例为追求，在研究思路、整体框架、材料获取、基本判断等方面有独特追求。我发现瑶族固有习惯法的许多

---

* 本文为侯猛、王伟臣主编的《法律与社会科学》"法人类学在中国"专号而作。
〔1〕 详可参见高其才的《传承与弘扬：法人类学的金秀瑶山实践》（《湖北民族大学学报（哲学社会科学版）》2021 年第 2 期）的第三、第四部分。

规范传承、保留到了当代金秀瑶山社会，并主要通过村规民约形式予以呈现。这方面的成果，主要有《习惯法的当代传承与弘扬——来自广西金秀的田野考察报告》（中国人民大学出版社 2015 年版）、《桂瑶头人盘振武》（中国政法大学出版社 2013 年版）、《村规民约传承固有习惯法研究——以广西金秀瑶族为对象》（湘潭大学出版社 2018 年版）等。

在习惯法调查和研究方面，我从 1988 年开始主要在广西金秀、浙江慈溪等地进行少数民族习惯法、乡村习惯法等非国家法范畴习惯法的调查和思考，也进行了国家法范畴习惯法的一些调查和探讨。[1]我的习惯法调查和研究大致经过从宏观到微观、从历史到现实、从总体到专题、从少数民族到汉族、从乡村到城市等过程。我主要通过田野调查，透过行为、事件、人物等角度，描述习惯法的现实形态，分析习惯法的当代传承和变迁，思考现代化进程和国家法治建设中习惯法的价值和习惯法的现代自生机制。这方面的成果，主要有《中国习惯法论》（初版，湖南出版社 1995 年版；修订版，中国法制出版社 2008 年版；第三版，社会科学文献出版社 2018 年版）、《中国少数民族习惯法研究》（清华大学出版社 2003 年版）、《瑶族习惯法》（清华大学出版社 2008 年版）、《生活中的法——当代中国习惯法素描》（清华大学出版社 2021 年版）、《当代中国法律对习惯的认可研究》（高其才等，法律出版社 2013 年版）、《民法典编纂与民事习惯研究》（中国政法大学出版社 2017 年版）、《习惯在民事审判中的运用——江苏省姜堰市人民法院的实践》（主编之一，人民法院出版社 2008 年版）等。2022 年将出版《当代中国习惯法的承继和变迁——以浙东蒋村为对象》（现已出版，作者注）。令我欣慰的是，《中国习惯法论》（第 3 版）法文版、英文版分别入选 2020 年和 2021 年国家社会科学基金中华学术外译项目。

同时，我还主编了《习惯法论丛》和《乡土法杰丛书》。《习惯法论丛》专门探讨 1949 年以来的当代中国习惯法，已出的 13 辑包括《当代中国民事习惯法》（法律出版社 2011 年版）、《当代中国少数民族习惯法》（法律出版社 2011 年版）、《当代中国婚姻家庭习惯法》（法律出版社 2012 年版）、《当代中国的社会规范和社会秩序——身边的法》（法律出版社 2012 年版）、《当代中国分家析产习惯法》（中国政法大学出版社 2014 年版）、《当代中国的非

---

〔1〕 详可参见高其才的"修订版代序：探寻秩序维持中的中国因素——我的习惯法研究过程和体会"（载《中国习惯法论（修订版）》，中国法制出版社 2008 年版）的第一部分。

国家法》（中国政法大学出版社 2015 年版）、《当代中国的刑事习惯法》（中国政法大学出版社 2016 年版）、《变迁中的当代中国习惯法》（中国政法大学出版社 2017 年版）、《当代中国的习惯法世界》（中国政法大学出版社 2018 年版）、《当代中国的纠纷解决习惯法》（中国政法大学出版社 2019 年版）、《当代中国城市习惯法》（中国政法大学出版社 2020 年版）、《当代中国村规民约》（中国政法大学出版社 2021 年版）等。

《乡土法杰》丛书力图通过一个人的经历来展现一个区域的法规范和法秩序，已出的 7 辑包括《洞庭乡人何培金》（高其才、何心，中国政法大学出版社 2013 年版）、《浙中村夫王玉龙》（高其才、王凯，中国政法大学出版社 2013 年版）、《滇东好人张荣德》（卢燕，中国政法大学出版社 2014 年版）、《陇原乡老马伊德勒斯》（高其才、马敬，中国政法大学出版社 2014 年版）、《鄂东族老刘克龙》（高其才、刘舟祺，中国政法大学出版社 2017 年版）等。

**二、作为研究者，如何与法学同行对话？**

作为研究者，自应以作品与同行对话。学者要自我努力，创作厚重的、有生命力的作品，核心为练好内功。

我不太喜欢泛泛地就诸如法人类学、法社会学的学科特质、研究对象等进行讨论甚至争论。我认为在当代中国，宏观的理论探讨确实必要，理论分析固然颇有价值，但可能更重要的在事实描述方面，我们现在对事实的了解和理解处于模棱两可状态。只有在通过实证方式全面、客观认识中国法规范、法秩序事实的基础上，才可能进行恰当的理论解读和分析，并进行制度安排和制度完善。我们需要进行学科基础性的建设。

为此，我的法人类学、法社会学的思考奠基于田野调查。我选择广西金秀、浙江慈溪等地为我的田野调查点，进行较为连续的实证调查。我通过个案进行较微观的事实揭示，发现满足日常生活需要的法，在国家法治建设背景下认识和理解民众的法生活。我主要从非国家法角度探讨习惯法，近些年也从国家立法、司法层面思考习惯法。

在 30 多年的调查和研究过程中，我不断拓展研究领域、引领研究方向，努力提升研究水准，推动研究的学术影响力和可对话性。在此基础上，我通过参加研讨会、进行学术讲座和私下交流等方式，与法学界的同行进行交流，直接对话不多。

　　我个人体会，在 20 世纪 80、90 年代，除了少量学者能够理解外，法学界普遍对非国家法、习惯法持否定性态度。现今的情况当然有了明显的不同，学者和学生群体总体上承认法人类学、法社会学的价值，对非国家法、习惯法等也予以一定的关注和肯定。

　　具体而言，我与法制史学者较易沟通，毕竟最早的法为习惯法，中外历史上均存在过或存在着习惯法时期或习惯法。罗豪才等行政法学者提出"软法"说，我也参加过他们组织的研讨会，受到一定的鼓舞；我们之间的研究对象有共同之处，概念、名称有异。我就宪法惯例问题向几位宪法学者请教过，就国际惯例向几位国际法、国际私法、国际经济法的学者请教过，就民间调解与几位诉讼法学者讨论过，就打小偷等与几位刑法学者讨论过，就民商事习惯与几位民商法学者讨论过，在与法理学学者就习惯法的交流时有较易理解的也有较难沟通的。在这些请教、讨论、交流过程中，我总的感觉是我国法学学者主要关注国家法、制定法、文本法、移植法，对社会法、习惯法、行动中的法、"活法"等真正感兴趣并进行思考的学者还是较少，视野方面稍显狭窄；或许是对所处区域社会和法治建设状况有深切的了解，民族院校的法学学者相比其他院校的学者普遍更肯定习惯法的研究价值。

　　在民法典编纂过程中，法学界对民事习惯、习惯法的关注较多，从法律渊源、法律适用等方面有一些讨论。我在到一些基层人民法院进行民事习惯法适用、民事习惯参照等调查的基础上，发表了自己的一些看法，间接地与民法学和法理学的同行进行对话。

　　到社会了解、发现事实，进行总结和分析，与法律界适当交流，同法学界做一定的探讨，这是我个人进行田野调查和研究的基本态度。学术研究终归为个人性的活动，有赖个体的静心修为，需要共同体但要超越共同体；学术对话是手段，非为目的。

### 三、作为研究者，如何与人类学同行对话？

　　至于与法学界之外的人类学界、民族学界、社会学界等的交流、对话，我参与得不多，更多的是向这些领域的学者学习。

　　我参加过中国人类学民族学研究会、广西瑶学会、中国人民大学人类学研究所等学术团体组织的学术研讨，在广西金秀等田野调查点也遇到过北京大学社会学系、中央民族大学民族学与社会学学院、广西民族大学民族学与社会学学院等师生，与他们进行过一些交流。

我进行习惯法研究，是从整理我国 20 世纪 50、60 年代少数民族社会历史调查材料开始的。当时的调查大多有习惯法部分，如 1956 年 10 月至 1957 年 9 月调查、广西壮族自治区编辑组编的《广西瑶族社会历史调查（第一册）》（广西民族出版社 1984 年版）中"广西金秀大瑶山瑶族社会历史调查"的"贰、政治"有"一、石牌制度"部分（第 31～79 页）；1956 年到 1963 年调查、贵州省编辑组编的《苗族社会历史调查（二）》（贵州民族出版社 1987 年版）中"从江县加勉乡苗族社会历史调查资料"有"六、习惯法和风俗禁忌"部分（第 134～141 页）；1956 年秋至 1957 年夏调查、《民族问题五种丛书》云南省编辑委员会编的《佤族社会历史调查（二）》（云南人民出版社 1983 年版）中"西盟县岳宋佤族社会经济调查"的"三、社会（一）政治和社会组织"有"5. 习惯法"部分（第 25～26 页）；1958 年调查、云南省编辑组编的《景颇族社会历史调查（三）》（云南人民出版社 1986 年版）中"盈江县大幕乡碤汤寨（宝石岭岗）景颇族（茶山支）社会历史调查"的"二、政治制度"有"（三）习惯法"部分（第 126～127 页）。这些调查材料弥足珍贵，其价值并没有完全得到充分认识，值得认真发掘。

我的田野调查方法是向社会学学习并在实践中不断总结而来。人类学、民族学、社会学对田野调查的重视对我有很大的影响。我特别对人类学、民族学、社会学在田野调查点上的时间、语言的掌握、报道人选择、主题确定等方面的要求印象深刻。人类学强调的"讲故事"所呈现的深描极有说服力。人类学、民族学、社会学方面的许多作品在关注人方面给我以诸多启发，那种洋溢着的人间烟火气令人感慨。

我总体感觉法学界的田野调查水平远落后于人类学界、民族学界、社会学界，需要认真向人类学、民族学、社会学同行学习，虚心求教，在可能的情况下与他们进行合作调查，努力掌握实证研究方法，理解社会学的理论及其发展，大力提升田野调查的科学性、规范性，提高法学领域质性研究和量化研究的学术水准，为产出高质量的法人类学、法社会学领域的学术成果奠定基础。

### 四、对现有习惯法研究如何评价？

在 2008 年出版的《中国习惯法论》（修订版）的《附录一：习惯法研究综述》中，我就习惯法研究的兴起背景、习惯法研究的路径、习惯法研究的主题、习惯法的分析框架、习惯法研究的特点、习惯法研究的不足、习惯法研究的深入等进行初步的总结、讨论。虽然十多年过去了，我认为此文的基本看法仍然可以成立，我对我国学界有关习惯法研究的认识没有大的变化。

经过数十年几代学人的努力，我国的习惯法呈现较良性的态势。我国的习惯法研究的路径大致包括资料整理、翻译介绍、文献分析、田野调查、理论解释、比较研究等方面。我国习惯法研究的主题比较广泛，主要涉及习惯法理论、习惯法规范、习惯法传承、习惯法与国家法关系等方面。

通过观察，对习惯法的事实描述展现了现实生活中习惯法本身的多姿多彩，也能够展示客观事实本身的逻辑性。在理论分析方面，学者们大多受到西方理论的影响，从现代化、文化、国家与社会、大传统与小传统、法律多元、内生秩序、自发秩序、地方性知识等方面对习惯法进行解释和探讨，重在因果分析和价值探寻。

总结我国的习惯法研究，可以发现具有中国问题的自觉、研究领域不断拓展、跨学科研究等特点。分析习惯法研究的现状，我国的习惯法研究存在一定的不足，主要表现在参与式研究不够、研究主题不够集中、研究方法有所欠缺、比较研究仍显得薄弱、学术争鸣不多、存在过强的功利色彩等。

经过学者们的努力，我国的习惯法研究有了一定的基础，相信通过认真反思，以人为中心，从生活出发，关注当代中国社会的发展，静心戒浮躁，持续进行调查和探索，注重学术传承，更加明晰问题意识，自觉进行"范式"建构、突出中国化努力，习惯法研究将会更加深入和得到进一步发展。

**五、这么多年来，国内的法人类学研究有怎样的进展，能否推荐几本专著或读本?**

我认为国内的法人类学调查和研究有一定的进展，译介了域外的一些代表性作品，出版了不少富有信息量的调查作品和有启发性的研究著作。[1]

---

〔1〕 我个人觉得，我国老一辈学者的不少作品值得重视。如在金陵大学任教的徐益棠 1935 年借到南宁参加六团体年会之机，到广西象平瑶族聚居区进行实地调查，之后陆续发表了《广西象平间瑶民之法律》(《边政公论》创刊号，1941 年 1 月) 等调查成果。《广西象平间瑶民之法律》为重要的关于金秀瑶山的法人类学作品。此文记录了瑶民口头流传的不成文法与口述和记录的大瑶山"石牌规矩"，对比了各种"石牌"的同异，并将之与布朗族、非洲南地人、非洲通加人、爱斯基摩人的习惯法进行对比研究。

从较为宽泛的角度，我觉得以下作品值得推荐：（1）陈金全、巴且日伙主编的《凉山彝族习惯法田野调查报告》（人民出版社 2008 年版）；（2）张济民主编的《寻根理枝——藏族部落习惯法通论》（青海人民出版社 2002 年版）；（3）徐晓光的《苗族习惯法的遗留传承及其现代转型研究》（贵州人民出版社 2005 年版）；（4）徐昕的《论私力救济》（中国政法大学出版社 2005 年版）；（5）赵旭东的《权力与公正——乡土社会的纠纷解决与权威多元》（天津古籍出版社 2003 年版）；（6）朱晓阳的《罪过与惩罚：小村故事：1931~1997》（天津古籍出版社 2003 年版；《小村故事：罪过与惩罚——1931-1997》法律出版社 2011 年版）；（7）阎云翔的《礼物的流动——一个中国村庄中的互惠原则与社会网络》（李放春、刘瑜译，上海人民出版社 2000 年版、2017 年版）；（8）项飙的《跨越边界的社区——北京"浙江村"的生活史》（生活·读书·新知三联书店 2000 年版、2018 年版）。

如有兴趣，我的《中国习惯法论》（第 3 版）、《习惯法的当代传承与弘扬——来自广西金秀的田野考察报告》、《桂瑶头人盘振武》等也可参阅。

2022 年 2 月 20 日，第 24 届冬季奥运会（北京）闭幕日

**2**

# 传承与弘扬：法人类学的金秀瑶山实践*

## 一、引言

我国的法人类学调查和研究的历史并不很长，地点也不很广泛，但广西金秀瑶山（主要位于今天广西壮族自治区金秀瑶族自治县）的田野调查实践在我国法人类学的发展史上有着独特的地位，值得认真总结。

一般认为，近代意义上的瑶族研究始于 20 世纪 20 年代，金秀瑶山的法人类学实践也始于 1928 年 5—8 月中山大学的调查，任国荣的《瑶山两月观察记》对金秀瑶山的"制度""仪节"等进行了描述。费孝通、王同惠的《花篮瑶社会组织》介绍了"石碑"（石牌）、械斗等瑶人的法律。徐益棠的《广西象平间瑶民之法律》记录了大瑶山"石牌规矩"。1956 年 10 月至 1957 年 9 月，广西壮族自治区编辑组的《广西瑶族社会历史调查（第一册）》专门就石牌制度进行了介绍。

我进入金秀瑶山进行法人类学调查和研究是在受到这些前辈学人调查、研究启发的基础上开展的，是在学习前辈学人的成果、了解金秀瑶山后决心传承学术脉络、接续学术传统并以自己的力量进行进一步的弘扬，思考新的社会条件下金秀瑶山的社会规范和社会秩序，探究现代法治建设进程中金秀瑶山固有习惯法的当代表现和现实意义，全面认识和理解当代金秀瑶山社会。

---

* 原载《湖北民族大学学报（哲学社会科学版）》2021 年第 2 期，第 85~93 页。收入本书时略有修改。

## 二、传承：了解金秀瑶山

我对金秀瑶山的了解是从 1928 年 5—8 月中山大学的调查及任国荣的《瑶山两月观察记》、1935 年费孝通、王同惠的大瑶山调查及其《花篮瑶社会组织》《广西瑶族社会历史调查（第一册）》中的石牌制度等开始的。

最早对金秀瑶山进行关注和研究的广西本地学者，莫过于刘策奇。刘策奇生于 1895 年，象县（即现象州县）县城人。1917 年毕业于柳州府中学堂，后曾随兄刘策群短期客居广州，1923 年至 1925 年在当时的象县第一小学任教。象州邻接金秀大瑶山，县地与大瑶山余脉承接，又是壮、瑶、汉等民族杂居地。刘策奇对植根于当地民间的以歌谣为主要形式及内容的民俗现象有着浓厚的兴趣，加上深受当时中国新文化运动的影响，有志于对当地的社会民俗、民间歌谣进行系统性的搜集整理及研究。有资料表明，刘策奇的调查、研究始于 1918 年，时值北京大学发起中国民间歌谣征集之初。刘策奇的民俗与歌谣整理研究的相关文章多见于 1922 年 12 月至 1925 年 9 月北京大学的《歌谣周刊》和《国学周刊》，主要作品有《广西语言概论》《壮话的我见》《故事中的歌谣》《壮人情歌》《瑶人的婚姻》《瑶俗零简》《刘三姐的故事》《象县地方民谣》《迷信的术语》《关于"看见她"》等。他于 1925 年 7 月写的《瑶俗零简》中说："自从北京大学研究所国学门成立了风俗调查会，我便立下一个研究瑶人风俗及历史的宏愿，欲探一探这几千年来未经开采的秘窟。可怜广西近几年来，陷在战祸中，每天所思索者，惟有救死的法儿，哪有闲心做学问；而且强盗满途，瑶山也成了匪巢，更无从前往调查。只好在有机会的时候到一二位居住接近瑶山或曾到瑶内买卖的朋友，交谈之下，得到一些瑶俗表面的状况；至于那些重要材料，如瑶人之故事传说等，非俟时局平静后，亲自跑到里面居住三五年，实地考察不为功。"这表明了刘策奇对瑶山考察研究志向的执着和当时调查环境的艰辛。[1]

---

〔1〕 1927 年 12 月刘策奇被杀害于南宁第二监狱，时年 32 岁。1928 年清明节，在广东中山大学任教的钟敬文先生专门写了《纪念两位早死的民俗学致力者——白启民先生和刘策奇先生》一文，文中介绍刘策奇"一方面搜集歌谣故事，一方面也谈述风俗方言；尤为可贵的是，他所搜集的材料大半是关于我国西南的民族——瑶、壮族。刘先生所发表的论述与材料，如《广西语言概论》及《壮族情歌六十首》都是他献给我们珍贵的礼物。"参见覃德璜：《一位民俗学者的大瑶山情结》，载《麒麟》2014 年第 1 期。

一般认为，近代意义上的金秀瑶山研究始于 20 世纪 20 年代，国内一批接受近代学术训练的年轻学者多次深入广西大瑶山进行科学考察与调查研究。[1]颇具拓荒意义的当属 1928 年 5—8 月，中山大学生物系辛树帜（1894—1977年）、任国荣（1907—1987 年）等师生群体，首次进入瑶山采集动植物标本的科考活动与针对瑶族进行的调查研究。时兼任语言历史研究所主任及《语言历史学丛书》总编辑、负责历史学和民俗学两类丛书编纂的顾颉刚教授特地委托采集队进行 "瑶人之民俗学上的调查研究"。[2]深入瑶山的两个多月间，考察团共采集动植物标本近万件，收集瑶族人生活用品与风俗实物等物品数十件，以及 20 多万字的观察笔记、歌谣文集、口述采访等文献资料，[3]返粤后一并转交语史所。前者由语史所专设陈列室以供参观，后者由《语史所周刊》特辟 "广西瑶山调查专号" 刊发。首次瑶山调查纠正了前人对瑶族的不少错误认识，使学界 "知道学问中有所谓 '西南民族研究' 者也"。[4]其中任国荣的《瑶山两月观察记》第二章为 "制度"，分为村主、分配、雇工及租借、两性关系四节，其中两性关系分为社交、婚姻、冶游、离婚四小节；第三章为 "仪节"，分为婚礼、丧礼两节。[5]这是从法人类学角度对金秀瑶山的第一次调查和报告，影响深远。

调查报告发表后，南宁《民国日报》等报刊纷纷转载，亦引起相关人士的关注与评论，尤其是长期深处广西瑶山传教瑶族的传教士陈嘉言。[6]1929年 2 月，陈嘉言阅览《民国日报》转载的《瑶山两月观察记》后，随即将其译成法文，取名《广西：汉人对瑶家的调查研究》，发表在《巴黎外方传教会

---

〔1〕 覃乃昌：《20 世纪的瑶学研究》，载《广西民族研究》2003 年第 1 期。

〔2〕 1926 年 10 月，中山大学聘请傅斯年出任该校文史科主任。1927 年 8 月，他与顾颉刚合创中山大学语言历史学研究所；10 月，创办《国立中山大学语言历史学研究所周刊》。二人鼓励 "同仁要实地去搜罗材料……到各种的人间社会去采风俗，建设新学问"。顾颉刚："发刊词"，载《国立中山大学语言历史研究所周刊》1927 年第 1 期。

〔3〕 李国太：《辛树帜：生物学家的民族学贡献》，载《中国民族报》2013 年 11 月 15 日。

〔4〕 刘小云：《20 世纪前半期中山大学与西南民族调查》，载《广西民族研究》2009 年第 1 期。

〔5〕 任国荣：《瑶山两月观察记》，载《国立中山大学语言历史研究所周刊》1928 年第 46、47期合刊。

〔6〕 陈嘉言（Caysac George，1886—1946 年），1906 年加入巴黎外方传教会，列序 3033 号会士，1909 年晋铎赴桂先在桂北大瑶山传教，后负责桂南十万大山的瑶族教务，抗战爆发后逃往越南，1946年病逝。在桂传教 28 年，他长期负责广西瑶族教务。参见曾志辉：《清末民国西南民族调查研究的趋同与分异——从首次广西瑶山调查报告的译注谈起》，载《北方民族大学学报（哲学社会科学版）》2017 年第 1 期。

会刊》1930 年第 2 期。陈文中所加 19 个脚注，集中阐述瑶族衣食住行等内容，尤其关注与宗教信仰紧密相关的婚丧习俗，[1]鲜明体现出西方传教士与国内学人在"发现瑶族"过程中的中西之别，投射出早期西南民族研究中的传教士身影。[2]当时，为科学传教，深入瑶山传教的外方传教士对金秀瑶山进行了人类学调查与研究，编著有关广西瑶族的研究成果，或内部传播，或公开出版书籍和发表论文。这批前赴后继的传教士传承累积下的瑶族作品，逐步建构起传教士视野中的广西瑶学知识脉络与研究轨迹。[3]调查内容中包括婚姻、家庭等法人类学话题。这些内容的选择均来自他们传教瑶族多年的实践经验。

而最引起我对金秀瑶山了解的则是 1935 年费孝通、王同惠的大瑶山调查及其《花篮瑶社会组织》。1935 年 10 月 18 日至 12 月 16 日期间，费孝通偕同妻子王同惠进入金秀大瑶山进行调查。因在考察途中遇险，费孝通受伤，王

---

[1]　如针对瑶人婚前男女"和八字"的婚俗，陈文注 15 解释道，"八字（leshuit）就是男女双方出生时辰，包括年、月、日、时"。就瑶人近亲或同姓婚配，陈文注 16 补充道，"汉人不提倡这类婚俗，李先生不与李小姐结婚，因为他们互认本家"。有关瑶人流行"上门"婚俗，陈文注 17 阐释道，"这类儿女跟岳父姓的婚俗，汉人基本没有。之外，广西壮族、汉族与少数民族混血儿，常用'chángmên'来描述这类婚俗"。Caysac. KouangSi，"Exploration chinoise chez les Yao"，*Bulletin des M. E. P.*，1930（2），466-467.

[2]　曾志辉：《清末民国西南民族调查研究的趋同与分异——从首次广西瑶山调查报告的译注谈起》，载《北方民族大学学报（哲学社会科学版）》2017 年第 1 期。

[3]　早在陈嘉言译注之前的 1894 年，被誉为"瑶族开教先锋"的巴黎外方传教士苏安宁（Bertholet Mathieu，1890—1898 在桂传教）已传教广西，并对当地瑶族人展开初步的调查研究。此后的清末民国年间，作为基本"独享"广西天主教教务的巴黎外方传教会，先后派遣多位传教士深入瑶山传教瑶族。其中，周怀仁（Héraud Camille，1890—1937 年在桂）、唐定球（Dalle Auguste，1897—1945 年在桂）、卢安德（Pelamourgues Casimir，1898—1948 年在桂）、康泰（Rigal Alphonse，1913—1951 年在桂）、马维良（Peyrat Jean，1923—1951 年在桂）等神父先后进入毗邻大瑶山北部的永福县，创建并发展土养槽瑶山教会，成为广西教区的"典范堂区"，堪称桂北瑶族教务重镇。苏安宁去世后，教会根据其日记、信件编著《苏安宁传教广西瑶山纪实 1—3》（1935 年会刊）。此后，周怀仁著有《两广原住土著的祖先》（1929 年会刊）；唐定球著有《广西瑶族的婚礼、风俗与特殊习惯及其与汉人不同之处》（1940 年会刊）、童铖著有《广西十万大山瑶族教务月记（1930 年 2—3 月）》（1930 年《巴黎外方传教会年鉴》Annales des M. E. P.）等。此外，陈嘉言还著有《传教广西瑶人土著》（1922 年会刊）、《中国的非汉种族记录》（1933 年会刊）等人类学、民族志作品。参见曾志辉：《清末民国西南民族调查研究的趋同与分异——从首次广西瑶山调查报告的译注谈起》，载《北方民族大学学报（哲学社会科学版）》2017 年第 1 期。

同惠不幸遇难。[1]在大瑶山调查后，费孝通根据王同惠的笔记整理完成了《花篮瑶社会组织》一书。[2]《花篮瑶社会组织》共六章，分别为家庭（上）、家庭（中）、家庭（下）、亲属、村落、族团及族团间的关系，对金秀瑶山花篮瑶的人口情况、家庭生活、社会生活、族团及族团之间的关系及其发展趋向等进行了描述。其中，比较详细地介绍了村落、宗族等瑶人的社会组织和瑶人的法律。他们指出："石碑的狭义虽是指那刻着法律的石碑，但是在他们的实际应用中却是指整个的法制和行政制度，甚至指着负行政责任的头目。"[3]

同时，在金陵大学任教的徐益棠1935年借到南宁参加六团体年会之机，到广西象平瑶族聚居区进行实地调查，之后陆续发表了《广西象平间瑶民之法律》等调查成果。[4]《广西象平间瑶民之法律》为重要的关于金秀瑶山的法人类学作品。此文记录了瑶民口头流传的不成文法与口述和记录的大瑶山"石牌规矩"，对比了各种"石牌"的同异，并将之与布朗族、非洲南地人、非洲通加人、爱斯基摩人的习惯法进行对比研究。[5]

此后，1956年10月至1957年9月，广西少数民族社会历史调查组两次

〔1〕在1935年、1978年、1981年、1982年、1988年，费孝通曾五次到广西金秀大瑶山做实地调查和考察。如果算上他在1951年担任中央民族访问团广西分团团长时在广西龙胜等地瑶族村寨的访问考察，就有费孝通"六上瑶山"的说法。参见徐平：《六上瑶山》前言，载费孝通：《六上瑶山》，中央民族大学出版社2006年版。费孝通先后写有《四十三年后重访大瑶山》《四上瑶山》《〈盘村瑶族〉序》《〈瑶族风情歌〉序》《瑶山调查五十年》等与金秀瑶山有关的文章。费孝通先生曾指出，他的"中华民族多元一体格局"理论的根子可以追溯到1935年广西大瑶山的实地调查。参见费孝通：《简述我的民族研究经历和思考》，载《北京大学学报（哲学社会科学版）》1997年第2期。赵旭东等认为作为费孝通第一次实际意义上的田野调查，大瑶山对他整个人类学思想产生了重大的影响，由此开启的学术之路以及在他之后的生命历程中都打下了深刻的瑶山之印。参见赵旭东、罗士泂：《大瑶山与费孝通人类学思想的展开》，载《西北师大学报（社会科学版）》2016年第3期。徐平认为大瑶山调查对费孝通人生和学术的影响、民族研究思想的形成以及晚年提出的文化自觉思想有着重要影响。参见徐平：《大瑶山调查与费孝通民族研究思想初探——纪念费孝通、王同惠大瑶山调查七十周年》，载《民族研究》2006年第2期。莫金山认为金秀大瑶山考察是费孝通一生学术研究的开始，他一生中的一些重要学术成果与大瑶山考察有关，他的学术研究方法在大瑶山考察中得到首次应用和体验，"中华民族多元一体"的理论源泉来自大瑶山考察，大瑶山考察改变了费孝通一生的学术研究的方向。参见莫金山：《金秀大瑶山考察对费孝通一生学术研究的影响》，载《广西民族研究》2015年第3期。
〔2〕该书1936年由商务印书馆出版。
〔3〕费孝通、王同惠：《花篮瑶社会组织》，载杨成志等：《瑶族调查报告文集》，民族出版社2007年版，第66页。
〔4〕《边政公论》创刊号，1941年1月。
〔5〕王晓莉：《20世纪前半期的瑶族研究》，载杨成志等：《瑶族调查报告文集》，民族出版社2007年版，第6页。

进入大瑶山，对金秀瑶山瑶族的五个族系进行了比较全面的调查。编辑整理后出版的调查资料《广西瑶族社会历史调查（第一册）》中的"贰 政治"部分专门就石牌制度进行了介绍，内容包括石牌的产生和头人的形成、石牌会议与石牌法律、石牌的执行程序及权力等。[1]这是为民族地区的民主改革和社会主义改造以及实现县、区（省）两级民族区域自治提供科学依据的调查，为我们提供了金秀瑶山丰富的法人类学材料。

这些前辈学人不畏艰难险阻在金秀瑶山进行的田野调查，为我奠定了基础，指明了方向，提供了启示。

### 三、弘扬：进入金秀瑶山

我从 2004 年 4 月开始到广西金秀大瑶山进行习惯法方面的法人类学调查，既是考虑了 20 世纪前半期费孝通、王同惠等进行了调查，之后调查者一直不断，研究资料比较丰富；[2]也是了解到习惯法在当今金秀瑶山仍然具有广泛表现和极强效力。[3]

从 2004 年开始，我到金秀瑶山先后进行了 29 次法人类学调查，[4]虽然

---

〔1〕 广西壮族自治区编辑组编：《广西瑶族社会历史调查》（第一册），广西民族出版社 1984 年版，第 31~78 页。

〔2〕 如胡起望、范宏贵的《盘村瑶族》（民族出版社 1983 年版）从某种意义上为《花蓝瑶社会组织》的后续研究，可谓是一部"史志合璧"之作。参见张丽梅、胡鸿保：《村庄调查的"志"与"史"——以〈盘村瑶族〉为例》，载《中国农业大学学报（社会科学版）》2017 年第 4 期。《盘村瑶族》的第四部分为"石牌统治及其瓦解"。

〔3〕 大概在 1991 年，我从中南民族学院研究生廖明的硕士学位论文《民族法文化研究——金秀瑶族法的文化现象剖析》中看到了 1990 年 3 月制订、从 1990 年 4 月 24 日起执行的《瓦窑屯村规民约》，感到这一村规民约传承了金秀固有石牌习惯法的基本精神和规范。瓦窑屯为金秀瑶族自治县长垌乡长垌村民委员会的一个自然村。

〔4〕 具体实地调查时间为：2004 年 4 月 20 日—4 月 25 日、2006 年 12 月 12 日—12 月 22 日、2006 年 12 月 28 日—2007 年 1 月 2 日、2007 年 11 月 28 日—12 月 2 日、2007 年 12 月 20 日—12 月 28 日、2008 年 9 月 26 日—10 月 6 日、2008 年 10 月 29 日—11 月 3 日、2009 年 1 月 8 日—1 月 15 日、2009 年 1 月 19 日—1 月 24 日、2009 年 2 月 22 日—2 月 28 日、2009 年 5 月 3 日—5 月 5 日、2009 年 6 月 3 日—6 月 5 日、2009 年 11 月 20 日—11 月 26 日、2009 年 12 月 26 日—2010 年 1 月 10 日、2010 年 8 月 20 日—25 日、2011 年 8 月 8 日—8 月 16 日、2012 年 9 月 11 日—9 月 16 日、2012 年 10 月 24 日—10 月 28 日、2013 年 5 月 30 日—6 月 3 日、2013 年 10 月 18 日—10 月 23 日、2014 年 9 月 24 日—9 月 29 日、2014 年 11 月 5 日—11 月 10 日、2014 年 12 月 4 日—12 月 8 日、2015 年 9 月 22 日—27 日、2015 年 10 月 27 日—11 月 1 日、2017 年 5 月 31—6 月 6 日、2018 年 3 月 14 日—9 日、2018 年 7 月 16 日—18 日、2019 年 8 月 26 日—9 月 1 日等。

由于条件所限，没有在金秀瑶山进行长时间的连续的法人类学田野调查活动。不过，在这些时间长短不一的调查中，我仍然有诸多所得。在田野调查时，我参与、观察了各种习惯法活动，访问了众多熟习习惯法的人士，见识了不少习惯法方面的实物，搜集了许多习惯法方面的文书。金秀的调查生活虽然较为辛苦，但是心情是愉快的、经历是难忘的、收获是丰富的。[1]

我在金秀瑶山围绕习惯法的法人类学调查，主要是从非国家法意义上探讨习惯法的当代传承与弘扬。在十多年的调查、研究中，我努力坚持、追求以下诸点：

1. 以典型地区为样本。金秀瑶族自治县地处广西中部偏东的大瑶山区，成立于 1952 年 5 月 28 日，是全国最早成立的瑶族自治县。全县总面积 2518 平方公里，耕地面积 21.57 万亩，辖 3 镇 7 乡 77 个村民委，4 个社区；2018 年末全县总户数为 50 931 户，总人口为 15.73 万人；少数民族人口占全县总人口的 78.5%，其中瑶族占 34.4%。瑶族中有盘瑶、茶山瑶、花蓝瑶、山子瑶、坳瑶五个支系，是世界瑶族支系最多的县份和瑶族主要聚居县之一。全县山区面积 2080 平方公里，占总面积的 80%，森林覆盖率 87.34%，是广西保护得最好、面积最大的水源林区，是国家级珠江流域防护林源头示范县、国家级自然保护区、国家级森林公园、中国八角之乡。同时，金秀也是国家级贫困县。金秀瑶族历史较为悠久，明初瑶族即来居住。历史上的金秀瑶族习惯早自 1928 年辛树帜和任国荣等、1935 年起由费孝通和王同惠、1935 年徐益棠等进行了调查，之后调查者一直不断，研究资料比较丰富。作为实证研究样本，金秀瑶族的习惯法较具特色，保留较为完整，现实传存状况比较理想，具有研究对象的典型性，也有一定的代表性。

2. 以当代时段为视域。我在金秀大瑶山的习惯法调查、研究，在时间上

---

〔1〕 我根据金秀瑶山的法人类学调查发表了《现代化进程中的瑶族"做社"活动——以广西金秀郎庞为例》（《民族研究》2007 年第 2 期）、《人民调解员如何对待瑶族习惯法——广西金秀一起误砍林木赔偿纠纷调解过程实录》［《云南大学学报（法学版）》2010 年第 5 期］、《尊重与吸纳：民族自治地方立法中的固有习惯法——以〈大瑶山团结公约〉的订立为考察对象》（《清华法学》2012 年第 2 期）、《传承和弘扬：瑶族习惯法在人民调解中的运用——以广西金秀一起相邻排水纠纷的调解为例》（《北京航空航天大学学报（社会科学版）》2012 年第 2 期）、《当今瑶山的神判习惯法——以广西金秀六巷和田一起烧香诅咒堵路纠纷为考察对象》（《法制与社会发展》2016 年第 1 期）等文章，出版了《桂瑶头人盘振武》（中国政法大学出版社 2013 年版）、《习惯法的当代传承与弘扬——来自广西金秀的田野考察报告》（中国人民大学出版社 2015 年版）等著作。

限定为"当代"，即 1949 年以来一直至今的时段。我调查、探讨的是现今的习惯法，特别是以 1978 年改革开放以来三十多年的习惯法状况为重点。我关注固有习惯法的现代传承，讨论传统习惯法的当代发展，探讨新习惯法的产生过程。我在努力揭示鲜活、生动、有效的习惯法，是存在于金秀瑶族地区民众当今日常生活中的习惯法，突出现实性、当代性。

3. 以个案活动为对象。我在金秀瑶山的调查、讨论主要以金秀瑶族的各种习惯法活动为主要对象，如"做社"、互助建房、"众节"、打茅标、结婚、丧葬、度戒、立石牌、"泼粪"、"挂红"、"烧香赌咒"等活动。我尽可能通过多种方式获取金秀的各种习惯法方面的活动消息，想方设法及时到达活动现场，亲身参加具体的习惯法活动，观察个案活动的整个过程，访问个案事件的当事人和旁观者，通过具体个案思考瑶族习惯法的当代意义。

我希望提供一些质朴的、粗犷的、鲜活的、矿石般的习惯法原料，客观展示习惯法的现实状态，全面表现瑶族习惯法的运行轨迹。在调查、研究中，我始终坚持"我在现场"的追求，进入研究对象的语境中，从内在视角进行思考，再跳出来进行外在视角的客观反思，实现"从外向内看和从内向外看、从上往下看和从下往上看"的结合，分析习惯法的现实价值。

4. 以连续观察为基础。从 2004 年 4 月开始，除 2005 年、2016 年以外我每年都到金秀瑶山进行习惯法调查，已经连续进行了十多年；每年进行少则 1 次、多则 7 次的调查；每次调查时间少则 3 天，多则 15 天。这十多年中，我的足迹到了金秀县的金秀镇、六巷乡、长垌乡、桐木镇、头排镇、三角乡、忠良乡、罗香乡、大樟乡、三江乡等所有 3 个镇、7 个乡，不少村寨如六巷下古陈屯更是多次到达。

在金秀瑶山进行较为长期、连续的观察、调查中，我逐渐进入了金秀，不断加深了对金秀历史、社会、文化的理解，日益增进了与金秀民众的感情。在这十多年中，我由一个外人而变为了金秀大瑶山的一员，我对金秀瑶山的山山水水由陌生而熟悉、热爱。我对金秀瑶山的习惯法由好奇、生疏而渐渐熟悉、亲切。我努力理解金秀瑶山习惯法生存的社会土壤，感受金秀民众的习惯法情怀。

5. 以全面描述为重点。我在金秀瑶山的习惯法调查，个案研究、实证研究主要采用参与式观察、调查方法，立足于客观描述金秀大瑶山瑶族习惯法的全貌，试图完整再现习惯法规范发挥效力的社会场景。以客观现实为基点，我探讨公共生活和社区管理中的习惯法，分析村规民约中的固有习惯法因素，描述民事活动中的具体习惯法规范，展现村民日常行为、相互往来中的习惯法，讨论纠纷解决中习惯法的运用，探究国家机构对习惯法的态度和应对。我追求全面性，全方位地揭示个体从生到死、群体从家庭到村寨、社会从生产到生活的习惯法。

6. 以理论分析为目标。我努力在金秀瑶山瑶族习惯法调查、研究基础上进行理论创新，从现代法治、市场经济、现代化、文化等方面对瑶族习惯法进行理论分析，对西方强势话语下的法治在中国社会的处境进行反思，跳出"西方发展一元模式"理论定势，探索具有中国历史渊源、固有文化特点和适应现代农村社会治理的法律制度，寻求固有法资源的现代价值，从习惯法角度思考中国法治发展独特之路的可能性，建设法治的中国模式。习惯法在当代社会仍然具有广泛的影响，在中国法治建设中应当重视当代瑶族地区习惯法的积极功能，在国家法律发展中广泛吸纳习惯法的内容，实现习惯法与国家法制的融合发展。

7. 以形成范例为追求。我在金秀瑶山的习惯法调查期望为我国的习惯法现实传承和当代弘扬的调查、研究提供一个范本，在基本立场、调查方法、研究对象、分析工具、基本资料、主要观点等方面提供我的经验、我的蓝本、我的思考、我的心得，供学界同人进一步调查、研究参考和批评。

习惯法为主要的乡土规范，为乡土法学的核心研究对象。调查、研究当代中国的习惯法对拓宽法学视野、提升本土法学水准有一定的理论意义。我的金秀瑶山围绕习惯法的法人类学调查、研究在研究思路、整体框架、材料获取、基本判断等方面有独特追求。

## 四、探究：发现金秀瑶山

通过金秀瑶山这十多年的法人类学调查，[1]我对金秀瑶山的社会秩序与社会规范有了更全面的理解和把握，我更加认识到金秀瑶山习惯法的旺盛生命力，体会到传统规范的现实拘束力，增进了对中国社会秩序维持机制的理

---

[1] 这一时期，不少学者的作品为金秀瑶山法人类学的实践成果，如李远龙主编的《传统与变迁：大瑶山瑶族历史人类学考察》（广西民族出版社 2001 年版）、李远龙著的《走进大瑶山：广西金秀瑶族文化考察札记》（广西人民出版社 2006 年版）、莫金山编著的《金秀瑶族村规民约》（民族出版社 2012 年版）等。

解。我也通过我的努力、我的作品让法学界、民族学界、人类学界、社会学界等学术界人士和法律界、社会更多地了解金秀瑶山习惯法的现实状况，为我国依法治国的深入、全面建设法治国家的推进提供来自金秀瑶山的鲜活材料和我的思考。

在长期的社会发展过程中，金秀瑶族形成了内容全面、效力明显的石牌制习惯法，内容包括社会组织与头领习惯法、所有权习惯法、债权习惯法、婚姻习惯法、家庭及继承习惯法、丧葬宗教信仰及社会交往习惯法、生产及分配习惯法、刑事习惯法、纠纷解决习惯法等。这些习惯法的许多规范传承、保留到了当代社会。

在当代金秀地区，村规民约传承了固有习惯法的许多规范，村规民约承继、吸纳了固有习惯法的某些精神、原则、权利义务、处理方式，成为乡村社会进行村民自治的重要规范。

中华人民共和国成立以后不久，受瑶族固有习惯法的影响，广西金秀大瑶山各族代表大会于1951年8月沿用传统石牌习惯法的形式，议订了《大瑶山团结公约》，促进了社会的稳定和生产的发展。此后尤其是1988年6月1日《村民委员会组织法（试行）》实施以来，金秀各村屯积极依法实行村民自治，并在议订村规民约时广泛吸纳固有习惯法的良善内容，传承优秀传统民族文化。总体而言，金秀瑶族自治县各村屯重视村规民约的议订，村规民约的议订、实施深受传统石牌制的影响，大量吸纳了固有习惯法规范，承继了自治传统，维护了社会秩序，促进了乡村发展。

如六巷乡各瑶族村屯为我们展示了村规民约传承固有习惯法的具体形态。中华人民共和国成立以前，六巷地区主要按照瑶族固有石牌习惯法调整社会关系，维持社会秩序。中华人民共和国成立以后，固有习惯法一直以各种形式产生影响。六巷乡各瑶族村屯从1982年12月开始议定村规民约。村规民约的议定与瑶族习惯法有着内在的联系，瑶族固有的习惯法是六巷各村屯村规民约议定的基础。固有的瑶族习惯法对村规民约议定的目的、原则、具体程序、修订完善等具有直接的影响。六巷村规民约的内容基本承继了固有习惯法的规范，村规民约保护财产、禁止偷盗；保护森林、禁止乱砍；保护妇女、禁止奸辱；保护生产、爱护牲畜；保护公共财产；维护社会秩序；调整公共事务。为了保障村规民约的遵守，村规民约具体规定了公开检讨、公开认错、退还原物、没收工具和产品、赔偿损失、罚款、罚"三"等违反义务性规范的处罚方式，[1]这些处罚方式大多承继、借鉴自瑶族固有的习惯法。在村规民约的实施方面，六巷的村规民约大多规定了村规民约的实施主体如执约小组；鼓励、奖励揭发、检举违约行为，禁止对揭发、检举人进行报复。这些都传承了固有习惯法的规范。

村规民约传承固有习惯法，这是对优秀民族文化和良善习惯规范的尊重和肯定，是历史连续性的具体表现，也是文明延展和接续的重要方式。石牌制、习惯法是金秀瑶胞在长期的生产、生活中内生形成、发展的，是实践的产物，满足了村民的个人利益需要和社会存在需要。这种影响不会因为时代变迁、经济发展、文化进步、法治建设而完全消失。

在实施乡村振兴战略、健全自治、法治、德治相结合的乡村治理体制时，需要充分总结村规民约传承固有习惯法的实践，深入挖掘农耕文化蕴含的优秀思想观念、人文精神、行为规范，充分发挥其在维护秩序、凝聚人心、教化村众、淳化民风中的重要作用。

近些年，由于国家法治建设的不断推进、依法治国的日渐深入，政府对村规民约议订和实施的指导力度的加大，金秀的村规民约在传承固有习惯法方面有逐渐减弱的趋势，村规民约对优秀民族文化的承继和弘扬有所弱化。这是一个非常令人担忧的现象，需要正视并认真予以面对。在依法治国、国家一体法律秩序建设过程中如何尊重、保护和弘扬民族习惯法，通过村规民约等适当方式予以传承，发挥吸纳了良善习惯法的村规民约在乡村治理、法治建设的积极作用，推进法治国家、法治社会建设，这既是一个复杂的理论问题，更是一个现实的实践问题，需要学界、社会认真对待。

通过金秀瑶山的法人类学实践，我进一步认识了金秀瑶山，从一个方面发现了当今金秀瑶山的社会规范与社会秩序，展示了金秀瑶山固有习惯法的发展、变迁，考察了现代法治建设中金秀瑶山的实态，并丰富和推进了我国的法人类学调查、研究。

当然，在金秀瑶山围绕习惯法的法人类学调查、研究过程中，我也遇到了许多困难。金秀瑶族的支系较多，各地瑶族习惯法的内容、现实影响不尽一致，整体把握比较困难；有关当代瑶族习惯法的调查较少，既有研究比较

---

[1] 罚"三"为罚米、罚酒、罚肉请全村人吃一餐的违约责任方式，通常称为"吃石牌饭"或罚教育餐，也有称"吃强盗饭"。

薄弱，可供参考的资料较为有限；我不是瑶族，不懂瑶族的语言，与瑶胞特别是年长的老人交流存在障碍；没有连续几个月驻在调查点，因而全面理解习惯法现象还有一定的困难，也不易为调查者所真正接纳。这些不足在不同程度上影响了我对金秀地区习惯法的整体把握，也肯定会对自己的学术目标的实现产生某种影响。同时，在当代中国习惯法体系中，金秀瑶山瑶族习惯法的典型性和代表性也需要认真探讨。这是需要清醒认识和认真反思并努力克服的。

从整体上总结，我在金秀瑶山的法人类学调查是初步的，需要进一步认真反思和探讨，以利于更好地传承前辈学人的学术薪火，弘扬法人类学的学术精神。

就调查目标而言，我以事实描述为主要追求，力图发现新的社会条件下的金秀瑶山法秩序。不过，法人类学的金秀瑶山实践也需要重视理论分析，为建设中国的法人类学做出贡献；还需要一定的对策研究和制度完善分析，推进金秀瑶山的良善社会秩序建设、民众权利保障和现代法治建设。

就调查方式而言，我在金秀瑶山的法人类学调查基本形式为个人独立进行，没有与地方政府等共同合作，为纯民间方式的调查、研究。这样做的好处在于能够避免合作方的干预和影响，自由决定研究主题、独立进行材料判断，尽可能地掌握客观情况；不利之处是调查条件比较艰苦，获得官方材料较为困难。不过，有时我也通过朋友等个人资源以得到地方有关部门的配合。法人类学调查应当根据需要还是应该在坚持独立研究的前提下，尽可能取得法院、司法行政部门、乡镇政府等机构的支持，以更全面地获取材料，综合进行分析。

就调查时间而言，受到各种条件的制约，我每次在金秀瑶山的调查时间少则3天、多则15天。但从调查效果考虑，这样的调查时间偏短偏少。金秀瑶山的法人类学调查的时间应当尽可能地延长，最好连续在1年以上；如果实在无法做到，则尽可能地连续6个月以上；低限为至少连续3个月。

就调查地点而言，我是以金秀瑶山全境为范围，这有其全面了解较大区域实际状况的优点，但也存在对微观村落了解不深的问题。法人类学金秀瑶山实践需要重视对某一具体村屯法秩序的调查，今后可以选择长峒乡长峒村六架屯、罗香乡罗运村罗运屯、三角乡甲江村郎庞屯等有代表性、有调查基础的村屯为调查点进行具体、详细、深入的调查。

就调查内容而言，我主要围绕习惯法进行调查。这一主题固然重要，但并非金秀瑶山法实践的全部。今后的金秀瑶山法人类学调查应该增加调查主题，扩大调查内容，拓展调查领域，就金秀瑶山法实践的各个方面如国家法律在金秀瑶山的实施、金秀瑶山的民族自治立法、国家司法机关对民族习惯法的态度等进行调查。

就调查语言而言，由于我不是金秀瑶族，又没有专门学习瑶话，因而我在金秀瑶山的法人类学调查自然受到语言方面的限制，这不可避免地在一定程度上影响了法人类学调查的学术成效。因此，法人类学的金秀瑶山实践既需要外来调查者提高语言能力等调查能力，努力具备与瑶胞直接交流的能力，也需要金秀瑶山本土人才的加入，各方面力量共同努力推进法人类学的金秀瑶山调查。

就调查方法而言，我主要运用参与观察、深度访谈、个案分析等方法进行法人类学金秀瑶山调查。但是，客观上存在运用方法不全、方法运用不当等问题。法人类学的金秀瑶山实践需要更重视调查方法的科学性，既进一步完善质性研究，也有适当的定量研究，使法人类学金秀瑶山实践奠基于科学方法之上。

## 五、结语

法为一种具有浓郁地方性色彩的知识体系和智慧表达，法人类学以法多元主义视角，以他者的眼光，通过参与观察、深度访谈、社会情境、案例展示等方法分析金秀瑶山的法事实，全面发现和认识金秀瑶山的法秩序，分析新的时代下金秀瑶山法秩序的接续、嬗变及其重建，并将其置于整体中进行理解和把握。这是受到西方法人类学理论和方法启示而针对中国场域的学术实践。

20 世纪 20 年代以来的法人类学金秀瑶山实践，学术脉络是一致的，学术追求是相同的，学术成果也是客观的。总结法人类学的金秀瑶山实践，这对反思我国法人类学的知识生产和学术发展是有必要的，对推进我国法人类学的成熟、建设中国法人类学也有一定的意义，于推进当代中国的法治建设具有积极作用。

我们需要全面总结法人类学金秀瑶山实践，深入思考金秀瑶山法人类学研究应该汲取的经验、坚持的原则、进一步突破的重点、避免的误区等，坚守前辈学人开辟的学术道路，弘扬法人类学的学术理念，遵循法人类学的学术方法，推进我国法人类学的进一步发展和繁荣，为建设中国的法人类学而坚持不懈地努力。

# 后　记

　　本书是我进行法社会学田野调查四十一年的经历、经验和思考的一个总结。

　　这四十一年，我先后在重庆、湖北、广西金秀、江苏姜堰、河北固安、贵州锦屏、浙江慈溪、广东惠州、江西寻乌等地进行了城市赌博、农村法制、习惯法、基层司法、乡村治理等法社会学主题的田野调查。自然的，进行田野调查的时间长了、次数多了、经历丰富了，感受也就复杂了。我就在《法社会学导论》课堂上与本科生、硕士生、博士生进行分享和讨论。多次之后我便有了整理成集的想法。

　　于是，我从 2017 年 8 月开始整理原有的文章，并在得空时陆续撰写新文。2022 年 4 月 2 日开始集中进行撰写和修改。经过一年多的努力，本书基本告成。

　　本书包括"走向田野""融入田野""发现田野""回馈田野""体悟田野"等部分，以田野调查中的实际事例为基础，采取札记、散论形式，分别从法社会学田野调查的进入方法、现场调查方法、田野调查材料获取方法、田野调查关系处理方法及田野调查思考等方面进行较全面的探讨。本书集中记录了我进行法社会学田野调查方法的经验、心得、体会、遗憾、教训和思考，是自己四十一年田野调查方法运用实践的全面体现，意为年轻的法社会学田野调查学者和大学生、研究生提供指引、借鉴和启发，以推进我国的法社会学田野调查，引起对我国本土的法社会学田野调查方法的重视。

　　我国的法社会学田野调查，除了遵循社会学田野调查方法、西方法社会学田野调查方法之外，还有与我国的历史、社会、文化、国情、政治、法制等相适应的一些较为特别的方法。我对此有所体会和展现、表达，但理解和总结还远远不够，值得更全面、更深入地探究。

　　除了在第五部分，本书主体部分为个案形式的讨论，在法社会学田野调查方法的系统性、整体性探讨方面还较为薄弱，有待进一步的思考和深化。

　　由于本书主要以我个人的田野调查实践为基础而成，显然存在采用的调查方法有限、调查方法理解得不够到位等局限。加之我没有受过系统的调查方法训练，纯为自己自学并在调查实践中琢磨，这样本书就可能存在个人性色彩过强、主观性样态明显、感性表达有余而理论深度不够等不足。

　　需要说明的是，按照学术惯例，本书中有的地名、人名进行了化名处理。

　　本书的完成，首先需要感谢田野调查时为我提供各种支持和帮助的各单位和诸位朋友，特别是盘振武、王奎、李箫、徐俊、孙爱法、高丽萍等助力尤多，我珍惜与他们相处的时光。

　　我的法社会学田野调查主要为个人独自进行，但也有一些合作进行的项目，如与郑永流、马协华、刘茂林共同在湖北进行了农民法律意识和农村法律发展方面的调查，与周伟平、姜振业、黄宇宁、赵彩凤、左炬共同在河北固安进行了基层人民法院和派出人民法庭方面的调查，与孔凡文、张宏扬在江苏姜堰进行了习惯法的司法适用和司法运用调查，与池建华、陈寒非、李亚冬、王丽惠、高成军共同进行了乡村治理体系方面的调查，与池建华、张华共同在广东惠州进行了村居法治建设方面的调查，与张华、李明道共同在广东惠州大亚湾进行了本土社会规范方面的调查。我感谢这些合作者，合作调查丰富了我的调查经历，也令我多侧面体会和思考法社会学田野调查方法。

　　本书的形成与《法社会学导论》课程有密切关系。诸多同学课堂上和课外与我就法社会学田野调查方法进行了广泛交流，我做了一定的回应，并引发我更系统的思考。本书可谓教学互动、教学相长的结果。期待本书就法社会学田野调查方法的讨论能够解答年轻学子的一些困惑，引导他们坚定的走向田野，激发他们积极投身法社会学田野调查实践。

在本书写作过程中，陆俊材、刘伟、高成军、张华、张雪林、李亚冬、王丹等提出了一些建议，张华、池建华提供了部分照片。陈峥嵘与我就田野调查实践进行了交流。我向他们表达我的谢意。

本书中的一些篇章曾以各种形式面世，如《传承与弘扬：法人类学的金秀瑶山实践》，载《湖北民族大学学报（哲学社会科学版）》2021年第2期；《法社会学田野现场观察的思考》，载《北华大学学报（社会科学版）》2023年第3期；《捐或不捐》，收入宋颖、陈进国主编的《鹤鸣九皋：民俗学人的村落故事》（商务印书馆2017年版）；《大美在野——金秀大瑶山习惯法调查》，收入吴大华主编的《法律人类学论丛（第4辑）》（社会科学文献出版社2016年版）；《一个人与一条村规民约》，收入我主编的《当代中国村规民约》（中国政法大学出版社2021年版）。感谢李远龙教授、郭峰编辑、车菲菲编辑、宋颖博士、吴大华教授、尹训祥博士的肯定。

中国政法大学出版社一直支持我们的田野调查作品的出版，第五编辑部主任丁春晖精心编校，保证了作品的学术质量。我向他和他的团队致以我的敬意和谢意。

南宋的陆象山曾说："今天下之学者，唯有两途：一途朴实，一途议论。"[《宋元学案·卷五十八象山学案》（黄宗羲原本黄百家纂辑全祖望修定）]何谓"朴实"之学、何谓"朴实"学者，可能有不同的理解。我以为法社会学之学、法社会学田野调查之学、法社会学田野调查方法之学大抵可属"朴实"之学，运用田野调查方法进行法社会学田野调查者可谓"朴实"学者。身处旷野，脚踏实地，淳朴诚实，质朴笃实，求真务实，这始终是法社会学田野调查者朴实的追求，也是法社会学田野调查的魅力之所在。我愿为此继续努力！

回首四十一年的田野调查时光，宋代诗人宋祁《杨秘校秋怀·其一》中的"抚物喟然叹，流光忽已驰"句不时浮现在我的脑海中，令人感慨不已。我特将全诗录后，与读者诸君共赏。

上天分四序，素秋独可悲。
商风劲危条，寒露鲜繁葳。

依依燕去巢，嘒嘒蝉抱枝。

抚物喟然叹，流光忽已驰。

危衿恋新壮，华领移故缁。

愿君策高足，无后功名时。

高其才

2023 年 6 月 15 日于京西